FC BAYERN MÜNCHEN
»WE ARE THE CHAMPIONS«

Redaktion:
Andreas Baingo · Christopher Keil · Josef Kelnberger · Thomas Kistner · Helmut Neuberger · Ludger Schulze Raymund Stolze

Fotos von Bongarts Sportfotografie

SPORT VERLAG

FC Bayern München

DEUTSCHER MEISTER 1996/97

DIE MEISTERCHRONIK

„We are the Champions!"

INHALT

OPEL

adidas

VORWORT

Einen würdigen Meister hat DFB-Präsident Egidius Braun den FC Bayern München bei der Überreichung der Schale genannt. Dieses Prädikat ist eine der ältesten Fußballfloskeln, ein Muster ohne Wert, weil noch kein Deutscher Meister jemals »unwürdig« war. Über weite Strecken war die Saison von Streitereien geprägt und die Mannschaft vom Zerfall bedroht, Matthäus gegen Klinsmann, Präsident Beckenbauer gegen die Mannschaft, Klinsmann gegen Trainer Trapattoni: Ist der FC Bayern ein würdiger Meister?

Ja. Sportlich kann es darüber keine Debatte geben. Die weitaus wenigsten Gegentore (34) dank einer sicheren Abwehr, die wenigsten Niederlagen (drei), im eigenen Stadion nicht eine Niederlage, 15 von 34 Spielen ohne Gegentor. Das Ensemble der besten Individualisten der Liga hat am Ende eines Nervenkriegs mit Bayer Leverkusen enormem psychischen Druck standgehalten.

Doch diese Daten erklären den 14. Titel des Renommierklubs von der Säbener Straße nur unzureichend. Entscheidend für das gute Gelingen war die Tatsache, daß eine Anhäufung hochklassiger Solisten mit acht Nationalspielern, darunter sechs aktuelle Europameister, zum richtigen Zeitpunkt eine Ursprungsidee des Sports aufgriff: den Mannschaftsgedanken. Mit dem Rücken zur Wand stehend, verzichteten die Einzelkönner auf Egoismen und stellten ihre Fähigkeiten in den Dienst des Klubs. In einem furiosen Finale hängten sie so die Konkurrenz ab und gaben ein Beispiel, daß selbst in Zeiten, da Fußball vor allem Big Business ist, die traditionellen Werte des Sports noch lebendig sind. Deshalb wird der FC Bayern München zu Recht als würdiger Meister gefeiert.

OPEL

MEILENSTEINE

6 Christian Nerlinger,
Mittelfeld,
geb. 21. 3. 1973

7 Mehmet Scholl,
Mittelfeld,
geb. 16. 10. 1970

8 Thomas Strunz,
Mittelfeld,
geb. 25. 4. 1968

10 Lothar Matthäus,
Abwehr,
geb. 21. 3. 1961

1 Oliv
Tor,
geb. 15.

17 Christian Ziege,
Abwehr,
geb. 1. 2. 1972

18 Jürgen Klinsmann,
Sturm,
geb. 30. 7. 1964

19 Carsten Jancker,
Sturm,
geb. 28. 8. 1974

20 Ruggero Rizzitelli,
Sturm,
geb. 2. 9. 1967

11 M
M
geb. 18

Giovanni Trapattoni,
Trainer

2 Markus Babbel,
Abwehr
geb. 8. 9. 1972

3 Markus Münch,
Abwehr
geb. 7. 9. 1972

4 Oliver Kreuzer,
Abwehr,
geb. 13. 11. 1965

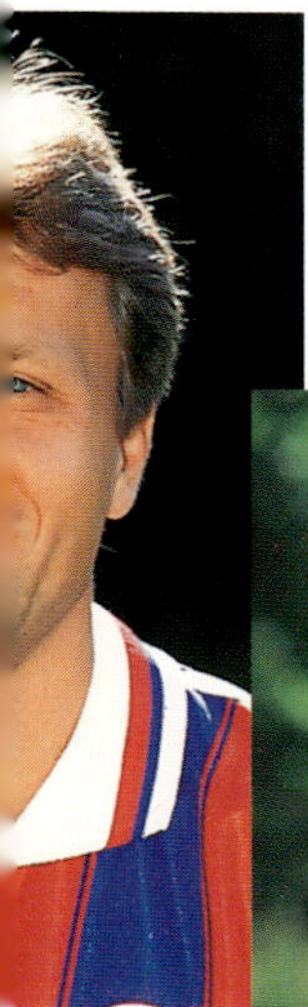

iteczek,
l,
58

5 Thomas Helmer,
Abwehr,
geb. 21. 4. 1965

12 Sven Scheuer,
Tor,
geb. 19. 1. 1971

13 Mario Basler,
Mittelfeld,
geb. 18. 12. 1968

16 Dietmar Hamann,
Mittelfeld,
geb. 27. 8. 1973

15 Samuel Osei Kuffour,
Abwehr,
geb. 3. 9. 1976

21 Alexander Zickler,
Sturm,
geb. 28. 2. 1974

OPEL
OPEL

18
BAYERN MÜNCHEN

OPEL

Deutscher
Meister
1997
FC Bayern
München
DIE BUNDES LIGA
24.MAI
1997

VOR DEM START TRAPATTONIS

»Due volte quattro«

Als Giovanni Trapattoni am Dienstag, dem 2. Juli 1996, seine Kabine im Profitrakt des FC Bayern betrat, durchfuhr ihn das heimelige Gefühl der Vertrautheit. »Es war«, sagte er nach dem ersten Training für die neue Saison, »als wäre ich nach Hause zurückgekommen.«
In Wahrheit war er nie richtig weg gewesen. Ein äußerst seltsames Gefühl der Wehmut hatte sich bei ihm und bei den Vereinsverantwortlichen schon eingeschlichen, als Trapattoni zum Ende der Saison 1994/95 seinen Abschied nahm. Seltsam, weil er eine reichlich verkorkste Saison hingelegt hatte. Im Halbfinale der Champions League erst an Ajax Amsterdam gescheitert – das konnte sich sehen lassen, doch er hatte ernste Differenzen mit Präsident Franz Beckenbauer auszutragen, weil er für das Ziel Europapokal die Liga vernachlässigte. Man spekulierte schon über eine vorzeitige Trennung. Nur dank des Pokalsieges von Borussia Mönchengladbach stieß der Verein in den UEFA-Cup vor.
Aber hinterher verklärte sich alles: Trapattoni blieb als großartiger Mensch und gewiefter Taktiker in Erinnerung, und er selbst bereute, daß er in der Winterpause die von den Bayern angebotene Vertragsverlängerung nicht angenommen hatte, weil es seine Familie zurück nach Italien zog.
So heuerte Trapattoni mangels anderer Angebote auf Cagliari an, mit dem schlechten Gefühl, wegen mangelnder Deutschkenntnisse dem FC Bayern nur »60 Prozent« seiner Energie gegeben zu haben. Er nahm auf Cagliari weiter Deutsch-Unterricht, ließ den Kontakt zu den jungen Bayern-Spielern, die er gefördert hatte, nie abreißen – und auch die Bayern-Führung blieb auf Tuchfühlung mit dem »Mister«, wie er von Spielern genannt wird, und dies um so mehr, je deutlicher sich abzeichnete, daß sein Nachfolger Otto Rehhagel nicht heimisch werden würde in München. Rehhagel, kein Freund von Winter-Trainingslagern, mußte auf Anregung von Manager Uli Hoeneß vor der Rückrunde auf Cagliari Quartier nehmen. Trapattoni hatte das Hotel

Der »Mister«, wie er von seinen Spielern respektvoll genannt wird, gilt als der Gentleman unter den Fußballtrainern

RÜCKKEHR

Mit 57 noch nicht zu alt für einen flotten Kick: In Trainingsspielen ist Trapattoni noch voll dabei

empfohlen und ließ den Bayern-Troß in seinem Lieblingsrestaurant bewirten. Die Münchner wiederum packten ihm den Kofferraum seines Autos mit Weißwürsten und Weißbier voll. Schon bei diesem Anlaß, dem Otto Rehhagel mit süßsaurem Lächeln beiwohnte, wurden wohl die Bande wieder enger geknüpft. Daß Trapattoni schon nach einem Jahr wieder Nachfolger seines Nachfolgers werden würde, stand schon fest, bevor der FC Bayern unter Rehhagel jene verhängnisvolle 1:3-Schlappe gegen Hansa Rostock kassierte, die zur Trainerentlassung führte. Franz Beckenbauer überbrückte mehr schlecht als recht den Rest der Saison. Dann kam er wieder, als wäre er nie weg gewesen: der Trapattoni, mit 17 Titeln (AC Mailand, Inter Mailand, Juventus Turin) erfolgreichster Trainer der Welt, aber eben auch schon 57 Jahre alt.

Er habe immer gehofft, eine zweite Chance in München zu bekommen, sagte er, und habe deshalb Angebote aus Frankreich, Spanien und England ausgeschlagen.
Es war wohl nicht unbedingt gentlemanlike, wie er auf Rehhagels Schiffbruch wartete. Andererseits hielt sich vielleicht auch der fachliche Respekt vor dem Kollegen in Grenzen.
Als erste Amtshandlung besorgte sich Trapattoni zehn Videocassetten

Im Trainingslager im Spreewald wurde der alte/neue Trainer von Autogrammjägern belagert

von Bayern-Spielen unter Rehhagel. Sein erster Eindruck: »taktisch undiszipliniert, zu offensiv« sei gespielt worden, vor allem zu Hause im Olympiastadion, wo gegen vermeintlich leichte Gegner drei Spiele verloren gingen, zwei Unentschieden endeten und somit der Meistertitel verspielt wurde.

Auch dank der Arbeit von Bundestrainer Berti Vogts hat sich in Deutschland ein Gefühl für die Wichtigkeit taktischer Schulung herausgebildet. Um so mehr fand nun auch Trapattoni, der mit seinen Taktik-Übungen ein Jahr zuvor noch auf Unverständnis gestoßen war, nun Gehör mit seiner Forderung nach »Calcio disciplinato«, dem disziplinierten Fußball. Natürlich fügte er hinzu, diese Form von Fußball schließe Kreativität und Begeisterung nicht aus – aber glaubte irgend jemand wirklich, der »Mister« würde sich noch einmal ändern und Offensivfußball predigen? Wer ihn kannte und wer sich an die wenig begeisternden Heimspiele in seiner ersten Münchner Amtszeit erinnerte, dem war klar: Trapattoni würde wieder vor allem darauf Wert legen, daß seine Mannschaft »die Räume eng macht«. Vulgo: mauern lassen.

Mit einem fröhlichen »Guten Morgen« eröffnete Trapattoni an jenem 2. Juli 1996 die neue Spielzeit, doch konnte man bald erahnen, daß man Italienisch sprechen würde in dieser Saison. Trapattonis Deutsch war nur unwesentlich besser als in seiner ersten Amtszeit. »Calcio disciplinato« war das Zauberwort. Schon vor der Saison las er einigen die Leviten. Christian Ziege etwa könne nur dann ein ganz Großer werden, »wenn er wie ein Profi lebt«. Seinen »Lieblingsschüler« Mehmet Scholl warnte er genauso wie Jürgen Klinsmann, er werde sie bei Bedarf auswechseln; denn falls es zum Wohle der Mannschaft sei, müsse der Star zurücktreten, so sei das in Italien üblich. Diese Warnung nahm damals allerdings noch niemand so richtig ernst.

Als taktische Neuerung kündigte er das 4-4-2-System an: »due volte quattro«, das in Italien geprägte Spiel mit zwei Viererketten: Im Abwehrzentrum stehen nur zwei Mann, wodurch einer für das Mittelfeld gewonnen wird, wo dem Gegner die Luft zum Atmen genommen werden soll.

Weil diese Taktik große Spielintelligenz auch von den Stürmern verlangt, ließ Trapattoni auch noch einen Landsmann verpflichten: Ruggero Rizzitelli (29), 178 cm groß und 77 Kilo schwer, zehnmaliger Nationalspieler, zuletzt beim AC Turin unter Vertrag gewesen. Er kostete vier Millionen Mark Ablöse. Wie Trapattoni der erste italienische Trainer in der Bundesliga gewesen war, so war Rizzitelli nun der erste italienische Spieler.

Ein FC Bayern made in Italy? Er werde den Spielern beibringen, sagte Trapattoni, »daß der FC Bayern wie ein Ferrari ist, wir müssen immer 340 bis 370 Stundenkilometer fahren«.

Ob ihm dabei auch bewußt war, wie störungsanfällig Ferraris sein können?

Komödienstadl schon vor Saisonstart?

Es gibt keine fußballfreie Zeit mehr, schon gar nicht, seit der FC Hollywood, respektive der FC Komödienstadl, erfunden wurde. Nur wenige Wochen nach der Europameisterschaft in England, während der Olympischen Spiele in Atlanta, fand sich auf dem Bildschirm ein freies Plätzchen für den FC Bayern München, der einen neuen Anlauf zu noch mehr Ruhm und noch mehr Reichtum nahm. Es klang ja auch nach einer vielversprechenden Besetzung für das Sonntagabend-Programm: Die Bayern, nun geführt von Giovanni Trapattoni, der auf viele wie die italienische Version von Luis de Funes wirkt, gegen Trapattonis einstige Schüler von Juventus Turin, die derzeit beste Vereinsmannschaft der Welt. Große Namen, und eine erste Standortbestimmung für die neuen Bayern beim Turnier zum 100. Geburtstag des FC Zürich.

Die Bayern kassierten eine Million Mark Antrittsgeld und dazu eine Niederlage, die nicht wehtat. Marcel Witeczek machte sich den bei einem Wolkenbruch glitschig gewordenen Rasen zunutze, sein Fernschuß rutschte Juve-Torwart Peruzi unter dem Körper hindurch ins Netz. Für die Italiener, die nach der Sommerpause noch kaum trainiert hatten, trafen Del Piero und Amoruso zum 2:1-Sieg.

Del Piero, Amoruso – von Stürmern mit derart klangvollen Namen läßt man sich gern mal ein Tor schießen. Außerdem hatten die Bayern den Eindruck, daß die Spieler das »Schema«, wie Trapattoni seine Taktik nannte, nach drei Wochen schon kapiert hatten. Im Zentrum der Vierer-Abwehrkette verteidigten Lothar Matthäus und Thomas Helmer, im zentralen Mittelfeld machten Christian Nerlinger und Dietmar Hamann die Räume eng, und das Angriffsspiel lief über die Außenpositionen: rechts über Mario Basler, den Trapattoni trotz dessen bekannter Eigenheiten bei Werder Bremen für diese Position loseisen ließ, links diesmal über Marcel Witeczek, der gegen Juventus allerdings nur Platzhalter war für Mehmet Scholl, den eine Wadenprellung plagte. Im Sturm mühten sich Jürgen Klinsmann und Ruggero Rizzitelli, noch auffällig müde.

Die Richtung allerdings, in die man marschierte, schien zu stimmen, auf dem Platz und auch außerhalb, und die oberste Losung war: Disziplin, Disziplin, Disziplin.

Sollte Disziplin in die Sturmreihe der Bayern bringen: Ruggero Rizzitelli, der auf Wunsch des Trainers verpflichtet wurde

Im Training – hier mit Matthäus – war Ciriaco Sforza noch dabei, bei den Saisonvorbereitungsspielen saß er meist auf der Bank, und noch vor Saisonstart ließen ihn die Bayern Richtung Inter Mailand ziehen

Über mangelndes Interesse der Öffentlichkeit kann der FC Bayern nicht klagen. Lothar Matthäus wird schon vor Saisonbeginn von Journalisten belagert

Da geht's lang, scheint Bayern-Dompteur Trapattoni zu sagen, nur – in welche Richtung?

»Irgendwo rigoroser«, fand Thomas Helmer, sei Trapattoni geworden im Vergleich zu seiner ersten Amtszeit. Kein Wunder, entgegnete der. Damals hätten sich Kahn, Matthäus, Ziege und Papin schwer verletzt, und er habe es mit vielen jungen Spielern zu tun gehabt. Doch diesmal galt es eine Ansammlung vermeintlicher Weltstars in den Griff zu bekommen. Im Trainingslager in Burg im Spreewald hatte Trapattoni erste Zeichen gesetzt. Zum Wohle seines Sponsors Opel und der ortsansässigen Wirtschaft hatten sich die Bayern in den Osten der Republik begeben.

Rund um das Quartier der Bayern entspann sich ein Volksfest mit täglich mehreren tausend Gästen. Teenager schmachteten nach Autogrammen, die Älteren tranken Bier im Festzelt, das Burgs Gastronomie zu diesem Anlaß errichten ließ. Doch die Bayern-Familie residierte, abgeschirmt von dem Trubel, im Romantikhotel zur Bleiche, und Trapattoni mimte den strengen Familienvater. Geldstrafen zwischen 3000 und 10 000 Mark drohte er für Verstöße gegen die Hausordnung an. Es schien zu wirken. Mario Basler, Neuling im Bayern-Kreis, gelobte, der FC Bayern werde den Dortmunder Borussen nicht noch einmal den Gefallen tun, den Titel wegen interner Streitereien zu verschenken. Dortmund sollte der Feind sein. Mehmet Scholl und Thomas Strunz trieben diese Strategie mit einem reichlich pubertär anmutenden Interview auf die Spitze, in dem sie prophezeiten, Trainer Ottmar Hitzfeld werde in Dortmund Probleme bekommen, und der Dortmunder Libero Sammer werde maßlos überschätzt.

Bayern-Manager Uli Hoeneß wollte diesen Ausfall nicht kritisieren – irgendwo müßten die Spieler ja Dampf ablassen, wenn sie es schon intern nicht mehr dürften, sagte er. Hoeneß bemühte sich, seinem Trainer nach Kräften beizustehen bei der Disziplin-Mission und ergriff in besonders schweren Fällen öffentlich das Wort. Zum Beispiel im Fall Ciriaco Sforza, der am Rande des Spieles gegen Juventus akut wurde. Sforza hatte sich schon unter Rehhagel, dessen Lieblingsschüler er doch war, unwohl gefühlt. Die ihm auf den Leib geschneiderte Rolle des »Quarterbacks« erschien ihm zu defensiv. Deshalb hatte er die Bayern mit immer neuen Versuchen genervt, die Freigabe für Inter Mailand zu erwirken. Und er tat es jetzt schon wieder – angeblich baue Trapattoni nicht auf ihn. Weil er im Trainingslager reichlich lustlos gewirkt hatte, durfte er das Spiel gegen Juventus nur von der Tribüne aus verfolgen. In Zürich, seiner Heimat, das war Höchststrafe. Und Hoeneß setzte tags darauf nach: »Im Fußball muß man laufen, laufen, laufen, das hat er offenbar vergessen.« Und keinesfalls werde man Sforza freigeben, notfalls werde er noch zwei Jahre beim FC Bayern auf der Tribüne sitzen: »Wenn es jeder so machen würde,

Als antrittsstark und spurtschnell erwies sich Neuzugang Carsten Jancker beim Endspiel um den Fuji-Cup. Die Bayern verloren dennoch im Elfmeterschießen gegen Schalke 04

dann hätten wir ja wieder ein schönes Theater.«
Vor diesem Theater graute Hoeneß dann aber doch so sehr, daß er die Woche darauf Sforza für acht Millionen Ablöse zu Inter ziehen ließ. Auch von Jean-Pierre Papin verabschiedete man sich. Der Franzose hatte sich ebenfalls ständig benachteiligt gefühlt – er im Vergleich mit Jürgen Klinsmann – und war nie heimisch geworden in München. Deshalb riet ihm sogar Trapattoni im persönlichen Gespräch: »Es ist besser, wenn du dir einen neuen Verein suchst.« Papin tat es und wurde fündig bei Girondins Bordeaux.
So kehrte endgültig Ruhe ein vor dem Start in die neue Saison. Beim 4:0 im ersten Spiel des Fuji-Cups gegen Borussia Mönchengladbach (Tore: Rizzitelli/2, Klinsmann, Zickler) konnte Borussen-Trainer Bernd Krauss, selbst ein Fan der Viererkette, nur staunen über die Fortschritte der Bayern: »Wie die die Räume eng machen, wie sie auf Abseits spielen«, rühmte er und zog das Fazit: »Mit Typen wie Helmer und Matthäus kann man jedes System spielen.«
Im Finale gegen den FC Schalke setzte Trapattoni junge Spieler wie Frank Gerster ein. Dank zweier Treffer des eingewechselten Dietmar Hamann holten die Bayern einen 0:2-Rückstand auf. Daß das Elfmeterschießen verlorenging, störte Trapattoni wenig. Ihn interessierte viel mehr der letzte Test vor dem Saisonstart: ein Dreierturnier in Berlin, mit verkürzter Spielzeit an einem Abend durchgezogen. Die Münchner besiegten Paris St. Germain 2:0 und verloren 1:2 gegen den AC Mailand, gewannen also das Turnier.
So standen die Bayern zum Ende der Vorbereitung auf einem Podest im Olympiastadion, flankiert von AC Mailand und Paris St. Germain, und am Himmel über dem Berliner Olympiastadion erglühte ein Feuerwerk in den Farben Rot und Weiß. Mußte das nicht eine grandiose Saison werden?

SPIELTAG 1

FC St. Pauli

Zur Premiere bleibt die Wunderelf ganz kühl

Ohne Zweifel hatte der DFB die Auftaktpartie mit Bedacht gewählt. St. Pauli gegen den FC Bayern München, Arm gegen Reich, 375 000 Mark Transferausgaben gegen 15,5 Millionen. Kiez-Trainer Uli Maslo wurde von einem Fernsehsender gleich einmal artig begrüßt: »Wann werden Sie rausgeschmissen?« Angst und bange um seinen Job hätte dem Hamburger Coach werden müssen, wenn er beim Münchner Manager Uli Hoeneß zugehört hätte. Den beschlich das Gefühl, die Konkurrenz erstarre womöglich in Furcht vor Giovanni Trapattonis doppelter Viererkette. »Wir sollten dem mit einem deutlichen Sieg gerecht werden.«

Es war dann kein glanzvolles Fest, das der FC Bayern zum Beginn der neuen Saison zelebrierte, aber zum Erfolg reichte es trotzdem. 2:1 beim FC St. Pauli – schon zur Halbzeit stand das Resultat fest. Eine gelungene zweite Premiere für Trainer Giovanni Trapattoni nach dessen Rückkehr an die Säbener Straße.

Aber wie das eben immer so ist im Fußball. Das Runde muß ins Eckige, und nach 19 Minuten wußte Signore Trapattoni, was die Stunde geschlagen hatte: Kamerad Springer hatte geschossen, Bayern-Schlußmann Kahn mit Mühe abgewehrt, Kamerad Driller staubte ab, 1:0 (19.), und St.-Pauli-Manager Helmut Schulte konnte auf dem Weg zur Ehrenrunde gerade noch gestoppt werden.

Doch die bajuwarische Wunderelf blieb kühl. In der Verteidigung standen drei Europameister um Kapitän Matthäus, im Mittelfeld Scholl und Basler. Letzterer hatte seine bei der Europameisterschaft erlittene Verletzung überwunden und sprang schmerzfrei über den Rasen. Er und

In St. Pauli hatte er allen Grund zum Jubeln – Ruggero Rizzitelli nach seinem Ausgleichstor

nicht Klinsmann war der Mann der ersten Halbzeit. Im unverwechselbaren Laufstil mit kerzengeradem Oberkörper und flotter Schrittfrequenz wandelte er wie ein Geist auf der rechten Flanke: überall und nicht zu fassen.

Baslers konfliktbeladenes Genie ist bekannt, Trapattoni hatte ihn unbedingt gewollt, weil der frühere Bremer Spiele entscheiden kann. Doch was war mit dem Italo-System, von Experten und Stammtischen sehnsüchtig erwartet? »Forza Bavaria« forderte der Münchner Trikotsponsor in einer Anzeigenkampgane. Von wegen. Nur am ersten Spieltag der Bundesliga, hatte Uli Maslo vorhergesagt, hätte seine Sportgruppe überhaupt eine Chance. Ist der spröde Fußball-Lehrer zu Unrecht in der Kritik bei seinem Präsi-

Aufstellung:
ST. PAULI: Thomforde (40. Böse); Dammann, Pedersen (37. Sobotzik), Eigner, Hanke, Trulsen, Gronau, Driller, Pröpper, Springer, Scharping (70. Emerson)
FC BAYERN: Kahn; Strunz, Matthäus, Helmer, Ziege, Basler (75. Witeczek), Nerlinger, Hamann, Scholl (75. Jancker), Klinsmann, Rizzitelli (65. Zickler)

Torfolge: 1:0 Driller (19.), 1:1 Rizzitelli (35.), 1:2 Basler (37.)

Schiedsrichter: Dardenne (Nettersheim)

Gelbe Karten: Nerlinger, Klinsmann

Zuschauer: 45 957

St. Pauli – beinhart

Eigentlich war es ja irgendwie ganz nett gedacht vom Deutschen Fußball-Bund, die 34. Bundesligasaison mit einer offiziellen Funktionärsgala anzustoßen. Aber warum mußte ausgerechnet die Ziegenbartkombo »Torfrock« mit ihrem Wummer-Song »Beinhart« das frohgestimmte Volk verschrecken? DFB-Direktor Wilfried Straub stammelte in olympischer Ergriffenheit: »...und hiermit erkläre ich« und so weiter und so fort »für eröffnet.«
Auf dem Weg zum Konzern brauchte der Balltreterbetrieb mehr als eine eigene Hymne und ein eigenes Logo. Gottlob rollte die Kugel nicht mehr lange am Millerntor, sondern im Volksparkstadion des HSV, wohin St. Pauli umgezogen war. Mythos ist Mythos, aber Bargeld lacht.

Endlich wieder Bundesliga! Mit einer Gala feierten die Funktionäre das Ende der fußballosen Schreckenszeit. Für die Fans gab's zumindest Luftballons

denten, »Papa« Heinz Weisener? Leidenschaftlich bearbeiteten St. Paulis Grätscher die Millionärsbeine aus München. Nichts zu sehen bei denen von Pressing und Rasenschach, enttäuschend ein Ballkünstler wie Ziege, welche Aufgabe hatte eigentlich Hamann? Und wieso riß das Abwehrband, wenn die Bälle von außen und hoch angesegelt kamen?
Respekt vor St.Pauli! Im dritten Jahr kickt das Team nahezu unverändert zusammen – eine Schicksalsgemeinschaft, die zerbrochen wäre, hätte der Klub wesentlich mehr Geld als sein getreuer Anhang aus Hafenstraße und Kiezbürgertum. Tapfer hatten sie sich die Taktik gegen die Übermacht aus München zurechtgelegt: hohe Bälle in den Rücken der Raumdeckung, schnelle Flügelwechsel und kompromißloser Körpereinsatz. Die Führung allerdings hatte ihnen Thomas Strunz geschenkt, der schläfrig zusah, wie Driller die Gunst der Augenblicks nutzte. Würden die Münchner, die vollmundig die Meisterschaft beanspruchten, sich wie so oft selbst schlagen? Von wegen. Gemeckert haben sie nur mit Referee Dardenne, weil der Nerlinger mit Gelb abstrafte nach rüdem Tritt gegen Hanke. Und wie Rambo warf sich Klinsmann ins Getümmel. Sein Beschatter Pedersen ging k.o. und mußte durch Sobotzik ersetzt werden. Und während St. Pauli seine Defensive neu ordnete, flankte Basler auf die Stirn von Rizzitelli. Zwischen den Pfosten mühte sich Thomforde vergeblich, der Ball landete zum Ausgleich im Netz, und obendrein kugelte sich der Keeper beim Rettungsversuch einen Finger aus. Zwei Minuten wartete er vergeblich auf eine Spielpause, um sich auswechseln zu lassen. Baslers Freistoß aus spitzestem Winkel an der Mauer vorbei flach ins kurze Ecke kam ihm zuvor: 2:1. So ein bildschöner Treffer gelang vor einem Jahrzehnt Manfred Kaltz im Pokalfinale des HSV gegen die Stuttgarter Kickers.

Spruch der Woche

»So listig ist nur einer.«
(Christian Ziege zu Mario Baslers Freistoß-Tor)

5. Platz

SPIELTAG 2

Ein Tigerchen stört den Familienfrieden

Weißer Anzug mit schwarzem Gittermuster, darunter ein knallgelbes T-Shirt, so ging der Kapitän nach dem 1:1 gegen den VfL Bochum als letzter von Bord. Lothar Matthäus schrieb noch Autogramme, als die Lichter schon erloschen waren im Olympiastadion. Er war wieder in seinem Element. Der lange Urlaub habe ihm gut getan, sagte er friedlich gestimmt und sprach von sich in der dritten Person: »Den alten Mann zwickt zur Zeit nichts.«
Fast erwartete man ein Wort des Dankes an Bundestrainer Berti Vogts, der ihn nicht mit zur Europameisterschaft nach England genommen hatte. Zumindest ein Wort der Entschuldigung wäre angebracht gewesen an Vogts, den er einen Feigling genannt hatte, und an Jürgen Klinsmann, dem er vorgeworfen hatte, er habe ihn aus der Nationalmannschaft intrigiert. Aber das wäre wohl zu viel verlangt gewesen.
Matthäus, nach der Trennung von seiner Frau auch in privaten Turbulenzen, genoß mit 35 wieder seinen Beruf. Scharf wie eine Rasierklinge hatte er gewirkt in den 90 Minuten gegen Bochum – oder sollte das vielleicht nur eine Täuschung gewesen sein? War Matthäus nur deshalb aufgefallen, weil die meisten seiner Kollegen so lahm über den Rasen getrabt waren?
Matthäus gewann fast jeden Zweikampf, bereitete mit einem Hock-Kopfball auf Klinsmann auch das 1:0 vor, das Ruggero Rizzitelli mustergültig vollendete, und mimte auch hinterher den vorbildlichen Kapitän. Der Bochumer Ausgleich sei hochverdient gewesen, sagte er, aber was die Fehler der Bayern angehe – die werde man intern diskutieren. Brav. Die Frage, wie lange Matthäus sein berüchtigtes Mundwerk im Zaum würde halten können, erschien zu diesem Zeitpunkt der Saison müßig. Der FC Bayern hatte drängendere Probleme.
Den Frieden in der vermeintlich so harmonischen Bayern-Familie hatte zuvorderst der 1,68 große Dariusz Wosz gestört. »Tigerchen« rufen sie beim VfL Bochum den Hallenser, der acht Länderspiele für die DDR bestritten und beim VfL einen Vertrag bis zum Jahr 2003 unterschrieben hat. Teamkollege Peter Közle nannte das »Tigerchen« an diesem Tag »Mops«: »Wenn so ein Mops einmal in Fahrt kommt, dann ist er schwer zu bremsen« – wie vor dem Tor zum 1:1. Wosz umdribbelte die fast vollzählig im eigenen Strafraum versammelte Bayern-Mannschaft und legte die Kugel für den freistehenden Teamkollegen Peter Peschel auf. Wosz zauberte indes nicht alleine, der VfL

VfL Bochum

Spruch der Woche

»Im Moment bin ich der Depp.«
(Thomas Strunz, der einen Streit mit Bundestrainer Vogts austrug)

3. Platz

Umzug bringt Bayern kein Glück

Woran es lag, daß Bayern gegen Bochum nicht zum Zuge kam, darüber sprach niemand offen. Jedenfalls nicht am Mannschaftsquartier, wie Matthäus süffisant vermerkte. Um die Anfahrt vor Heimspielen zu verkürzen, war der FC Bayern umgezogen: vom Hotel Bachmair am Tegernsee, wo die Bayern jahrelang ihr Quartier aufgeschlagen hatten, in eine Unterkunft im nähergelegenen Taufkirchen. Jürgen Klinsmann hatte den Umzug angeregt und mußte sich dafür wieder einmal Spott gefallen lassen. Denn er kickte gegen Bochum, als sei er zu Fuß aus Taufkirchen zum Spiel gekommen. Ganz offensichtlich waren die Nationalspieler noch nicht in bester körperlicher Verfassung. Doch das wollte Präsident Franz Beckenbauer nicht als Entschuldigung gelten lassen. Seine Bayern hätten die Aufgabe zu leicht genommen, schimpfte er, »das muß ich erst einmal verdauen«.

trat als Gesamttigerchen auf, spritzig und frech. Zwei Schüsse des Bulgaren Georgi Donkow waren von Matthäus auf der Torlinie abgewehrt worden, Torsten Kracht und Henryk Baluszynski hatten die Latte getroffen. »Wir waren gekommen, um zu lernen«, freute sich VfL-Trainer Klaus Toppmöller, »aber wir waren sogar einen Tick besser.« Und damit zu Giovanni Trapattoni. Gesenkten Blickes, die Hände in den Hosentaschen vergraben eilte er nach dem Spiel in die Kabine, von Pfiffen begleitet. Es sei kein schönes Spiel gewesen, sagte er, doch zeichnete sich schon nach dem ersten Heimspiel der Saison ab, daß sich seine Auffassung von schönem Fußball nicht mit der deutschen Version dieses Begriffes vereinbaren lassen würde. Er ließ mauern. Auch im eigenen Stadion gingen ihm Systemtreue und Sicherheit über alles. Nach dem Führungstor schickte er Abwehrspieler Markus Babbel anstelle von Jürgen Klinsmann aufs Feld. Die Vierer-Abwehrkette, mit der Trapattoni zu Saisonbeginn den Erfolg suchte, wurde zeitweise zur Fünfer-Kette. Die 60 000 Ola-seligen Zuschauer im Olympiastadion hätten auch das akzeptiert,wenn zumindest, wie beim 2:1 in St. Pauli, das Ergebnis gestimmt hätte. So blieb die nüchterne Feststellung: Der FC Bayern hatte an diesem Mittwoch nahtlos angeknüpft an die mißratenen Heimspiele der vergangenen Saison, die Trainer Otto Rehhagel zu verantworten gehabt hatte. Arroganz ist unabhängig vom Spielsystem, deshalb pfiffen die Zuschauer an diesem Abend nicht auf Trapattonis »Schema«, sondern auf die Überheblichkeit ihrer Lieblinge. Es ließ sich absehen, daß sich an Trapattonis Auffassung von Fußball die Eitelkeiten im Team erneut entzünden würden und nur der Erfolg für Zusammenhalt sorgen würde.

Statistik

Aufstellung:
FC BAYERN: Kahn; Strunz, Matthäus, Helmer, Ziege (65. Münch), Basler (53. Zickler), Hamann, Nerlinger, Scholl, Rizzitelli, Klinsmann (69. Babbel).
VFL BOCHUM: Gospodarek; Stickroth, Jack, Reis, Kracht, Mamic, Közle (63. Baluszynski), Wosz, Schreiber, Peschel (83. Tapalovic), Donkow (83. Eberl).
Torfolge: 1:0 Rizzitelli (53.),1:1 Peschel (73.)
Schiedsrichter: Kemmling (Lindau)
Gelbe Karten: Matthäus, Közle
Zuschauer: 60 000

Oliver Kahn hielt sich für das Opfer der riskanten Viererkette: »Als Torwart bist du immer der Leidtragende.« Der arbeitslos gewordene Manndecker Babbel beklagte sich öffentlich über die Trainerentscheidung, und Basler, nach 53 Spielminuten gegen Alexander Zickler ausgewechselt, ließ mit schroffen Antworten erahnen, was er von Trapattonis Entscheidung hielt. Er fühlte sich auf der rechten Außenbahn genauso unwohl wie Mehmet Scholl auf der linken.

Zu schade für die Bayern-Bank – Ex-Bayern-Ersatztorhüter Uwe Gospodarek war auch gegen seinen alten Club der Rückhalt der Bochumer Mannschaft

SPIELTAG 3

MSV Duisburg

Trapattonis Wut und Baslers Pech

Mario Basler kann tolle Sprüche reißen, aber noch besser kann er Flanken und Ecken schlagen. Deshalb hat sich Jürgen Klinsmann unter denen beim FC Bayern, die sich stark gemacht haben für eine Verpflichtung von Basler, besonders laut zu Wort gemeldet. Stürmer schätzen Baslers Hereingaben. Am Sonntagabend, beim 4:0-Sieg im Duisburger Wedaustadion, durfte sich Klinsmann mit seiner Empfehlung bestätigt fühlen: »Unglaublich, wie die Dinger reinkommen, so scharf und placiert. Der Christian mußte nur die Richtung des Balls verändern.« Zieges Kopfball zum 0:2 nach Baslers Eckstoß entschied die Partie schon nach 24 Minuten. Dummerweise ist dies auf drei, vier Wochen hinaus Baslers letzter Eckstoß gewesen. Denn sechs Minuten später verdrehte er sich im Zweikampf mit Markus Osthoff das rechte Sprunggelenk. Dabei riß die Syndesmose, das Verbindungsband zwischen Schien- und Wadenbein. Baslers Flanken-Fuß lagerte zunächst einmal zehn Tage in Gips. Reichlich verdrossen kommentierte Trainer Giovanni Trapattoni am Montagmittag Baslers Mißgeschick. Für die beiden UEFA-Cup-Spiele gegen den FC Valencia am 10. und 24. September fiel der Mittelfeldmann aus. Trapattoni machte sich Sorgen vor allem im Hinblick auf das Hinspiel in Spanien, wo neben Basler auch die gelbgesperrten Abwehrspieler Helmer und Babbel fehlen würden.

Doch nicht so sehr diese Nachricht verdarb Trapattoni die Laune. Schließlich hat sich der FC Bayern aus gutem Grund einen großen Kader zugelegt. Nein, der Italiener hatte in Münchner Zeitungen das seltsame Wort »Denkzettel« im Zusammenhang mit Mehmet Scholl entdeckt. Als er die Bedeutung erfuhr (»Lezione«), hatte er sich seinerseits mit einer passenden Erwiderung gewappnet. Bei der Pressekonferenz zog er seinen persönlichen Denkzettel aus der Tasche und las vor: »Erglist«. Er meinte natürlich Arglist (»Perfidia«), und seine blauen Augen blitzten vor Wut.

Als gemein empfand er also die Behauptung, Mehmet Scholl habe wegen seiner großen Klappe nicht mit nach Duisburg reisen dürfen, quasi als Denkzettel für seine Attacken auf die Dortmunder Nationalmannschaftskollegen.

Typisch deutsch, diese Geheimniskrämerei, fand Trapattoni. »Wenn ich Scholl einen Denkzettel verpasse, dann sage ich: Ich verpasse Scholl einen Denkzettel. Ich habe damit kein Problem.«

Tatsächlich hatte Scholl nach dem 1:1 gegen Bochum geklagt, er fühle sich matt, und Trapattoni hatte ihm deshalb empfohlen, sich übers Wochenende mit Waldläufen

FACTS & ACTS

Jürgen Klinsmann: Balsam für »Flipper«

Klinsmann hatte in den ersten beiden Spielen so seine Probleme. Laut »Bild« trugen sie ihm bei den Kollegen den Kosenamen »Flipper« ein (»weil man nie weiß, wohin die Kugel springt«). Nun aber im Spiel gegen Duisburg fand er den richtigen Weg: mit rechts volley ins Netz zum 1:0. »Angenehmes Gefühl«, sagt Klinsmann. Mentale Blockaden löst so was auf wie nichts.

STATISTIK

Aufstellung:
MSV DUISBURG: Gehrke; Steffen, Wohlert, Nijhuis, Kienle, (58. Anders), Emmerling, Zeyer, Osthoff (88. Puschmann), Hirsch, Erceg (74. Löbe), Marin
FC BAYERN: Kahn; Babbel, Matthäus, Helmer (71. Kreuzer), Ziege, Basler (30. Hamann), Strunz, Nerlinger, Witeczek, Klinsmann, Zickler

Torfolge: 0:1 Klinsmann (15.), 0:2 Ziege (24.), 0:3 Witeczek (60.), 0:4 Ziege (90.)

Schiedsrichter: Heynemann (Magdeburg)

Gelbe Karten: Hirsch, Ziege, Strunz

Zuschauer: 30 128

Basler im Pech: ein Bänderriß setzte den Neuling beim FC Bayern für mehrere Wochen außer Gefecht

in bessere Verfassung zu bringen. Am Montag rackerte Scholl im gelben Leibchen beim Trainingsspiel der Reservisten, als von der nahegelegenen Kirche (»Heilige Familie«) schon das Mittagsgeläut hinüber an die Säbener Straße drang. »Zwei Stunden und fünf Minuten, für mich war das sehr, sehr hart«, sagte er hinterher. Ihm fehlen, weil in der Saisonvorbereitung und nach der anstrengenden Europameisterschaft von Muskelproblemen geplagt, »die Grundlagen, Kraft und Ausdauer, und da kann man auch nicht spritzig sein«. Für das bevorstehende Spiel gegen Bayer Leverkusen werde er sich aber wieder einsatzfähig melden können, glaubte er. Alles andere entscheide der Trainer.

Wie aber würde sich der entscheiden? Trapattoni vertagte das Problem genießerisch: »Ich werde heute Pasta essen und morgen Pasta essen und dann mit dem Spieler sprechen.« Seine Lezione für die Journalisten: Perfidia kann er nicht leiden.

Die meisten tippten darauf, daß Scholl spielen werde, zumal Basler fehlte. Schließlich stand ein wegweisendes Spiel bevor – noch so ein Gewürge wie beim 1:1 gegen Bochum wollte dem Münchner Publikum niemand mehr zumuten. Kapitän Lothar Matthäus brachte es auf den Punkt: »Nach wie vor kann man dem Gegner den Ball nicht weggucken, sondern muß ihn im Zweikampf erobern.« Manche seiner Kollegen, setzte er hinzu, glaubten offenbar, es genüge, sauber aufgereiht in Trapattonis zwei Viererketten zu stehen, und der Rest ergebe sich von selbst. Manager Uli Hoeneß nannte deshalb das Spiel sogar einen »Rückschritt«. Das »EM-Loch«, in das die Nationalspieler geplumpst waren, die englischen Wochen, das sei alles nur eine Frage des Willens. »Die Fitness ist da«, sagte auch Jürgen Klinsmann, »aber man muß sich mental wieder darauf einstellen.«

Spruch der Woche

»Nicht so schlimm, dauert nur vier Wochen.«
(Manager Uli Hoeneß zum Bänderriß von Mario Basler)

2. Platz

Grund zum Jubeln hatten die Bayern-Akteure reichlich: Zickler und Ziege freuen sich über das 0:2

SPIELTAG 4

Trainer Daum verläßt der Mut, und die Bayern bedanken sich

48 000 Zuschauer, unter ihnen Bundestrainer Berti Vogts, hatten ihre helle Freude an einem lebhaften Fußballspiel mit sechs Toren, und die Leistung der Gastgeber war nicht zu vergleichen mit dem ärmlichen 1:1 gegen Bochum vor Wochenfrist. Doch es waren die Zwischenstände aus Köln, in meterhohen Ziffern eingeblendet auf der Anzeigetafel im Münchner Olympiastadion, die den Abend aus Sicht der Bayern krönten. Dank ihres 4:2 (3:1)-Sieges über Bayer Leverkusen und der gleichzeitigen Niederlage des 1. FC Köln gegen Rostock nisteten sich die Bayern schon am vierten Spieltag auf jenem Platz ein, den sie als den ihnen zustehenden betrachten: dem ersten.
Trainer Giovanni Trapattoni indes wird teamintern auch mahnende Worte gefunden haben. Weil ihm die Unachtsamkeit in der Abwehr, die zum 0:1 durch Paulo Sergio führte, ebenso wenig gefallen haben konnte wie die Nachlässigkeiten nach den Treffern von Alexander Zickler, Thomas Helmer, Jürgen Klinsmann und Ruggero Rizzitelli. Leverkusens Markus Feldhoff nutzte eine davon zum 4:2. Allzu viele Lücken jedoch offenbarten Trapattonis Viererketten nicht, und so standen eindeutig positive Erkenntnisse im Vordergrund; jene etwa, daß die Bayern auch das Fehlen der Kreativkräfte Mario Basler

Durchsetzungsvermögen und Spritzigkeit bewies Jürgen Klinsmann im Spiel gegen Leverkusen. Hier setzt er sich im Luftkampf gegen zwei Bewacher durch

TSV Bayer 04 Leverkusen

Bayer Leverkusen

Aufstellung:
FC BAYERN: Kahn; Babbel, Matthäus, Helmer, Ziege, Zickler, Strunz, Nerlinger, Witeczek (83. Münch), Rizzitelli (56. Scholl), Klinsmann
BAYER LEVERKUSEN: Heinen; Nowotny, Happe, Wörns, Rydlewicz, Ramelow, Lehnhoff (63. Neuendorf), Sergio, N. Kovac, Feldhoff, Meijer (87. Cardoni)
Torfolge: 0:1 Sergio (25.), 1:1 Zickler (26.), 2:1 Helmer (37.), 3:1 Klinsmann (44.), 4:1 Rizzitelli (48.), 4:2 Feldhoff (54.)
Schiedsrichter: Berg (Konz)
Gelbe Karten: Babbel, Klinsmann (2), Strunz (2)
Zuschauer: 48 000

(Bänderriß) und Mehmet Scholl (Ermattung) kompensieren können.
Für Basler trieb Zickler das Spiel auf der rechten Seite an, links versuchte sich mit weniger Glück wieder Marcel Witeczek. Das bremste den Angriffsschwung allerdings nicht.
Denn diesmal sorgten die Offensivkräfte selbst für Sturm und Drang. Klinsmann und Rizzitelli gaben ein prächtiges Pärchen ab, vor allem der später gegen Scholl ausgewechselte Italiener überzeugte durch Übersicht und Entschlossenheit.
Leverkusens Trainer Christoph Daum hätte den mitgereisten Fans eigentlich erklären müssen, warum ihn plötzlich der Mut verließ. Kurz vor dem Anpfiff versuchte er sich wieder als Psychotrickser, indem er für den Posten des einzigen Stürmers alternativ Ulf Kirsten und Jan Heintze meldete, dann aber im letzten Moment Markus Feldhoff ins Spiel schickte. Aber der mußte sich, wie all seine Kollegen, vorwiegend der Aufgabe widmen, den Weg zum eigenenTor zu verrammeln.
So wirkte es fast wie ein Geniestreich, als Bayer mit der ersten Torchance gleich zum 1:0 kam. Sergio dribbelte sich bis kurz vor die Sechzehnmeterlinie, drängte seinem Kollegen Niko Kovac den Doppelpaß förmlich auf und schoß, bewundert von der Bayernabwehr, im Fallen aus sechs Metern Entfernung ins rechte untere Eck. So ein Malheur gehöre zum Risiko der Raumdeckung, befand auf der Tribüne Bayern-Präsident Franz Beckenbauer. Er mußte sich aber nicht lange grämen. Die elf Leverkusener hatten kaum die üblichen Torfeierlichkeiten hinter sich gebracht, als sie den Ball bereits im eigenen Netz wiederfanden. Mit einem Paß von Klinsmann zog Zickler davon und drosch die Kugel vom Elfmeterpunkt mit links ins rechte Eck: erste Chance, erstes Tor – auch auf der anderen Seite. Allerdings zog sich Klinsmann dabei eine Wunde am Schienbein zu. Er spielte weiter, jedoch mit reichlich Wut im Bauch.
Die Bayern hatten, ganz nach Trapattonis Geschmack, erst einmal verhalten begonnen und das Spiel zu kontrollieren versucht. Auch nach dem 1:1 suchten sie kühl ihr Chancen. Die nächste nutzte Helmer, der einen weiten Freistoßball von Lothar Matthäus mit dem Kopf ins Netz rammte. Kurz vor der Pause bedienten sie dann auch die Ästheten: Ruggero Rizzitell versuchte vom linken Strafraumeck einen Heber, der Ball prallte an die Latte und vor die Füße von Klinsmann. Ein Volleyschuß, und flugs hieß es 3:1.
Klinsmann wußte, bei wem er sich zu bedanken hatte, und gratulierte um so lieber, als Rizzitelli zwei Minuten nach der Pause selbst ins Tor traf – nach einer Vorlage von Alexander Zickler. Später durfte der Italiener sich dann auf der Bank ausruhen. Für ihn kam Scholl: Mittelfeldspieler statt Stürmer.
Trapattoni wollte offenbar den Überschwang bremsen, denn zwischenzeitlich waren die Leverkusener auf 2:4 herangekommen, durch einen Kopfball von Feldhoff nach Flanke Rydlewicz. Die Bayern suchten ihr Heil fortan in überfallartigen Kontern, vor allem über Klinsmann, der über seine Wunde am Schienbein immer noch erboste war und zur Rache Markus Happe trat, was ihm die Gelbe Karte einbrachte.
Einmal versuchte Klinsmann mit einem Querpaß nach langem Spurt auch, Aufbauhilfe für den Kollegen Scholl zu leisten. Doch dessen präziser Schuß wurde im letzten Moment abgeblockt. Kein Malheur, eine neue Chance bot sich ja schon im nächsten Spiel, am 7. September gegen Bielefeld.

Öffentliches Bulletin?

Vor dem Anpfiff war Mehmet Scholl als laut Fan-Votum bester Bayern-Spieler der Saison 95/96 ausgezeichnet worden. Die Bayern nahmen deshalb einen weiteren, revolutionären Schritt zur Förderung der Spieler-Fan-Bindung: Über Lautsprecher durfte der kraftlose Scholl seinen Verehrern erklären, warum er sich zunächst auf die Ersatzbank setzen mußte (mangelnde Vorbereitung, etc.) – eine ausbaufähige Idee: Demnächst könnte jeder der Hauptdarsteller vor dem Match der Anhängergemeinde seine Befindlichkeit kundtun.

Spruch der Woche

»Wenn wir Meister werden wollen, müssen wir uns gewaltig steigern.«
(Mehmet Scholl)

1. Platz

SPIELTAG 5

Die Festung Arminia bezwingen die Bayern nur einmal

Im Prinzip hatte Karl-Heinz Rummenigge die richtige Taktik gewählt. Mit großen Schritten eilte der Vizepräsident von seinem Sitz im Ehrengastbereich des Olympiastadions schnurstracks zum Ausgang, geradlinig wie früher auf dem Weg zum Tor. Doch diesmal war dem einstigen Dribbelkünstler kein Erfolg beschieden. Eine dichte Abwehrreihe von Medienleuten blockte ihn kurz vor dem Ziel ab. Pech gehabt, Herr Rummenigge. Doch weil der Mann schon immer ein Profi war, rang er sich auch diesmal erst ein Statement und dann ein Lächeln ab. »Nicht gerade berauschend« hatte er den mühsamen 1:0 (0:0)-Sieg seines FC Bayern über Arminia Bielefeld gefunden – eine eher arbeitnehmerfreundliche Umschreibung des Präsidenten. Und weil positives Denken Voraussetzung der bajuwarischen Siegermentalität ist, pickte er grinsend die erfreulichste Nachricht eines tristen Regentages heraus: »Wir gewonnen, Dortmund nur unentschieden, was willst du mehr?« Wieder kein Glück gehabt, Karl-Heinz Rummenigge: Die westfäli-

Spielpause im Komödienstadl

Mancher Beobachter freute sich in Erinnerung an die vergangene Saison umsonst auf den Theaterdonner zweier Frustrierter: weder von Klinsmann noch von Rizzitelli verlautete die geringste Klage über ihre Auswechslung – eine herbe Enttäuschung für Liebhaber des gewohnten Komödienstadls. Doch der Burgfriede auf den Gräsern, die die Welt bedeuten, währte nicht lange, auch Trainer Giovanni Trapattoni hatte wie Vorgänger Rehhagel seine Mühe mit den aufmüpfigen Stars.

Gelangweilt schaut die Prominenz in die Runde. Weder der Bundestrainer noch der Bayern-Präsident konnten dem öden Gekicke etwas abgewinnen

Arminia Bielefeld

Aufstellung:
FC BAYERN: Kahn; Babbel (56. Hamann), Matthäus, Helmer, Ziege, Zickler, Strunz, Nerlinger, Scholl, Klinsmann (60. Witeczek), Rizzitelli (71. Kreuzer)
ARMINIA BIELEFELD: Stein; Stratos, Hobday, Meißner, Bode, Reeb, Maas, von Heesen, Silooy (67. Walter), Maul, (56. Reina), Kuntz
Torfolge: 1:0 Ziege (57.)
Schiedsrichter: Koop (Boizenburg)
Gelbe Karten: Bode, Scholl
Zuschauer: 55 000

So wie hier Christian Ziege stolperten beide Mannschaften über den Rasen

sche Borussia hatte den Münchnern mit einem Tor in allerletzter Minute den Tag vollends vermiest.
Daß diese Bundesligabegegnung von gähnender Langeweile geprägt war, ist einer altbekannten Tatsache zuzuschreiben: Teams aus unteren Tabellenregionen pflegen vor Spielen beim Rekordmeister schlicht ihre Berufsanforderung zu vergessen, die da lautet: Fußball spielen. Auch die Bielefelder haben eigentlich nicht gespielt, sondern vor allem mannschaftliche Geschlossenheit demonstriert: Wir stehen unverbrüchlich zusammen, besonders im eigenen Strafraum.
Mehmet Scholl glaubte sich gar einer »Elf Mann-Deckung« gegenüber, anders als Christian Ziege, dessen sportliche Mittel »gegen elf Leichtathleten« erst spät zur Entfaltung kamen. Vor der Pause war der Nationalspieler viel gelaufen, ohne etwas zu bewegen. Danach drehte er auf, während seine Arbeitskollegen ihre Bemühungen kommentarlos einstellten. Ziege aber entwand sich dem Zugriff der ostwestfälischen Dauerläufer und hämmerte den Ball mit dem rechten Bein von der linken Strafraumkante zum 1:0 ins Tor, das der 42jährige Senior Uli Stein ansonsten souverän hütete. Später schlug Ziege auch noch einen brillanten Paß auf Zickler, der Fußballkennern einen Freudenjuchzer entlockte. (Zicklers Abschluß hat sie allerdings sogleich wieder in dumpfe Verzweiflung gestürzt.)
Mehr Bewunderung noch als Christian Ziege verdienten lediglich zwei Akteure: der Bielefelder Stefan Kuntz, weil er als einziger Stürmer alle Symptome totaler Vereinsamung tapfer bekämpfte, und Lothar Matthäus, weil der Libero des Tabellenführers »wie seit Wochen unser bester Mann war«. Präsident Franz Beckenbauer hatte dieses Urteil gefällt, und ein zweites: Wenn ein Mittdreißiger die anderen bei weitem überrage, müsse einem das schon zu denken geben. »Das hat aber nichts mit der Leistung der anderen zu tun.« Gott bewahre.
Ein bißchen Stimmung in die Bude kam schließlich noch bei den Auswechslungen von Jürgen Klinsmann und Ruggero Rizzitelli, für die Marcel Witeczek und Oliver Kreuzer den knappen Vorsprung gegen das Bollwerk aus Bielefeld verteidigen halfen. Bei der Aufklärung dieses Sachverhalts kaute Trapattoni angestrengt auf deutschen Brocken herum, denen zu entnehmen war, daß er seine Stürmerstars hinsichtlich des umfangreichen Programms der kommenden Wochen Schonung gewähren mochte. Schließlich mußten sie schon am folgenden Dienstag wieder 'ran, in Valencia zu nächtlicher Stunde. Es sollte jedoch leider nichts nützen, daß sie am Samstag schon mal vorgeschlafen hatten.

Spruch der Woche

»Es sagt alles, wenn ein 35jähriger bester Mann ist.«
(Präsident Franz Beckenbauer zur Leistung von Lothar Matthäus)

1. Platz

SPIELTAG 6

Schalke 04

Nur der Busfahrer kann Jürgen Klinsmanns Alleingang unter die Dusche bremsen

Vor der Saison hatte Jürgen Klinsmann den Teamgeist propagiert und gefordert, künftig müsse jeder sein Ego hintanstellen. Damals hat er noch nicht ahnen können, daß Giovanni Trapattoni ihm als erstem die Probe aufs Exempel abverlangen würde. Geduldig hörte sich der Trainer am Tag danach Klinsmanns Argumente an: daß er zu wenig angespielt werde, daß er deshalb seine Gegenspieler Linke und de Kock habe müde laufen wollen, und wie frustrierend es sei, die Ernte dieser Arbeit nicht einfahren zu können. Doch Trapattoni blieb bei seiner Meinung, dem Stürmer mangele es derzeit an Kraft. »Er hat eben seine eigenen Ideen«, sagt Klinsmann.

Tags zuvor im Parkstadion vermochte allein der Busfahrer den Sturm und Drang des Jürgen Klinsmann kurz zu stoppen. Von Rudi Egerer ließ sich der Stürmerstar, gerade vom Feld beordert, den Schlüssel zuwerfen. Dann nahm er wieder die Fährte Richtung Kabine auf, grußlos vorbei an Trainer Trapattoni. Als Kollege Thomas Strunz die Kugel zum Endstand von 1:1 (1:0) für den FC Bayern ins Netz bugsierte, duschte Klinsmann schon, doch abgekühlt war er deswegen noch lange nicht.

Auf der Heimreise schwieg er verbissen, und in den Augen des deutschen Fußball-Engels blitzte die Wut. Zum vierten Mal in dieser Saison ausgewechselt, diesmal aber nicht zur Schonung, sondern bei einem 0:1-Rückstand, den Schalker Fans zum Fraß vorgeworfen, das war jenseits der Schmerzgrenze. Doch siehe da, am Tag danach herrschte wieder Frieden unter den Bayern. Zehn Minuten lang diskutierte Klinsmann vor der sonntäglichen Trainingseinheit mit Giovanni Trapattoni die Lage. Danach schickte ihn der Trainer in die Sauna, und nach dem Ausschwitzen verkündete Klinsmann artig: »Er darf mich so oft auswechseln, wie er will. Das ist sein Job.«

Hinter der liebenswert-heiteren Fassade des Italieners, der am Samstag im Parkstadion weiße Turnschuhe zum eleganten Anzug trug, steckt ein ausgeprägter Sturkopf. Mit dem will keiner Streit – vorerst jedenfalls nicht. Jeder gilt Trapattoni gleich viel, was zählt, ist das Schema, wie er seine Taktik nennt. Warum es so problematisch sei, auch bekannte Spieler vom Feld zu holen, fragte er nun und wiederholte, er verstehe die deutsche Mentalität nicht. Solcherlei Konflikte hat Trapattoni mit Klinsmann schon bei Inter Mailand ausgetragen; auch damals waren Welten aufeinandergeprallt.

Der Nationalmannschaftskapitän agierte in Gelsenkirchen nicht zum ersten Mal in dieser Saison, freund-

FACTS & ACTS

Das Kreuz mit den Kräften

Auch Scholl verstand Trapattonis Strategie der Schonung nicht immer. Nachdem ihn der Trainer im Spiel gegen Schalke erst Mitte der zweiten Hälfte eingewechselt hatte, zeigte er Anzeichen von Unzufriedenheit. Man könne ihn »ja auch nach siebzig Minuten auswechseln«, meinte er, was allerdings nicht als Beschwerde zu verstehen sei – Gott bewahre.

STATISTIK

Aufstellung:
SCHALKE 04: Lehmann; Thon, de Kock, Linke, Latal, Müller (64. Eigenrauch), Wilmots, Anderbrügge (37. Büskens), Nemec, Max, Mulder (83. Wagner)
FC BAYERN: Kahn; Babbel, Matthäus, Kreuzer, Ziege, Zickler, Strunz, Nerlinger, Witeczek, Klinsmann (61. Scholl), Rizzitelli (81. Jancker)
Torfolge: 1:0 Max (36.) 1:1 Strunz (70.)
Schiedsrichter: Fröhlich (Berlin)
Gelbe Karten: Büskens, Nerlinger
Zuschauer: 70 500

Die halbe Münchner Mannschaft stellt sich dem Freistoßschützen Ingo Anderbrügge in den Weg

lich gesagt, sehr unglücklich – vor allem im Vergleich mit dem technisch bewanderten Angriffskollegen Ruggero Rizzitelli, der nach einer knappen halben Stunde die Kugel gegen den Querbalken hob, damit für den fußballerischen Höhepunkt sorgte und später das 1:1 per Kopf vorbereitete. Mit einem Querschläger hatte hingegen Klinsmann den Schalkern den Konter ermöglicht, den Martin Max zur 1:0-Führung abschließen konnte.
Doch wirkten nicht auch andere Münchner ähnlich geistesabwesend vor der Pause, namentlich Alexander Zickler und Christian Ziege? Und vor allem: Erwartet man nicht irgendwie immer ein Klinsmann-Tor? Trapattoni hielt zur Pause in der Kabine laut Torwart Kahn eine »extrem laute Ansprache, zweisprachig«, deren Wortlaut man gern erfahren würde. Fortan jedenfalls sahen die Stürmer Max, Mulder und Wilmots kein Land mehr. Die von Lothar Matthäus und Thomas Strunz befehligten Bayern belagerten das blau-weiße Tor. Doch damit war Trapattoni nicht zufrieden. Er holte Klinsmann vom Rasen und schickte Mehmet Scholl ins Spiel. Das Tor von Strunz verschaffte den Bayern immerhin eine kleine Atempause – nach dem Debakel von Valencia. Zufrieden konnten sie mit dem mageren Resultat aber nicht sein. So ein Spiel müsse eigentlich gewonnen werden, fand Uli Hoeneß, der sich bemühte, Mannschaft und Trainer unter Druck zu setzen: »Man muß berücksichtigen, wer gegen wen gespielt hat«, maulte er. Es waren zwei UEFA-Cup-Teilnehmer, von denen freilich nur einer als Sieger ins Spiel gegangen war: Schalke 04.

Spruch der Woche

»Ein Punkt ist Käs'.«
(Manager Uli Hoeneß)

2. Platz

SPIELTAG 7

Tabellenführer – warum eigentlich?

Zweimal Zickler: hier noch in ziemlich ratloser Pose...

Woher kommen wir, wohin gehen wir, welche Art von Fußball sollen wir spielen? Der ratlose Christian Ziege, im Olympiastadion schweißtriefend vor den Fernsehkameras stehend, verkörperte die Grundfragen der fußballspielenden Menschheit im allgemeinen und des FC Bayern München im besonderen. »Es ist«, sagte er leise, fast ein wenig traurig, »vieles nicht in Ordnung bei uns.«

Wirklich nicht? Die Bayern hatten sich gerade mit einem 1:0 (1:0)-Sieg über den Karlsruher SC an der Tabellenspitze festgesetzt – dank der gleichzeitigen Heimniederlage des VfB Stuttgart gegen Fortuna Düsseldorf – und hätten damit doch eigentlich auch Hoffnung schöpfen können für das drei Tage später anstehende UEFA-Cup-Rückspiel gegen den FC Valencia, in dem es einen 0:3-Rückstand aufzuholen galt. Aber es solle bloß keiner auf die Idee kommen, diesen Sieg in Verbindung zu bringen mit dem Spiel gegen Valencia, forderte Torwart Oliver Kahn. Es wäre zu desillusionierend gewesen.

Kahn selbst konnte sich an diesem Tag von der Kritik ausnehmen. Er rettete den Erfolg mit ungezählten Glanzparaden, vor allem bei Schüssen von Michael Tarnat und Burkhard Reich, und avancierte damit zum Mann des Tages, hätte aber gerne auf diese »Zitter-Arie«, wie er es nannte, verzichtet. Der Karlsruher Reich fand, »wenn sie Olli nicht gehabt hätten, hätten sie wieder gegen uns verloren«, wie schon beim bitteren 1:4 im Rückspiel der Saison 95/96 im Olympiastadion. Der unglückliche Thomas Häßler antwortete auf die Frage, ob diese Bayern Meister werden könnten, lapidar: »Mit so viel Dusel eventuell, und mit Olli Kahn.« Und, so konnte man nach diesem Spiel urteilen, vielleicht dank der Busenfreunde Christian Ziege und Alexander Zickler: Ziege hatte mit einem Spurt durch das Mittelfeld und einem weiten Paß das Siegtor eingeleitet, Zickler vollendete es mit einem eleganten Lupfer. »Eine einzige Unaufmerksamkeit«, klagte KSC-Trainer

Spruch der Woche

»Wir lieben und verehren ihn!«

(Präsident Beckenbauer über Trainer Trapattoni)

1. Platz

Karlsruher SC

Aufstellung:
FC BAYERN: Kahn; Babbel, Matthäus (35. Kuffour), Kreuzer, Ziege, Zickler, Strunz, Nerlinger, Scholl (79. Basler), Klinsmann, Rizzitelli (76. Witeczek).
KARLSRUHER SC: Reitmaier; Hengen (86. Schmitt), Metz, Reich, Krauß (84. Schroth), Keller, Fink, Häßler, Tarnat, Wück (72. Carl), Dundee.
Torfolge: 1:0 Zickler (19.)
Schiedsrichter: Krug (Gelsenkirchen)
Gelbe Karten: Strunz, Kreuzer, Tarnat, Wück
Zuschauer: 63 000

Winfried Schäfer, »hat uns auf die Verliererstraße gebracht.« Das war nach 19 Spielminuten, und die Münchner Zuschauer freuten sich auf einen munteren Sturmlauf, doch sie hatten den Höhepunkt des Tages schon erlebt.
Es lag nicht am Ausscheiden von Lothar Matthäus, der nach 35 Minuten wegen Leistenbeschwerden das Spielfeld verlassen mußte. Oliver Kreuzer vertrat ihn ordentlich, und der eingewechselte Samuel Kuffour bewährte sich im Duell mit KSC-Torjäger Sean Dundee. Ansonsten: nichts als Krisenherde in der Mannschaft der Bayern. Teenie-Star Mehmet Scholl, der in der vorangegangenen Saison endgültig den Sprung zur Führungskraft geschafft zu haben schien und maßgeblich am Gewinn des UEFA-Cup beteiligt gewesen war, spielte im Mittelfeld einen Fehlpaß hier, verlor einen Zweikampf dort. Zehn Minuten vor Schluß wurde er gegen Basler ausgewechselt.
Im Sturm bot Jürgen Klinsmann eine jener Partien, die ihm mannschaftsintern den Kosenamen »Flipper« eintrugen: weil man nie weiß, wohin die Kugel springt. Bei größten Torchancen scheiterte er an Torwart Claus Reitmaier und tröstete sich hinterher damit, daß er diesmal »besser ins Spiel integriert« gewesen sei – und daß ihn Trainer Giovanni Trapattoni nicht ausgewechselt hatte.
Immer deutlicher zeichnete sich trotz Tabellenführung ab, daß ein Mangel an Führung im Team herrschte, obwohl Jürgen Klinsmann und Lothar Matthäus sich vor der Saison angeblich ausgesprochen hatten. Klinsmann war nur mäßig in Form, wurde zudem vom Trainer mit wiederholten Auswechslungen demontiert. Lothar Matthäus, spielerisch in dieser Saison bislang der Beste, hatte mit der Bemerkung aufhorchen lassen, er wolle den Auftrag, Führung zu übernehmen, schriftlich haben – er war wohl immer noch beleidigt, weil man ihn wegen seines vorlauten Mundwerks in der vergangenen Saison gerüffelt hatte. Thomas Helmer, der stille Anführer fehlte wegen einer langwierigen Knieverletzung, und Jüngere, wie Christian Ziege, fühlten sich offenbar festgelegt auf die Rolle des ewigen Lehrlings. Es wurde bekannt, daß er in Verhandlungen mit dem AC Mailand stand, und Ziege genoß diese Schlagzeilen, auch wenn er darüber klagte, daß der FC Bayern die Sache öffentlich gemacht habe.
In dem Zwiespalt zwischen Tabellenführung und mäßigem Spiel gegen den KSC entschloß sich Trainer Trapattoni offenbar zur positiven Sicht der Dinge: 1:0, war das nicht ein richtig italienisches Ergebnis? Hauptsache, kein Gegentor kassiert! Außerdem habe man ja noch ein paar Torchancen herausgespielt. Ähnlich sah die Dinge Thomas Strunz: Kritik sei ihm »scheißegal«, sagte er, »Hauptsache wir haben drei Punkte und sind wieder Tabellenführer.«

Mit KSC-Wimpel gegen Valencia

Für das wegweisende UEFA-Cup-Spiel gegen den FC Valencia hatte Karlsruhes Trainer Winfried Schäfer einen gutgemeinten Rat parat: Man solle doch zur Demoralisierung der Spanier einen KSC-Wimpel in deren Kabine aufhängen. Immerhin hatten die Karlsruher – damals noch mit Oliver Kahn – 1993 im heimischen Wildparkstadion 7:0 gegen Valencia gewonnen. Soviel stand nach diesem Spiel fest: Ein Bayern-Wimpel würde die Spanier nicht sonderlich beeindrucken.

… wurde er durch sein goldenes Tor zum Helden des Tages

EUROPAPOKAL

UEFA-CUP

Der UEFA-Pokal - ein schweres Ding, das alle erleichterte

Gut zwanzig Jahre zuvor hatte Paul Breitner einen Satz gesprochen, der sich bis heute hartnäckig in den Annalen hält: »In diesem Scheißverein kann man nicht mal richtig feiern.« Als wollten die Bayern den bärtigen Grantler etliche Generationen später widerlegen, stürzten sie sich nach dem Schlußpfiff im Stadion »Parc Lesure« ins volle Leben; Thomas Strunz wälzte sich vor Glück heulend über den Rasen, humpelnd begaben sich selbst die verletzten Spieler auf die Ehrenrunde, und später im Hotel schunkelten alle, auch der anwesende Bundestrainer Berti Vogts, zu den Klängen einer bayerischen Blaskapelle mit. Derweilen tanzten Mehmet Scholl und Christian Ziege in Lederhose und mit Gamsbart durch die Räume. Und immer wieder stemmte einer den Pokal in die Luft, obwohl manch einer unter der Last der Trophäe schier zusammenzubrechen drohte: »Das Ding kann ja keine Sau tragen«, beschwerte sich Thomas Helmer.

Das »Ding« war der UEFA-Pokal, die einzige Auszeichnung des europäischen Fußballverbandes für Vereinsteams, die der FC Bayern noch nicht gewonnen hatte. Bei den Pokalsiegern waren sie 1967 erfolgreich, bei den Landesmeistern gleich dreimal (1974 bis 1976). Allein Ajax

Klinsmann beglückwünscht Scholl zum 2:0 gegen die Girondins aus Bordeaux

Elf jubelnde Bayern-Spieler feiern den UEFA-Cup, den einzigen internationalen Wettbewerb, den der FC Bayern zuvor noch nie hatte gewinnen können

Amsterdam und Juventus Turin war das bis dato das Tripel gelungen. Schon im Münchner Hinspiel waren die Bayern den überraschend ins Finale vorgestoßenen Girondins aus Bordeaux deutlich überlegen gewesen. Doch trotz des 2:0 nach Toren von Helmer und Scholl war Franz Beckenbauer, der kurz zuvor Trainer Otto Rehhagel abgelöst und damit eine weitere Talfahrt verhindert hatte, vor Zorn schier ausgerastet, als Jürgen Klinsmann das französische Scheunentor verfehlte. Wie von der Tarantel gestochen trat der Kaiser mit dem rechten Bein gegen eine Werbebande.

Aber so betrachtet blieb vor dem Rückspiel am 15. Mai 1996 in Bordeaux wenigstens noch eine Restspannung. Genau nach einer halben Stunde war die Luft jedoch endgültig draußen, als Bayerns bulgarischer Edelreservist Emile Kostadinov an der Seitenlinie den Girondins-Verteidiger Bixente Lizarazu, den weitaus besten seines Teams, niedertrat. Lizazarzu mußte gehen, und die Münchner kamen zu einem leichten Sieg. Nach Treffern von Scholl und Kostadinov besorgte Jürgen Klinsmann den Endstand von 3:1. 15 Treffer waren ihm im laufenden Wettbewerb gelungen, – das hat vor ihm noch keiner im Europacup geschafft.

Dank der Torjägerqualitäten ihres Offensiv-Anführers hatten die Bayern eine verkorkste Saison zu einem vergnüglichen Ende gebracht und damit viele Probleme beseitigt. Gegen Lokomotive Moskau hatten sie daheim eine verwirrende 0:1-Niederlage einstecken müssen, die sie im Rückspiel aber locker wettmachten: Mit 5:0, darunter zwei Tore von Klinsmann, hatten sie die Russen auf deren eigenem Platz gedemütigt.

Zu den vier Treffern gegen die schottischen Raith Rovers (2:0, 2:1) hatte Klinsmann drei beigesteuert. Beim Kräftemessen mit Benfica Lissabon waren es gleich sechs (4:1, 3:1) gewesen. Und auch die Mannschaft von Nottingham Forest (2:1, 5:1) hatte von Klinsmann Anschauungsunterricht im Toreschießen bekommen. Dreimal waren seine Versuche im Netz gelandet. Nur im Halbfinale gegen den großen FC Barcelona (2:2, 2:1) hatte Klinsmann anderen den Vortritt gelassen. »Bayern und Klinsmann – welch ein Triumph«, hatte Italiens populäre Sportzeitschrift »Gazzetta dello Sport« geschrieben.

Das Abschneiden in dieser Saison war das erfolgreichste des FC Bayern im UEFA-Pokal-Wettbewerb, der erste volle Erfolg für den Klub von der Säbener Straße im insgesamt siebten Anlauf. Obwohl sich die Bilanz (52 Spiele – 33 Siege – 6 Unentschieden – 13 Niederlagen) sehen lassen kann, hat der Bundesliga-Rekordmeister die Endspiele nur ein einziges Mal erreicht.

Pleite für den Cup-Verteidiger in der 1. Runde

»Valencias Sieg über Bayern ist ein Triumph, den man lange nicht vergessen wird«, schrieb die angesehene spanische Tageszeitung »El Pais« am Tag danach. Besonders lange grämten sich die Verantwortlichen des FC Bayern über das 0:3, denn eigentlich waren die Münchner Titelverteidiger des UEFA-Cups zum Feiern in die Provinzhauptstadt an der Ostküste gereist. Sechsmal hintereinander hatten sie in der vorherigen Saison auswärts gesiegt, ehe sie bei Girondins Bordeaux die europäische Trophäe in Empfang nehmen durften. In einem Nebenraum des Hotels »Acteon Plaza« mitten in der Innenstadt waren die Champagnerflaschen schon gekühlt und rund 150 Sektflöten akkurat aufgestellt, um den vermeintlichen Siegern einen würdigen Empfang zu bereiten und nebenbei dem Präsidenten Franz Beckenbauer ein Geburtstagsschlückchen zu seinem 51. zu kredenzen.

»Nicht zu fassen!« Mehmet Scholl nach seinem Pfostenschuß in der 13. Minute

Doch als der weißlivrierte Ober sich gegen ein Uhr morgens mit einem vollen Tablett durch die Münchner Reihen gekämpft hatte, mußte er unverrichter Dinge wieder den Rückzug antreten. Keinem war nach einem prickelnden Toast zumute. Niedergeschlagen hatten sich die Klub-Bosse zur Besprechung zurückgezogen – »eine eher seltsame Feier«, wie Manager Uli Hoeneß bekannte.
Gegen drei Uhr verließ Geburtstagskind Beckenbauer die intime Tafel und ging mit erkennbar dikkem Hals umgehend ins Bett. Viel

Symptomatisch: Unbehelligt von den Bayern-Spielern kommt Romero zum Kopfball

Trotz Geburtstag – zum Feiern war dem Ehepaar Beckenbauer und Schatzmeister Scherer nach der 0:3-Pleite nicht zumute

Schlaf wird er dort nicht gefunden haben – das 0:3 drückte vermutlich stark aufs Gemüt.

In schlimmsten Zeiten hatte es eine ähnlich deftige Packung gegeben, 1991 beim 2:6 gegen B 1903 Kopenhagen. Doch nun, mit einer Mannschaft von unbestrittenen Einzelkönnern, traf die Schlappe um so tiefer. »Auf keinen Fall«, erklärte Mittelfeldrenner Christian Nerlinger, sei Überheblichkeit im Spiel gewesen. Aber wie sonst hätte man das Debakel gegen einen Gegner erklären können, der ohne seinen streitsüchtigen Superstar Romario angetreten war?

Mehmet Scholl, wenige Wochen zuvor noch vom großen FC Barcelona umworben, schlenzte nach 13 Minuten den Ball freistehend gegen den Pfosten, damit war sein Pensum weitgehend erledigt. Er war jedoch immer noch aktiver als der Kollege Christian Ziege, der offenbar Offerten italienischer Nobelklubs im Kopf mit sich herumtrug und mehr mit der im Dauerregen gefährdeten Frisur kämpfte als mit den Fußballern aus Valencia.

Freilich nahm die Partie von Anfang an einen nicht eben glücklichen Verlauf. Nach zwei Möglichkeiten durch Rizzitelli und Scholl gerieten die Bayern durch einen mehr als zweifelhaften Elfmeter in Rückstand. Und das Selbstbewußtsein bekam eine weitere Macke, als Kreuzers Lattenköpfer kurz nach der Pause umgehend mit dem dritten Gegentreffer bestraft wurde. Aber das, was Fußballer »Einstellung« nennen, fehlte den Bayern diesmal von Grund auf. Während der Fahrt zum »Estadio Luis Casanova« droschen einige Herren fröhlich Karten, statt sich auf den bevorstehenden Kampf der Matadore vorzubereiten.

»Keine Spannung – nichts«, hatte Präsident Beckenbauer beobachtet. »Die sind in ein Europacup-Spiel gegangen wie in ein Freundschaftsspiel gegen einen Bezirksligisten. Was dann gespielt wurde, war eine mittlere Katastrophe.«

Dem Manager Hoeneß hatte es sogar die Sprache verschlagen. Nichts wollte er sagen, um nicht den großen Krach zu provozieren. Er hatte sich schon in scharfen Kontrast zur Mannschaft gebracht, als er die vorausgegangenen Bundesliga-Begegnungen gegen St. Pauli, Bochum, Duisburg und Bielefeld höchstens unter Mittelklasse einordnen wollte. Das sei kein rationeller Zweckfußball gewesen, sondern eine Kette von Alarmzeichen. Und

Wenn der drin gewesen wäre! Jürgen Klinsmann verschießt im Rückspiel einen Elfmeter und bringt damit den FC Bayern endgültig auf die Verliererstraße

die gedrechselten Erklärungsversuche der Verlierer von Valencia, dem ersten ernsthaften, wenn auch nicht überragenden Gegner der Saison, fegte er erbost vom Tisch: »Das ist Augenwischerei ersten Ranges. Zuvor war ich der einsame Rufer, jetzt haben wir die Quittung.«

Zum Sündenbock wurde vor allem Alexander Zickler gestempelt, der im Gegensatz zu anderen jedoch wenigstens einmal auffiel. Schiedsrichter Pairetto, so erzählt er später, habe eine Aktion der Spanier mit einem lauten »Bravo« gelobt, worauf Zickler ihm mittels einer Fingerbewegung die Meinung geigte. Pairetto deutete diese Geste als Bestechungsvorwurf und schickte den Pantomimen mit der Roten Karte vom Feld.

Zickler wollte nur »mehr Fingerspitzengefühl« angemahnt haben, wurde jedoch für seine Aktion vom Verein mit einer Geldbuße von 10 000 Mark bedacht. Erfreulich an diesem schlimmen Abend war eigentlich nur die Aussicht auf ein besseres Rückspiel, an das sich vor allem Jürgen Klinsmann klammerte: »Dumm gelaufen, aber ich bleibe trotzdem Optimist.«

Die hoffnungsfrohe Grundstimmung erhielt im Münchner Olympiastadion gleich frische Nahrung. Gerade 120 Sekunden waren vorüber, als der Verteidiger Navarro den Bayern einen guten Dienst erwies und das Leder hinter seinem Nationaltorwart Antoni Zubizarreta ins eigene Netz lenkte.

88 Minuten blieben also, um dem Ganzen eine Wende zu geben. Und als Klinsmann nach einer Viertelstunde zum Elfmeter anlief, schien das kleine Wunder tatsächlich noch möglich zu sein.

»Als Romero den Ball dummerweise mit der Hand spielte, stand Valencia schon am Eingang zum Schlachthof«, fabulierte die Zeitung »El Mundo«, »doch anderthalb Stunden später durchschritt das spanische Team die Ruhmeshalle.«

Den Bayern hatte der Fehlschuß des Torjägers (15 Treffer im UEFA-Pokal) den Nerv gezogen wie beim Zahnarzt, nur ohne Betäubung. Die Mannschaft von Trainer Luis Aragones, jenem Mann, der dem FC Bayern zwanzig Jahre zuvor im Dress von Atletico Madrid im Landesmeisterfinale einen Freistoß aus 25 Metern in den Kasten geschaufelt hatte, wackelte zwar bedenklich, aber sie fiel nicht unter dem Druck der Münchner.

Die rannten mit dem Mut der Verzweiflung gegen die Festung von Valencia an, aber Zählbares sprang, abgesehen von den Gelben Karten für Basler, Nerlinger und Rizzitelli, nicht mehr heraus. Mit dem 1:0 war der Pokalinhaber ausgeschieden, kaum daß er den Wettbewerb aufgenommen hatte.

In den Augen der Spieler freilich hatte das frühe Scheitern wenig Bedrohliches. Es sei ja nur der »zweitschönste Wettbewerb« gewesen, meinte Mehmet Scholl zur Selbsttröstung, und Torwart Oliver Kahn gestand, er wolle in diesem Jahr »ohnehin einen ganz anderen Wettbewerb gewinnen« – die nationale Meisterschaft.

Ärger um »Flipper«

»Klinsmann verrät Trap und die Bayern«, titelte die »Gazzetta dello Sport« in Italien. Und die Deutsche Presse-Agentur funkte am Mittwoch um 11.07 Uhr: »›Als Klinsmann den Elfer verschossen hat, hab ich laut geklatscht‹, feixte eine grauhaarige ältere Dame, die sich in einer Düsseldorfer Straßenbahn diebisch über den Fehlschuß des Nationalspielers freute.«

Manchmal fällt es nicht leicht zu glauben, daß Jürgen Klinsmann, der beim FC Bayern als Sturmspitze die Nummer 18 trägt, tatsächlich Weltmeister wurde und sechs Jahre später Europameister, daß er den cleversten Anwalt der Branche beschäftigt und ein Nettogehalt von ungefähr 2,5 Millionen Mark bezieht. »Flipper« nennen ihn Bayern-Kollegen, weil ihm die Kugel bisweilen unberechenbar vom Spann springt. Für sein Gestrampel gegen den FC Valencia verpaßte ihm die »Bild-Zeitung« die schlechteste Zensur, wie schon zuvor beim Bundesligakick gegen den Karlsruher SC: Note sechs, setzen!

Am Morgen nach seinem verschossenen Elfmeter gestand Klinsmann: »Wenn ich ihn reingemacht hätte, hätten wir Valencia abgeschossen.« Er sagte, daß ihm die »Erfolgsmomente« fehlen, daß er sich aber »nicht in einem persönlichen Tief« befinde. Dann wohl in einem sportlichen?. »Nein, kein Problem, der Frust ist da, das nervt.« Sein Trainer, Giovanni Trapattoni, wisse, daß »ich mich für die Truppe verreiß'.« Zehn Kilometer, hat der TV-Sender SAT 1 exakt nachgemessen, rannte Klinsmann in der Partie gegen den KSC. Rennen kann er, so schön wie kaum ein Balltreter, mit gestrecktem Oberkörper und hochgezogenen Hacken. Er ist ein Athlet, kein Techniker, stark im Sprint und beim Sprung in die Luft, schwächer als viele in der Disziplin Stoppen und Passen. Wahrscheinlich hat er das immer besser einzuschätzen gewußt als andere. Und deshalb hat er nie aufgehört zu kämpfen, weil Kampf auch im modernen Fußball die Grundlage für den Sieg ist. Aber Klinsmann ist auch ein sportliches Phänomen, besonders beim Schuß ins Tor; er trifft aus allen Lagen und auf alle Arten: akrobatische Scherenschläge, Kopfbälle mit vorausgehendem Hechtsprung, Heber, Volleys, Fallrückzieher. Tage, an denen die Willenskraft wahre Wunder wirkte, haben ihn berühmt gemacht. Tage, an denen ihm nichts gelingt, allerdings auch. Jürgen Klinsmann lebt zwischen den Extremen: Weltstar oder Kreisklassendumbo. Nach der großartigen EM hat er sich in seinem Verein wieder einmal in ein Karriereloch manövriert. Die Sechser hat er vielleicht verdient, Häme und Spott gewiß nicht. Flipper ist kein Kosename, und aus Zorn darüber tritt Klinsmann auf dem Platz derzeit um sich wie ein Wilder.

Gezielte Indiskretionen haben sein Image vom blauäugig-blonden Engel angegriffen. Das Wort »Mannschaft« sei zwar seine Lieblingsvokabel, doch in Wahrheit sei er ein Egoist, stets als Erster nach dem Training verschwunden und träfe das Team am liebsten erst kurz vor dem Anstoß. Klinsmann hält das für die höchste Form der Professionalität. Die ominöse Ausstiegsklausel in seinem Vertrag macht deutlich, welche Verrenkungen die Bayern und Präsidenten Franz Beckenbauer anstellten, um ihn zu verpflichten. Doch nach 15 Klinsmann-Treffern im Europapokal, dem Gewinn des UEFA-Cups und dem Verkauf von ein paar hunderttausend Trikots mit der Nummer 18 steht der nette Blonde ziemlich allein da. Vertragsdetails wurden von Klubseite ungeniert an die Presse gegeben, unter Partnern ein mehr als seltsames Verhalten. Der Elfmeter gegen den FC Valencia war die Chance, die Dinge geradezurücken, vordergründig jedenfalls. 2:0 hätte es nach 15 Minuten gestanden, die Bayern wären auf dem Weg in die zweite Runde und Klinsmann seine Sorgen los gewesen. Zur Erklärung bot Kapitän Lothar Matthäus gleich drei Versionen an.

I. »Ich war vorher eingeteilt. Aber ich habe zwei Tage nicht trainiert und zwei Jahre keinen Elfer mehr geschossen.«

II. »Jürgen hat sich den Ball geschnappt.«

III. »Ich bin nicht derjenige, der einen Elfer schießen muß, um in der Torschützenliste aufzutauchen.«

Der FC Bayern bezwang Valencia immerhin 1:0 und wäre in Katalonien kaum 0:3 abgewatscht worden, wenn alle sich eingesetzt hätten wie der torlose Stürmer Jürgen Klinsmann.

Jürgen Klinsmann in typischer Gestik. Aber der Ball kam nur selten so, wie er ihn haben wollte, so daß der frustrierte Torjäger den Verein zum Saisonende verließ

SPIELTAG 8

Werder Bremen

Von den ehemaligen Kollegen in die Krise gestürzt

Aufstellung:
WERDER BREMEN: Reck; Wiedener, Ramzy, Schulz, Pfeifenberger, Todt, Herzog (72. Cardoso), Eilts, Brand, Labbadia, Bode
FC BAYERN: Kahn; Babbel (75. Hamann), Kuffour, Kreuzer, Ziege, Basler (46. Witeczek), Strunz, Nerlinger, Scholl, Klinsmann (46. Zickler), Rizzitelli
Torfolge: 1:0 Herzog (23. Foulelfmeter), 2:0 Herzog (47.), 3:0 Labbadia (70.)
Schiedsrichter: Jansen (Dormhagen)
Gelbe Karten: Labbadia, Strunz (4), Ziege (2)
Zuschauer: 36 000

»Das Engagement fehlt«, brummte Oliver Kahn im dunkelsten Baß. »Es fehlt schon lange. Das ist eine Schande, und ich frage mich, ob das nicht langsam Konsequenzen nach sich ziehen müßte.« Nicht nur der Schlußmann, der seit Wochen hinter einer zusammenhanglosen 4-4-2-Aufstellung seine außerordentliche Qualität hatte beweisen müssen, stellte die dringende Frage, woher es gekommen sein mochte, daß der FC Bayern, der renommierteste unter allen Bundesligaklubs, schon wieder in eine Schaffenskrise gerutscht war. 0:3 in Bremen – und wurden wie zum Hohn alle drei Treffer von ehemaligen Bayern (Andreas Herzog zwei, Bruno Labbadia) gegen die hilflosen einstigen Kollegen erzielt. Eine Niederlage, die sämtliche Alarmglocken läuten ließ. Wo doch alles hatte besser werden sollen im Jahr nach dem unglücklichen Wirken Otto Rehhagels – mit Mario Basler und Stürmer Ruggero Rizzitelli, vor allem aber mit Giovanni Trapattoni.
Nach dem achten Meisterschaftsspiel also stellte Jürgen Klinsmann resigniert eine Schräglage des »gesamten Gefüges« fest und beklagte einen eklatanten Mangel an Kreativität und Kontinuität. Wie Milan wolle sein Arbeitgeber gerne sein, höhnte er, doch von diesem Ideal »sind wir noch weit entfernt.« Der eine oder andere Titel, den man errungen habe, dürfe darüber nicht hinwegtäuschen.
Später hatten sich die meisten Mitglieder der Reisegruppe FC Bayern München in die stahlkalte Wartehalle des Bremer Flughafens zur stillen Trauer zurückgezogen. Stehend, sitzend und in alle Richtungen verstreut glotzten sie auf den gekachelten Boden oder ausdruckslos ins Nirgendwo. Tapfer kämpfte vor allem Giovanni Trapattoni um Haltung. »Warum?« stammelte er und richtete flehende Blicke an die Decke, warum gegen Valencia – beim schließlich nutzlosen 1:0 im UEFA-Cup – neunzig Prozent und gegen den SV Werder nur vierzig Prozent?
Selbst im Leid ist Trapattoni ein höflicher Mensch – vielleicht zu höflich. Bei allem Respekt: Das Auftreten des noch amtierenden UEFA-Cup-Siegers im Bremer Weserstadion war zwar bemüht, aber verdammt weit entfernt von einer überzeugenden Leistung.

Wieder einmal uneffektiv und daher schon zur Pause ausgewechselt: die ratlosen Bayern-Stars Jürgen Klinsmann und Mario Basler

Eine der sehenswertesten Szenen des Spiels: Marco Bodes akrobatischer Fallrückzieher. Bayern-Stopper Oliver Kreuzer steht machtlos daneben – symptomatisch für die desolate Bayern-Mannschaft, die dem Bremer Angriffsschwung nichts entgegenzusetzen hatte

No, no, Signore, der Vergleich ist nicht haltbar, dachten sich die meisten bei der Pressekonferenz, und wenn das Rückspiel gegen Valencia schon das Beste gewesen sein soll, was die Bayern in der Vorrunde zu bieten hatten, dann buona notte. Es war schon sehr verdächtig, wie die gestandenen Disharmoniker des Säbener Knabenchores plötzlich einen komplizierten Kanon ohne Anleitung und noch dazu recht stimmsicher intonieren. »Wir sind nicht würdig, das Trikot des FC Bayern zu tragen«, sang Thomas Strunz vor, immerhin noch bester Bayer gegen die Bremer. »Das war mehr als peinlich«, stimmte Christian Ziege ein. »Eine blamable Niederlage«, fand Schatzmeister Fritz Scherer. Ähnlich schätzte wohl auch Trapattoni die Lage ein, nur fehlten dem Trainer noch die Worte, obwohl er die deutsche Sprache in dieser

Kaiserworte

Wie das eben so geht in Zeiten des sportlichen Niedergangs! Am Sonntag nach der peinlichen Niederlage in Bremen schritten die Vereinsoffiziellen schon in aller Früh zur Machtdemonstration. In Bestbesetzung marschierte der Vorstand zur Mannschaft. Vorneweg Beckenbauer, in seinem Schatten Sportdirektor Karlheinz Rummenigge, Schatzmeister Scherer und Manager Uli Hoeneß.

Der wackere Spieler Strunz und seine weniger wackeren Kameraden erlebten einen »Monolog des Präsidenten«. Danach hat niemand mehr geredet.

In München ist das nichts Neues. Seit Beckenbauer den Verein führt, werden auf diese Weise Probleme bewältigt – per Monolog. Die Trainer der vergangenen Jahre, Erich Ribbeck, Otto Rehhagel und Giovanni Trapattoni, sind grundverschiedene Persönlichkeiten, doch keinem von ihnen gelang es, sein unverwechselbares Profil durchzusetzen. Und nur einer wurde mit dem Team des FC Bayern seit 1990 deutscher Meister: Franz Beckenbauer.

Zufall kann das nicht mehr sein. Vielleicht wurden zu lange Symptome kuriert. Die Botschaft an die Profis ist jedenfalls immer die gleiche: Ihr mit den Stollenstiefeln bekommt ein erstklassiges Management (Hoeneß), ein traumhaftes Gehalt (Millionen), im Bundesligavergleich unbeschreiblichen Luxus (Rasenheizung auf dem Trainingsgelände), und weil Ihr beim FC Bayern spielt, werdet ihr berühmt und interessant für Sponsoren.

Dagegen ließe sich gar nichts einwenden, doch Winter für Winter, Sommer für Sommer wird dann in der FCB-Kommandozentrale an der Säbener Straße im Stadtteil Harlaching betrübt festgestellt, daß nur eine marklose Generation von der nächsten abgelöst wurde, ohne daß die rot-weißen Ideale auf dem Feld angemessen vertreten worden wären.

Nach dem 0:3 bei Werder Bremen bat das Ensemble reuig darum, Trapattoni nicht mit Kritik einzudecken für das konzept- und willenlose Gebolze. Denn es wußte genau, daß nach dem kläglichen Scheitern im Europacup und der Schlappe beim SV Werder ein Flop beim nächsten DFB-Pokalgegner Borussia Mönchengladbach ausgereicht hätte, um den Trainer in die Entlassung zu treiben.

Könnte es allerdings sein, daß die fehlende Corporate Identity der Fußballer von den Vereinsmachern selbst zu verantworten ist? Daß in den Adern von Beckenbauer, Rummenigge und Hoeneß das Blut des FC Bayern fließt, ist unbestritten. Daß die drei Herren eine erdrükkende Kompetenz bündeln, nicht minder. Doch von Hoeneß stammt auch der Satz: »Wir sind vom sportlichen Erfolg unabhängig.« Vermutlich stimmt das sogar.

Beckenbauer will den Klub mit Hilfe der Unternehmensberater von McKinsey zum Wirtschaftsunternehmen ummodeln. Das ist zeitgerecht. Die Kicker allerdings treten in diesem Wirtschaftsklima konsequenterweise als Handelsvertreter auf – für sich selbst. Erstaunt erkannte plötzlich ein Routinier und Alleinunterhalter wie Lothar Matthäus, daß »das Wir-Gefühl fehlt«.

Dieses Wir-Gefühl wiedererweckt oder doch soweit erzwungen zu haben, daß es in der Rückrunde zu mannschaftlicher Geschlossenheit und einigen brillanten Auftritten reichte, ist aber unbestreitbar das Verdienst Giovanni Trapattonis. Ob es anhält, wenn der FC Bayern zur Titelverteidigung antreten muß?

Saison sicher mit mehr Hingabe gepaukt hatte als zwei Jahre zuvor. So pflegte er sich für Pressekonferenzen auf kleine Zettel bunte Wörter wie »Leidenschaft«, »Einsatzbereitschaft« und »Tugend« zu notieren. Die zwei Dutzend Vokabeln, mit denen ein Fußballtrainer seine Mannschaft im Bedarfsfall einschüchtern oder zusammenstauchen kann, hatte er bei seinen Studien bis zur Bremer Blamage aber anscheinend übersehen.

Hansi Müller, einst Profi in Italien, weiß zu berichten, daß Trainer

Begeistert riß Andreas Herzog nach dem Schlußpfiff die Arme in die Höhe. Der überzeugende 3:0-Erfolg über die ehemaligen Mannschaftskameraden war für ihn, der bei den Bayern nie hatte Tritt fassen können, eine besondere Genugtuung

Trapattoni vor allem deshalb brillant war, weil er »rhetorisch begabt« sei. »Der bringt viel rüber«, beteuerte er. Doch geschah dies in jenen trüben Septembertagen, in denen das bayerische Dreamteam alles andere als meisterlich aufspielte, offenbar in der falschen Sprache.

Spruch der Woche

»Es gibt dumme Leute und solche, die beim Reden nachdenken. Zu welcher Gruppe gehört wohl Basler?«

Bruno Labbadia

3. Platz

SPIELTAG 9

Hamburger SV

Die Flucht ins Wolkenkuckucksheim

STATISTIK

Aufstellung:
FC BAYERN: Kahn; Matthäus, Babbel, Kuffour, Zickler, Strunz (46. Hamann), Scholl (68. Münch), Nerlinger, Ziege, Rizzitelli (38. Witeczek), Klinsmann
HAMBURGER SV: Golz; Schnoor, Kovacevic, Hartmann, Schopp (46. Salihamidzic), Fischer, Kmetsch, Schupp (81. Seitz), Spörl, Bäron, Breitenreiter (69. Jähnig)
Torfolge: 1:0 Zickler (7.), 1:1 Spörl (55.), 2:1 Nerlinger (63.)
Schiedsrichter: Fandel (Kyllburg)
Gelbe Karten: Schnoor, Kmetsch, Kovacevic
Zuschauer: 63 000

Der autoritäre Felix Magath, den einige HSV-Spieler nach dem Diktator aus Bagdad mit dem Spitznamen »Saddam« titulieren, gab den einsamen Spielverderber ab. »Ach, hören Sie mir doch auf mit Pech«, zischte der Hamburger Trainer. »Bei diesem Spiel geht es darum, Tore zu erzielen und keine Eigentore.« Nur unter diesem Aspekt hat der HSV zu Recht verloren; wären Feldüberlegenheit, Zweikampfstärke, balltechnische Fertigkeit und vor allem die Anzahl der Tormöglichkeiten ausschlaggebend, hätte der HSV mit einem satten Sieg nach Hause reisen dürfen. Das sahen auch andere so, und ihre messerscharfe Analyse klang verdächtig nach eingehender Absprache. »Eine unglückliche Niederlage«, brach es aus dem HSV-Präsidenten Uwe Seeler heraus, während der Bayern-Kollege Franz Beckenbauer kompromißlos seine Einschätzung entgegenhielt: »Ein glücklicher Sieg.« Wahr gesprochen. Selten herrscht nach einem Fußballspiel eine solche Einmütigkeit wie nach dem 2:1 (1:0)-Sieg der Münchner über die hanseatische Bundesligakonkurrenz. Und es war fast rührend anzusehen, wie Bayern-Trainer Giovanni Trapattoni sein Pendant Felix Magath zu trösten versuchte: »Der HSV hat besser gespielt, ein Unentschieden wäre verdient gewesen.« Stimmt. Wie etwa Markus Schupp im Mittelfeld regierte oder der junge Hassan Salihamidzic nach der Pause mit den bayerischen Abwehrklötzen umsprang, das hatte Klasse. »Für das schöne Spiel können wir uns nix kaufen«, grantelte Magath dennoch. Ohne drei seiner wichtigsten Akteure (Friis-Hansen, Henchoz und Ivanauskas), immerhin aber mit den prominenten Fußballern Schnoor, Kovacevic und Kmetsch, spielte der Tabellenzwölfte das Dreamteam total an die Wand. Dort stand allerdings Tor-

Lautstark und mit großen Gesten dirigierte Lothar Matthäus seine Abwehr. Genützt hat es in dieser Szene wenig: Der von Spörl getretene Freistoß schlug zum 1:1-Ausgleich im Bayer-Tor ein

Schlagzeilen machen Beine

Die frappierende Gemütsschlichtheit eines Millionärs in kurzen Hosen verriet Markus Babbel, der beim Pokalerfolg in Mönchengladbach nicht etwa für seinen Verein, die Zuschauer oder sein Ego gekämpft hat: »Die Medien hatten ja gehofft, daß sie bei einer Niederlage noch mehr auf uns draufhauen könnten. Deshalb haben wir uns dort so 'reingehängt.« Eine immerhin originelle Berufsauffassung, wenn auch keine erfolgversprechende.

Mit verschmitztem Grinsen nimmt Christian Nerlinger nach seinem Glücksschuß zum Siegtreffer für die Bayern die Glückwünsche seiner Kollegen Markus Babbel und Samuel Kuffour entgegen

wart Oliver Kahn, der wie schon in Mönchengladbach eine peinliche Überraschung verhinderte. Wertvollster Helfer aber war den Bayern das pure, schamlose Glück, etwa beim Siegtreffer von Christian Nerlinger. Ein gutes halbes Dutzend ähnlicher Schüsse pfiff auf der anderen Seite um Haaresbreite an den Aluminiumstangen vorbei, Nerlingers Verzweiflungsschuß mit dem rechten, seinem schwächeren, Fuß landete im Torgiebel.
Der Schütze gehörte später zur Fraktion der Selbstkritischen, die sich nach dem Pokalerfolg auf dem Bökelberg schon wieder aufzulösen drohte: »Wir haben kaum Kombinationsfußball gezeigt und uns am Ende nur noch mit Befreiungsschlägen geholfen. Es ist ein Zeichen von Schwäche, wenn man sich so hinten reindrängen läßt.«
Die Offiziellen des ambitionierten Klubs dagegen liefen an diesem Nachmittag mit verschlossenen Augen durch die Gegend. Sogar Realist Uli Hoeneß flüchtete sich ins Wolkenkuckucksheim (»Die guten Spiele kommen noch«), Franz Beckenbauer verleugnete im Interesse des lieben Friedens seinen Sachverstand: »Man sieht an der kämpferischen Einstellung, daß da wieder eine Mannschaft auf dem Platz steht. Es scheint uns zu gelingen, aus der Krise herauszukommen.« Mannschaft? Eine Zweckgemeinschaft kickender Einzelunternehmer spulte lustlos ihr Arbeitspensum ab, uninspiriert, saft- und herzlos. Nur Hypnose schläfert effizienter ein. Trainer Trapattoni tauschte ängstlich und nun schon zum dritten Mal in der Schlußphase gegen ein keineswegs überdurchschnittliches Bundesliga-Team eine Offensivkraft (Scholl) gegen einen Verteidiger (Münch) aus.
Seine taktischen Pläne hatte er längst auf den Müll geworfen. Statt der international üblichen Viererkette wurde ein Abwehrbollwerk gezimmert aus dem Paläolithikum des Fußballs mit zwei Manndeckern und Ausputzer. Im Vergleich mit Lothar Matthäus hätte die Spielweise von Willi Schulz vor dreißig Jahren revolutionär angriffslustig gewirkt. »Wir spielten mit der Neunerkette«, witzelte Thomas Strunz. Das einzige Spannungsmoment bei den Münchnern bestand zu dieser Zeit aus den internen Krächen zwischen den Spielen, den Drohgebärden der Bosse und den heiligen Eiden der Kicker, ab sofort werde alles anders. Vermutlich hatte sich die Philosophie des Wirtschaftsunternehmens FC Bayern, das stolz seine Unabhängigkeit vom sportlichen Erfolg betont, auch in den Köpfen der Angestellten festgesetzt.

Spruch der Woche

»Kalt war's!«
(Präsident Franz Beckenbauer zum Spiel)

3. Platz

SPIELTAG 10

Der FC Bayern meldet sich zum Titelkampf zurück

Aufstellung:
1. FC KÖLN: Kraft; Kostner (65. Zdebel), Baumann, Schmidt, Scherr, Hauptmann, Oliseh, Munteanu, Andersen (66. Weiser), Vladoiu (59. Gaißmayer), Polster
FC BAYERN: Kahn; Matthäus, Babbel, Kuffour, Basler (73. Witeczek), Hamann, Nerlinger, Münch, Scholl (82. Jancker), Klinsmann, Zickler
Torfolge: 0:1 Klinsmann (35.), 0:2 Scholl (56. Foulelfmeter), 1:2 Hauptmann (59.), 1:3 Klinsmann (68.), 2:3 Polster (77.), 2:4 Witeczek (90.)
Schiedsrichter: Merk (Kaiserslautern)
Gelbe Karten: Munteanu, Schmidt, Nerlinger, Babbel, Matthäus
Zuschauer: 52 000

Peter Neururer ist Akademiker, ausgebildeter Sportlehrer. Besonders stark ist er in Fremdwörtern, weshalb es sich immer lohnt, ihm zuzuhören. Nach dem 5:1-Sieg der deutschen Nationalmannschaft in der WM-Qualifikation gegen Armenien zum Beispiel dozierte der beredte Fußball-Übungsleiter erregt, daß anscheinend schon drei gute Spiele ausreichten, um ins Nationalteam berufen zu werden. Nur bei seinen Leuten vom 1. FC Köln nicht. Dort trainiere er Profis, die Woche für Woche Topleistungen böten, und die Armen säßen zu Hause vor dem Fernseher, wenn Bertis Buben kicken. Da hätten sie an diesem Oktobertag auch besser bleiben sollen, statt gegen den FC Bayern anzutreten.
Neururer hatte für diesen 12. Oktober die leichteste Partie der Saison prophezeit, und vielleicht hatte er recht – allerdings aus der Sicht des Gegners. Was immer der Kölner Coach sich ausgedacht hatte – außer den Rasen zu wässern –, sein Ensemble wußte es zum Anpfiff nicht mehr. Wie bestellt ließ es sich von einem Gegner vorführen, der noch zwei Wochen zuvor nach dem 0:3 in Bremen »alle Alarmglocken« hatte schrillen hören (Karl-Heinz Rummenigge) und so ein 4:2 in der Fremde gut vertragen konnte.
Die Münchner, wachgerüttelt durch lautstarke Diskussionsrunden zum Thema Selbstkritik, rannten wie schon lange nicht mehr, und Jürgen Klinsmann traf auch wieder.
Den Fehler, drei Punkte als das Maß aller Dinge zu nehmen, haben sie selbst nach dem flotten 4:2 nicht gemacht. Auch wie Siege oder Niederlagen zustandekämen, sei nun wieder wichtig geworden beim FC Bayern, erklärte Sportdirektor Rummenigge. Selbst der nach Bremen betont grämliche Manager Uli Hoeneß witterte nach den Erfolgen gegen Mönchengadbach, den HSV und die Kölner eine kleine Erfolgsserie und wähnte das Team auf einem guten Weg. Rummenigge redete wieder über den Titelgewinn und argumentiert – kurioserweise – mit der schlechten Vorstellung beim

Das verloren geglaubte »Wir-Gefühl« – in Köln feierte es Wiederauferstehung, während es bei der Heimmannschaft lange Gesichter gab

1. FC Köln

Scharfe Kurven statt scharfer Schüsse

Daß die Kölner Maulhelden in der Meisterschaft andere Schwerpunkte setzten als die Konkurrenz, hatte Präsident Klaus Hartmann schon vor dem Anpfiff klargemacht. Mit großen Augen stand der Klubchef vor der Haupttribüne, als das ehemalige Nacktsternchen Samantha Fox ihre neueste Kreation »Let me be free« im Müngersdorfer Stadion vorstellte. Frau Fox zuckte im Takt der Musik, und ihre schwarzen Lederstiefel unter dem hautengen Kostüm wirbelten wie Trommelstöcke auf der Kunststoffbahn. Der Kölner Präsident persönlich überreichte Blumen sowie ein Trikot und trug ihr die Mitgliedschaft im FCK an. Auf die Weihnachtsfeier mit Samantha konnte sich die Mannschaft freuen – sportlich hatte sie keinen Anlaß.

2:1 gegen den Hamburger SV. Vor zwölf Monaten habe man solche Spiele noch verloren, frohlockte er. »Und wir können zulegen, wenn die Verletzten Helmer, Strunz, Ziege und Rizzitelli sich dienstbereit zurückmelden.«
Mit seltsamer Beiläufigkeit und Stille registrierten Bayerns Elite-Fußballer ihr Vorrücken auf Tabellenposition zwei. Jürgen Klinsmann, der allen Grund gehabt hätte, sich seinen Frust von der Seele zu reden, teilte in dürren Worten mit, daß er an diesem Tag von Anfang an ein ganz bestimmtes Gefühl gehabt habe: »Heute komme ich gut 'rein.« Exakt so hatte es Bundestrainer Berti Vogts vorausgesagt. Einmal traf der zuvor verhöhnte Angreifer mit dem Kopf, einmal mit dem Fuß. Ein Solo endete im Strafraum und mit dem 0:2 durch den Elfmeterschützen Scholl.
Klinsmann hatte sich tatsächlich in starker Verfassung präsentiert und damit gegen die überzogene Reaktion mancher Pressemedien auf sein Formtief in der richtigen Weise opponiert. »Ich hatte eben ein paar schlechte Spiele«, erklärte der Torjäger lapidar.
Gut, daß wenigstens Mario Basler seine Mitteilsamkeit nicht abgelegt hatte: »Wir haben uns zurückgemeldet«, freute er sich. Wahrscheinlich hatte er damit in erster Linie sich gemeint. Dem Kollegen Klinsmann versicherte er, daß die Mannschaft zu ihm stehe – jetzt, da er wieder ins Tor zielte, und rechtzeitig vor dem »Riesenspiel gegen Dortmund«.
Vizepräsident Rummenigge träumte bereits öffentlich von sieben Punkten Vorsprung im Fall des Sieges gegen den Meister aus Dortmund und hob die guten Seiten des unrühmlichen Ausscheidens aus dem UEFA-Cup hervor: »Körperlich«, meinte er, »sind wir besser drauf«.

So frei zum Schuß kam Lothar Matthäus an der Kölner Strafraumgrenze. Verteidiger Kostner konnte den dynamischen Bayern-Oldie nicht stoppen

Spruch der Woche

»Jürgen ist im falschen Verein.«
(Mutter Martha Klinsmann über Sohn Jürgen)

2. Platz

SPIELTAG 11

Borussia Dortmund

Möller kontra Basler

Die Münchner Zuschauer forderten »Zugabe«, immer wieder – muß es nicht ein herrliches Spiel gewesen sein? Samuel Kuffour grätschte den Dortmunder Andreas Möller an der Mittellinie um, und es erhob sich der Chor: »Zugabe!«. Wenig später trat Kuffour wieder zu, wieder lag Möller im Gras, und wieder tönte der Chor: »Zugabe!«. So schön kann Fußball sein, wenn die beiden prominentesten deutschen Mannschaften aufeinandertreffen. Dabei war die Anfeuerung für Kuffour nur der Nachklang zu einem noch spektakuläreren Zusammenprall: Möller war kurz vor der Pause dem Nationalmannschaftskollegen Mario Basler mit Anlauf von hinten ins Gebein gefahren. Und das war auch der Höhepunkt des Gipfeltreffens. Sportlicherseits verbuchte man trotz des Mitwirkens von 14 Europameistern im Münchner Olympiastadion eine Nullnummer zwischen Rekordmeister und Titelträger – im wahrsten Sinne des Wortes. Man trennte sich 0:0, genau wie im anderen Spitzenspiel des Tages Bayer Leverkusen und der VfB Stuttgart. Wieder einmal bestätigte sich die Erkenntnis, daß vermeintliche Megahits der Bundesliga meist in langweiliges Gekicke ausarten. »Niemand hat den Mumm, die Entscheidung zu suchen«, vermutet Bayern-Präsident Franz Beckenbauer.

Die Treterei im Olympiastadion allerdings hatte einen Sieger. Sie

Super, Super

Andreas Möller war der einzige, der angesichts dieses Abends in den Superlativ verfiel. »Das war durch die Bank eine Superleistung von uns. Super, wie mich die Jungs sofort ins Spiel brachten. Super, daß mich der Trainer durchspielen hat lassen. Ich war ja auch super drauf« Super auch, daß zum Mega-Ereignis hochgejazzte, langweilige Spitzenspiele genauso zu Ende gehen wie die nachfolgenden Interviews...

»Angreifen! Druck machen!« Immer wieder peitschte Dortmunds Coach Ottmar Hitzfeld seine Mannschaft nach vorn

endete gewissermaßen 1:0 für Dortmund: Mario Basler konnte nicht zu Ende spielen, nach 65 Spielminuten machte er mit schmerzendem rechtem Sprunggelenk Platz für Marcel Witeczek.
In Möllers Foul hatten sich die verbalen Scharmützel entladen, die vor der Saison zwischen den beiden Klubs ausgetragen worden waren. Die Bayern-Nationalspieler Mehmet Scholl und Thomas Strunz hatten die Weltklasseleistungen des Dortmunders Matthias Sammer anläßlich der Europameisterschaft in England ins Lächerliche gezogen und die beiden Dortmunder Titelgewinne als Geschenk des FC Bayern bezeichnet. Basler wiederum hatte gelästert, den Stiefel, den Möller zusammenkicke, spiele er mit einem Bein, was Möller mit der Bemerkung konterte, Basler sei »eh doof«. Ein Duell auf Kindergarten-Niveau eben, das die Legende zerstörte, die deutsche Nationalmannschaft sei dank ihrer unverbrüchlichen Freundschaft in England Europameister geworden.
Man hatte eigentlich genug von dem Gezänk, doch Möller, nach zweiwöchiger Pause erstmals wieder einsatzfähig, trat noch einmal nach. Seine Erklärung klang reichlich zynisch: »In München kann man nur bestehen, wenn man die Zweikämpfe annimmt. Wir wollten das Spiel der Bayern zerstören, das ist uns gut gelungen.«
Die Bayern sahen das anders. »Eine feige Aktion, typisch für ihn«, schimpfte auf der Tribüne Beckenbauer.

Aufstellung:
FC BAYERN: Kahn; Matthäus, Babbel, Kuffour, Basler (65. Witeczek), Strunz (65. Hamann),Scholl, Nerlinger, Münch, Zickler, Klinsmann
BORUSSIA DORTMUND: Klos; Feiersinger (30. Tretschok), Kohler, Kree, Reuter, Ricken (81. Kirovski),Lambert, Möller, Zorc, Heinrich, Chapuisat (78. Herrlich)
Schiedsrichter: Fröhlich (Berlin)
Gelbe Karten: Matthäus, Basler, Kohler, Möller, Reuter
Zuschauer: 63 000

Harte Zweikämpfe mit Verletzungen (oben Basler) und heiße Diskussionen (Mitte Matthäus mit dem Schiedsrichter) – geschenkt haben sich die Bundesliga-Spitzenteams nichts. Aber der Abschluß war versöhnlich (unten)

Basler selbst hielt sich mit Kritik an Möller auffällig zurück. Wahrscheinlich wollte er nicht den Ruf des »Weicheis« von Andreas Möller erben. So schimpfte er nur, weil es wieder einmal, wie schon bei der EM in England, seinen rechten Fuß erwischt hatte. Der Arzt stellte Bluterguß und Knochenhautreizung fest und verordnete ein paar Tage Trainingspause. Basler konnte es nicht fassen: »Langsam habe ich die Schnauze voll, so macht Fußball keinen Spaß«.
Mario Basler war nicht der einzige Bayer, dem Fußball keinen Spaß machte an diesem Tag. Die Münchner versäumten es, ihren Vorsprung auf die wieder einmal über Verletzungspech klagenden Dortmunder auszubauen. Zwar wären die Bayern in der ersten Halbzeit um ein Haar in Rückstand geraten, als Michael Zorc nach einem Freistoß von Jörg Heinrich frei zum Kopfball kam und an Torwart Oliver Kahn scheiterte. Auch Rene Tretschok verpaßte die Chance zum 1:0, als er aus spitzem Winkel das leere Tor verfehlte. In der zweiten Halbzeit allerdings bestürmten die Münchner das Dortmunder Tor.
Die Schlagzeilen hinterher gehörten nicht dem glänzend reagierenden Dortmunder Torwart Stefan Klos, auch nicht Mehmet Scholl, der die Latte anvisierte, sondern: wieder einmal Jürgen Klinsmann. Dabei war der Stürmer erst in den Tagen zuvor gefeiert worden, weil er seine 600 Spielminuten währende Ladehemmung endlich überwunden hatte. Einmal hatte er im Nationaltrikot beim 5:1 in Armenien, zweimal sogar beim folgenden Bayern-Sieg in Köln getroffen, doch ausgerechnet im Prestigeduell mit dem Spitzenreiter, in dem Tore vom Image her doppelt zählen, hatte er dummerweise wieder kein Fortüne. An mangelnder Unterstützung lag es diesmal nicht. Von links wie von rechts segelten die Flanken in den Strafraum, des öfteren verlor der Dortmunder Martin Kree seinen Gegenspieler Klinsmann aus den Augen. Doch der lange Blonde mit der schwarzen Heimserie wuchtete die Bälle links wie rechts am Ziel vorbei. Den Rest erledigte Stefan Klos. Zwar klagte Klinsmann auch diesmal über mangelnde Zuarbeit »über die Außenpositionen«, doch sah er ein: »Ich hatte heute genügend Chancen.« Es waren genau vier der Güteklasse A. »Eine von denen muß einfach rein. Aber es klappte nicht. Das ärgert und nervt natürlich.«
Es ärgerte und nervte allerdings nicht den Bayern-Präsidenten Beckenbauer. Der beruhigte mit bayerischer Bierruhe seinen sensiblen Stürmer: »Wenn's net mog, dann mog's halt net.« Es, das Schicksal also, hatte seiner Mannschaft also das Tor vorenthalten. »Wir hätten uns ein Punktepolster bis zur Winterpause verschaffen können, das haben wir nicht geschafft. Aber Ansatzpunkte für Kritik an der Mannschaft sehe ich nicht.«
Ähnlich sah es auch Giovanni Trapattoni, der Trainer: »Ich bin zufrieden. Wir haben ein schönes Spiel gesehen.« Mit dieser Meinung stand er allerdings ziemlich allein. Ansatzpunkte für Kritik sah indes sehr wohl Kapitän Matthäus, der mangelndes Forechecking monierte: »Einige attackieren, einige bleiben weit hinten.« Zudem rügte er die Reformen, die sich Trapattoni allwöchentlich einfallen läßt: »Wir spielen Woche für Woche in unterschiedlichen Formationen mit unterschiedlichen Spielsystemen«. Mal mit Viererkette, mal mit Libero

»Wenn das kein Foul war!« Heftig beschwert sich Jürgen Klinsmann nach einer harten Attacke von Martin Kree.

Den mitgereisten Bayern-Fans rutschte das Herz in die Hose, als Zorc allein vor Kahn zum Schuß kam. Doch zum Glück für die Münchner vergab der Dortmunder diese hundertprozentige Chance

– so könne die Mannschaft keinen Rhythmus finden. »Wir sind noch nicht da, wo wir hinwollen.«
Auch die Dortmunder waren weit davon entfernt, doch wähnten sie sich als Sieger des Abends. Daß Matthias Sammer einmal mehr verletzungsbedingt fehlte, fiel kaum mehr auf. Schon eher, daß auch sein Stellvertreter, der Österreicher Wolfgang Feiersinger, nach einer halben Stunde Spielzeit mit einer Oberschenkelverletzung vom Feld humpelte. Den Part des Stellvertreter-Stellvertreters mußte Stefan Reuter spielen. Angesichts der Personalnot konnte Trainer Ottmar Hitzfeld gelassen Komplimente verteilen: »Das 1:0 für Bayern lag in der Luft. Aber Stefan Klos ist in einer phantastischen Form, er hat uns den Punkt gerettet. Wichtig ist, daß die Bayern in der Bundesliga nicht davongezogen sind.« Sie selbst waren vier Tage zuvor auf internationalem Parkett den Bayern davongezogen, durch einen spektakulären 1:0-Sieg beim spanischen Meister Atletico Madrid.

Spruch der Woche

»Das Spiel mit der Tore-Garantie.«
(Ankündigung des Fernsehsenders SAT 1)

2. Platz

SPIELTAG 12

Ein lockeres Bewegungsspiel gegen die rheinischen Maurer

Beim beschaulichen Bundesligatreff im Rheinstadion war mal wieder ein heftiges Defizit an Unterhaltung zu beklagen – unvermeidlich, wenn ein Erstliga-Team per Trainerdekret gezwungen ist, sich jeder ernsthaften Angriffsbemühung zu enthalten. Doch dieser Offensivminimalismus weckt auch im eigenen Haus höchstinstanzliches Mißfallen. Düsseldorfs Präsident Hauswald wollte das heimische Ballgeschiebe, das in bislang neun Stunden zu gerade mal drei Törchen, davon zwei per Elfmeter, geführt hatte, nicht länger hinnehmen. Deshalb schrieb er seinem Übungsleiter Aleksandar Ristic ein paar passende Worte ins Stadionheft: Dieser solle endlich jene Spieler fördern, die das Zeug hätten, Verantwortung auf dem Spielfeld zu übernehmen. Nur ein bestimmtes System sei auf Dauer zu wenig. »Mit unserem Team ist mehr drin!«

Interessiere ihn nicht, meint System-Maurer Ristic dazu, denn: »Man muß das spielen, was man kann.« Gegner Bayern München kann jedenfalls weit mehr, als in Düsseldorf zu besichtigen war. Auch mutete Trapattonis Taktik mit drei Angreifern (Klinsmann, Zickler, Rizzitelli) nicht allzu waghalsig an eingedenk der beiden vierschrötigen Vierer-Ketten, mit denen Schadensbegrenzer Ristic seinen Strafraum abschloß. Eine Halbzeit lang trugen die Münchner stoisch ihre Angriffe vor, brauchten dann allerdings Glück zum Führungstreffer, denn Schütze Hamann hatte sich einen von Fortuna-Torwart Koch abgewehrten Ball mit der Hand vorgelegt, bevor er ihn ins leere Tor trat (38.).

Nicht regelkonform, doch immerhin angemessen war der Pausenvorsprung, danach aber hätte der Spielbetrieb wegen Geringfügigkeit eingestellt werden können. Beim lockeren Bewegungsspiel der Rotweiß- mit den Rotblau-Gestreiften kamen dem Betrachter Pyjamahemden in den Sinn. Nur Scholls rasantes Solo (83.) zum 2:0-Endstand riß die Besucher des Rheinstadions aus der Trägheit. Der Schütze, scheinbar auf dem Weg zu alter Verfassung, fand diesmal in der Arbeit Ablenkung von privater Turbulenz, wiewohl der in Herzensdingen erfahrene Kollege Matthäus dem Formanstieg noch nicht ganz traute: »Mehmet muß seine Leistung stabi-

Eine Schlüsselszene des ansonsten faden Spiels: Dietmar Hamann überwindet Georg Koch zum 1:0

Fortuna Düsseldorf

STATISTIK

Aufstellung:
FORTUNA DÜSSELDORF: Koch, Bach, Katemann, Seeliger, Winkhold, Glavas, Istenic (76. Dobrowolski), Judt (55. Anfang), Mehlhorn, Cyron (55. Nielsen), Juran
FC BAYERN: Kahn, Matthäus (55. Kreuzer), Babbel, Kuffour, Zickler (74. Jancker), Hamann, Scholl, Nerlinger, Münch, Klinsmann, Rizzitelli (61. Witeczek)
Torfolge: 0:1 Hamann (38.), 0:2 Scholl (83.)
Schiedsrichter: Steinborn (Sinzig)
Gelbe Karten: Kuffour, Nerlinger
Zuschauer: 53 000

lisieren. Es reicht uns nicht, wenn er sie nur ein paarmal bringt.«
Scholl zeigte Anzeichen des Willens. Allerdings könnte ihm dabei Trapattonis Spielkonzept in die Quere geraten. So, wie in Düsseldorf zu beobachten war: »Immer wenn wir schnell nach vorne spielen, haben wir auch Chancen. Aber wir legen eben auch großen Wert darauf, das Spiel zu kontrollieren. Sprich: den Ball zu halten. Das ist weniger spektakulär und kraftraubend, vor allem aber ein Fortschritt gegenüber der vergangenen Saison: Wir haben so ziemlich die wenigsten Gegentore der Liga«, rechnete Vizepräsident Rummenigge vor. »Das war im Vorjahr unser Manko gegenüber Dortmund.«
Prompt legte Trapattoni sein geballtes Trainercredo in das Fazit: »Wir haben gewonnen, weil die Abwehr keinen Fehler machte.« Da verwunderte ein wenig, daß der Bayern-Coach nachträglich die gefährlichen Einwürfe des Fortuna-Verteidigers Katemann beschwor und insgesamt ein gutes Spiel gesehen, sein Widerpart Ristic gar zwei fast gleichwertige Teams erlebt haben wollte. Ob das, was der Fortunen-Coach von seinem Chef vorgehalten bekam, die völlige Abstinenz einer geschäftsbelebenden Spielkultur, auch in München dereinst die Gemüter bewegen könnte? Es klingt nach Selbstzufriedenheit, wenn Neuzugang Jancker nach seinem fünften Kurzauftritt überzeugend vorträgt: »Das ist mir nicht wichtig. Das wichtigste ist, daß ich mich in München wohlfühle.« Oder wenn Matthäus, den wieder der Oberschenkel zwickte, nach seiner Auswechslung zur Pause nur milden Trainertadel zu hören bekam: »Lothar hat den Kopf eines Zwanzigjährigen, er will immer spielen.« Oder Scholl, der in aufwühlenden Zeiten »selbst entscheiden darf, ob und wieviel ich trainiere«. Solange der Erfolg die Mittel heiligt, braucht sich Giovanni Trapattoni jedenfalls nicht zu grämen.

Hickhack um den Kotrainer

FACTS & ACTS

Am Ende einer erfolgreichen Dienstreise verließ Giovanni Trapattoni wortlos und merklich verstimmt den Münchner Flughafen. Am Spiel seiner Bayern bei Fortuna Düsseldorf kann es nicht gelegen haben. Verantwortlich für die Verdrossenheit des Coachs war wohl eher die jüngste klubinterne Indiskretion, die in den Tagen zuvor die Debatte in München bestimmt hatte: die auffallend frühe Verabschiedung seines Assistenztrainers Klaus Augenthaler zum Saisonende sowie das Interesse der Vereinsführung an dem in Teneriffa tätigen Konditionsbolzer Egon Coordes. Die Frage, ob er davon gewußt habe, beschied Trapattoni ebenso gallig wie eindeutig mit einem harschen »Nein«.
Weil der mutmaßliche Urheber der gar nicht frohen Botschaft, Klubpräsident Franz Beckenbauer, die Reise an den Niederrhein nicht mitgemacht hatte, oblag es dessen Vize Karl-Heinz Rummenigge, dem Thema die Brisanz zu nehmen. Er tat es mit Zornesröte im Gesicht: 95 Prozent der Bundesliga-Kotrainer seien völlig unbekannt. Nur wenn der FC Bayern mal eine Änderung vornehme, spiele die Welt verrückt. Da stecke zuviel überflüssige Polemik gegen seinen Verein drin, klagte der Bayern-Vize.
Der Wechsel auf der unteren sportlichen Führungsebene des FC Bayern besäße in der Tat nur Tagesaktualität, würden nicht gewisse denkwürdige Begleitumstände belegen, daß dem Cheftrainer sein künftiger Assistent von oben verordnet worden ist – ein Vorgang, in dem nicht nur Kapitän Lothar Matthäus eine gewisse Pikanterie erkannte. Das einzige Problem ist, wie das mit Trap und Coordes funktionieren wird. Coordes ist ein harter Hund, man kann sich das vorstellen wie mit den Pedalen beim Autofahren: Trapattoni ist die Bremse, Coordes gibt kräftig Gas, ein mitreißenderes Tempo womöglich, das dem FC Bayern derzeit ein wenig fehlt.

Spruch der Woche

»Bayern wird Meister mit fünf Punkten Vorsprung«
(Düsseldorfs Trainer Aleks Ristic)

2. Platz

SPIELTAG 13

Ein paar Unfreundlichkeiten und ein friedliches Remis im Lokalderby

Seit eineinhalb Jahrzehnten folgt das Lokalderby offenbar einer geheimen Dramaturgie. Die einen können sich anstrengen, wie sie wollen, spielen wie die Weltmeister, am Ende aber geht die Geschichte immer gleich aus: Außer Trost kübelweise gibt's nur das traurige Einsehen, daß die anderen das Glück gepachtet haben. 1981 haben die Münchner Löwen zum letzten Mal ein Unentschieden erreicht und sich an die ständigen Niederlagen gegen den FC Bayern längst gewöhnt.

Verdruß in Blau und Rot

Mißhelligkeiten und interne Querelen gehören beim FC Bayern-zum Alltag. Diesmal hatte es aber vor dem Anpfiff auf beiden Seiten Zoff gegeben. Bei 1860 war es allerdings härter zur Sache gegangen. Peter Nowak hatte einem TV-Sender einen Einblick in die innere Befindlichkeit des Teams gegeben. Das Klima in der Mannschaft stimme nicht mehr, hatte er geklagt und persönliche Konsequenzen aus dem angeblichen Stimmungswandel an der Grünwalder Straße angedeutet. »Ich will weg auf jeden Fall.« Auch bei den Bayern hatte einer ein langes Gesicht gezogen: Thomas Helmer, der seit einer Woche wieder und wieder seine Fitness betonte, wurde von Trainer Trapattoni zur weiteren Erholung nach seinem Innenbandriß und einer Grippe wiederum auf die Tribüne gesetzt.

Samuel Kuffour und der herbeieilende Rizzitelli feiern Markus Babbel, den Schützen des Ausgleichstores

1860

TSV 1860 München

Unhaltbar für Oliver Kahn schießt Löwen-Spielmacher Peter Nowak seine Mannschaft in Führung

Doch an diesem trüben Novembertag sind sie nach 15 Jahren über ihren Schatten gesprungen und haben dem hohen Favoriten wenigstens ein 1:1 abgetrotzt. Während die Sechziger, wie Abwehrspieler Matthias Hamann drastisch erklärte, in der ersten Hälfte »Angsthasenfußball« boten und sich total in die Defensive drängen ließen, gingen sie nach der Pause um so mutiger und aggressiver zu Werke. Für die Bayern lief es genau umgekehrt, obwohl sie doch nach dem Platzverweis von Jeremies (58.) alle Trümpfe auf ihrer Seite hatten.
Daß sie mit einem blauen Auge davonkamen, hatten die Löwen dennoch allein dem besten Mann beim Gegner, Lothar Matthäus, zu danken. Der Bayern-Libero ließ die beste Torchance des gesamten Spiels ungenutzt und verschoß einen Elfmeter (78.).
In der höchst unterhaltsamen, am Ende sogar dramatischen Partie mit allen Würzstoffen des Fußballs überzeugten neben Matthäus besonders die Schlußmänner Kahn und Meier, dazu bei den Blauen Spielmacher Peter Nowak und sein wuchtiger Kollege Marco Walker, der Jürgen Klinsmann (»Wenn du eine halbe Stunden gegen zehn Leute spielst und du machst da nichts draus, siehst du immer dumm aus«) fest im Griff hatte. Klinsmanns Isolation fiel anfangs nicht weiter ins Gewicht, weil die restlichen Roten von der Säbener Straße vom Anpfiff an gehörig Dampf machten. Angetrieben von dem auffällig munteren Matthäus suchten sie, gelegentlich sogar über Außen, die Lücken in der starken Abwehr des Gegners.
Der war offenbar aus Schaden klug geworden. In Erinnerung an das letzte Derby, wo sie nach 28 Minuten fröhlichen Angriffsfußballs schon 0:4 zurücklagen, beschränkten sich die Löwen auf eine Spitze (Winkler), der bisweilen Abedi Pele zur Seite sprang.
Der Ghanaer durfte diesmal von der ersten Minute an sein enormes technisches Können zeigen, weil er gegenüber dem Klub klargestellt hatte, ein Dasein als Dauerreservist sei seine Sache nicht. Da wäre es sinnvoller, wieder heim nach Afrika zu gehen. Pele zählte zu den ersten Opfern der im Lokalderby üblichen Härte, als er ausgerechnet mit seinem Freund und Landsmann Kuffour zusammenprallte.

STATISTIK

Aufstellung:
FC BAYERN: Kahn; Matthäus, Babbel, Kuffour (73. Witeczek), Zickler, Strunz, Scholl (32. Dietmar Hamann), Nerlinger, Münch, Klinsmann (61. Scholl), Rizzitelli (83. Jancker)
TSV 1860 MÜNCHEN: Meier; Matthias Hamann, Miller, Walker, Cerny, Schwabl, Nowak (79. Bender), Jeremies, Heldt (62. Kutschera), Winkler, Pele (83. Schröder)
Torfolge: 1:0 Babbel (34.) 1:1 Nowak (55.)
Schiedsrichter: Berg (Konz)
Gelbrote Karte: Jeremies
Gelbe Karten: Nerlinger, Matthäus, Kuffour, Klinsmann, Schwabl, Winkler
Zuschauer: 69 000

Im Minutentakt nahmen die Nettigkeiten von da an zu, bis die Toleranzgrenze von Schiedsrichter Alfons Berg überschritten war. Nach einer Viertelstunde hielt er erst Winkler (Foul an Nerlinger) und Sekunden später Nerlinger (Foul an Jeremies) die gelbe Pappe unter die Nase. Damit war einstweilen Ruhe, bis die Feindseligkeiten kurz vor der Pause wieder aufbrachen. Rüde fuhr der Sechziger Hamann dem Kollegen Alexander Zickler ins Gebein, worauf sich Matthäus und Jeremies gegenseitig an Gurgel und Haare gingen. Resultat: Auch diese beiden wurden mit Gelb bestraft, was sich im Falle von Jeremies noch ungünstig auswirken sollte.
Bis dato war jedoch auch Fußball gespielt worden, jedenfalls von den Bayern, die sich eine Handvoll Chancen erspielten. Erst schlug Marco Walker den Ball vor Scholl aus dem Fünfmeter-Raum (18.), dann schreckten 1860 zwei Distanzschüsse von Münch und Scholl (22.). Noch näher am ersten Tor war aber Strunz, der die von Zickler aufgelegte Kugel freistehend über den Querbalken köpfte.
Nach 35 Minuten hatten die Bemühungen des FC Bayern endlich Erfolg. Matthäus trat einen Freistoß in den Strafraum, und Markus Babbel drosch den Ball nach einem Gestochere aus kurzer Distanz zum 1:0 über die Linie.
Damit war Bayern-Präsident Franz Beckenbauer zur Pause zufrieden: »Wir haben in den ersten 40 Minuten sehr gut gespielt und sie unter Druck gesetzt.« Jene fünf Minuten, in denen seine Leute sich weitgehend zurückzogen, weckten in ihm jedoch düstere Vorahnungen – zu Recht.
Nach der Rückkehr auf das Spielfeld ließen es seine Bayern nämlich aufreizend gemächlich angehen, als wäre die Entscheidung längst gefallen. Wohl deshalb passierte es dann doch: Heldts trockene Flanke von links erwischte Spielmacher Nowak mit der Stirn, und ehe sich Babbel zum Eingreifen entschloß, war der Ball schon über die Linie gehoppelt (55.). Aus dem 1:1 hätten die Löwen in der folgenden Viertelstunde gut und gerne den ersten Sieg seit fast zwanzig Jahren machen können. Aber der Pfosten (gegen Winklers Kopfball) und zweimal der großartige Torhüter Kahn (gegen Benders Schuß und Winklers nächsten Kopfball) verhinderten

einen weißblauen Freudentaumel. Zu allem Überfluß versuchte Jeremies das 2:1 nach einem Eckstoß mit der rechten Hand zu erzielen und wurde mit Gelb-Rot vom Feld geschickt.
Auch diesmal also schien den Sechzigern das Glück eine lange Nase zu machen. Strunz, verfolgt von Pele, hatte sich im Strafraum der Länge nach hingelegt – ein geschickter Bauchplatscher, der nur in der Zeitlupe als Schwalbe enttarnt werden konnte. Referee Berg hatte kein Fernsehbild und pustete erregt in seine Pfeife: Elfmeter. Nur gut, daß Lothar Matthäus ein Einsehen

Zuletzt waren Spieler und Zuschauer gleichermaßen zufrieden. Die Sechziger bedanken sich bei ihrem treuen Publikum

Eindrucksvoll leuchten die Wappen der beiden Traditionsvereine über den säuberlich getrennten Fanblöcken

hatte und den Strafstoß direkt in die Arme von Schlußmann Bernd Meier schob.
»Dafür können mir die Sechziger in der nächsten Woche einen Blumenstrauß schicken«, grinste der Libero später.
Damit aber war der Gerechtigkeit Genüge getan, denn ein weiteres Schreckerlebnis hatten die zehn Löwen nun wirklich nicht verdient. Ergriffen rechnete Angreifer Winkler vor, daß »wir im fünften Derby nach dem Wiederaufstieg das erste Mal einen Punkt gewonnen haben.«

Spruch der Woche

»Als Trainer muß ich nach so einem Spiel bum bala bum bala bum...«
(Trainer Trapattoni)

1. Platz

HAUPTVERSAMMLUNG BILANZ

Ihre Mitgliederversammlung halten die Bayern jeweils im Spätherbst im Salvatorkeller auf dem Nockherberg ab, einem Biertempel, der durch den »Salvator-Anstich« und das dazugehörige kabarettistische Programm überregionale Bedeutung gewonnen hat.
In München nennt man diese ehrwürdige Veranstaltung das »Politiker-Derbleck`n«, weil dabei die Verantwortlichen für die Bundes-, Landes- und Lokalpolitik – und nicht nur diese – einer kritischen, aber nicht ganz ernsten Würdigung unterworfen werden. Würde es sich nicht um den Auftakt zur Starkbiersaison handeln, könnte man glatt behaupten, sie würden durch den Kakao gezogen. Diese Prozedur hat schon bei vielen Betroffenen zu ernsten Verstimmungen geführt, wobei die erstesten Verstimmungen aber bei denen auftreten, die nicht betroffen sind, also unerwähnt bleiben. Ungeachtet der großen Popularität dieser Veranstaltung rätselte man an der Isar lange Zeit, ob nicht vielleicht der Aufmarsch der Fußballer einen noch größeren Unterhaltungswert besitze. Inzwischen aber ist deren Jahreshauptversammlung zu einem Informationsabend verkommen, der stark an das Aktionärstreffen bei Daimler-Benz erinnert. Nur gut, daß wenigstens Präsident Franz Beckenbauer ab und zu über den Tellerrand der schwarzen Zahlen hinwegschaute und sich zu ein paar lockeren Sprüchen hinreißen ließ.
Es gab ja auch keinerlei Streitpunkte in diesem Geschäftsjahr, sondern rundum nur Erfreuliches zu vermelden. So durfte Beckenbauers Vize Fritz Scherer, der Zuständige für die Finanzen, wieder einmal in die Hauptrolle schlüpfen und unter dem Beifall der 1140 anwesenden Bayern-Mitglieder Rekord über

Müssen wir uns darauf einstellen? Der Gang an die Börse, den diese Fotomontage symbolisch darstellt, erscheint vielen prosperierenden Fußballvereinen als verlockende Möglichkeit zur Gewinnmaximierung durch weitere Kommerzialisierung des Sports. Vielleicht hat Uli Hoeneß eines Tages recht mit seinem Bonmot, der FC Bayern könne auch ohne den Sport ganz gut über die Runden kommen

Rekord verkünden: 55 339 Vereinsmitglieder, 1348 Fanklubs mit 63 747 bekennenden Anhängern. Und erst der Umsatz! Der ist gegenüber dem Vorjahr um 23,4 Millionen auf 147,3 Millionen Mark gestiegen und hat einen Gewinn von 6,1 Millionen abgeworfen. Beim Meister Borussia Dortmund ist man stolz auf einen Umsatz von rund hundert Millionen. Und beim Vergleich mit Zahlen aus Scherers eigener Präsidentenzeit wird deutlich, was das Trio Beckenbauer-Rummenigge-Hoeneß aus dem Unternehmen an der Säbener Straße gemacht hat: 1989 lagen der Umsatz noch bei 34,4 Millionen und der Reingewinn bei bescheidenen 1,24 Millionen. Eingeschriebene Mitglieder hatte der Verein vor sieben Jahren exakt 14 688 – ein gutes Viertel des heutigen Standes. Somit ist der FC Bayern nicht nur der reichste Klub der Bundesliga, sondern einer der wohlhabendsten Europas.

Daß die Klubführung dennoch nicht bereit ist, ihr Geld zum Fenster hinauszuwerfen, bewies das Beispiel Christian Ziege. Dem Mittelfeldspieler lag ein Angebot des AC Mailand vor, das ihm jährlich 2,5 Millionen Mark netto garantierte. Die Bayern waren bekanntlich nicht bereit, mit den Italienern zu konkurrieren, und ersetzten Ziege durch den Karlsruher Jungnationalspieler Michael Tarnat. Deshalb sind sie aber an der Säbener Straße noch lange nicht knickerig geworden. Von ihrem Reichtum gaben sie dem VfB Stuttgart bereitwillig einen erklecklichen Batzen ab – für den Stürmer Giovane Elber, der in der kommenden Saison Jürgen Klinsmann ersetzen wird. Für Elber bezahlten die Bayern eine Ablösesumme von immerhin 12,5 Millionen Mark, obwohl der Brasilianer im Jahr darauf kostenlos zu haben gewesen wäre.

Wie sagt man in Bayern zu solchen Anlässen: »Hätt' ma's net, dann tat' ma's net!«

SPIELTAG 14

Tristesse an der Dreisam

Mancher Mensch gibt sich der jahreszeitlichen Depression einfach hin. Und nicht einmal die bunten Laternenzüge der Kinder zum St. Martinstag können ihn in dieser düsteren Stimmung aufmuntern. Schwer legt sich eben der Nebel auf die Seele: Novemberwetter, Herbstdepression, und der Totensonntag steht noch bevor.
Manche Menschen aber gehen zum Fußball, um wenigstens für neunzig Minuten der allgemeinen Tristesse zwischen Allerseelen und Volkstrauertag zu entgehen. Der Südbadener zum Beispiel erhebt sich entschlossen von seiner Couch und macht sich auf zum Dreisamstadion, wo seit Jahren für gute Laune gesorgt ist, wenn der FC Bayern München kommt. Das ungleiche Duell: der putzige Außenseiter gegen den übermächtigen Favoriten. 18 Millionen Jahresumsatz gegen fast 150 Millionen. Namenlose gegen Weltstars.
Drei Jahre hatte dieses ungleiche Kräftemessen das immer gleiche erheiternde Ende: David gab Goliath eins auf die Mütze, einmal 5:1, zweimal 3:1, und ganz Freiburg, nein, halb Deutschland, lag sich in den Armen.
Aber diesmal war's nichts mit der lustigen Siegesfeier. Spiel und Resultat paßten sich der grauen Jahreszeit an: 0:0. Die Freiburger, einst angriffsmunter und risikofreudig, verstärkten angesichts des betrüblichen Tabellenranges ihre Sicherheitsbemühungen – verständlich, aber langweilig. Richtig Spannung kam nur einmal auf, als Uwe Spies nach einer guten Stunde den Ball doch einmal ins Bayern-Tor trat. Zuvor allerdings hatte Michael Wagner den Bayern-Kollegen Thomas Helmer per Ringergriff ausgehebelt, was dem direkt daneben postierten Schiedsrichter Heynemann nicht entgangen war. »Ohne Schiri habt ihr keine Chance«, empörte sich daraufhin das Publikum – eine grobe Übertreibung im Bemühen, der eigenen Mannschaft ein wenig mehr Mut zuzubrüllen.
Gefahr ging von den Badenern nur dann aus, wenn Andreas Zeyer oder Michael Sternkopf den Weg über die Flügel suchten. Trotzdem waren sie später zufrieden. »Wir haben gegen Bayern unentschieden gespielt, da müssen wir uns nicht schämen«, lobte Stürmer Harry Decheiver.
Nur Volker Finke schaute ein wenig betrübt in die Runde: »Mit einem Quentchen Glück wäre mehr drin gewesen«, maulte der Trainer. Mit einem Quentchen Pech allerdings auch weniger. Immerhin durfte er vermerken, daß sein Team nach der Entspannung der personellen Lage wieder eine gewisse Stabilität gezeigt hatte. »Wir sind auf dem richtigen Weg.« Das allerdings sollte sich am Schluß der Saison als beklagenswerter Irrtum erweisen.
Kapitän Lothar Matthäus sah die Situation nüchterner: »Wenn man

STATISTIK

Aufstellung:
SC FREIBURG: Schmadtke; Heidenreich, Rath, Spanring, Korell (64. Wagner), Frey, Zeyer (78. Freund), Spies, Sternkopf, Wassmer, Decheiver
FC BAYERN: Kahn; Helmer, Babbel, Kuffour, Basler, Matthäus, Witeczek, Ziege, Rizzitelli, Klinsmann (66. Zickler)
Schiedsrichter: Heynemann (Magdeburg)
Gelbe Karte: Matthäus
Zuschauer: 22 500

Eine stark blutende Wunde an der Nase zog sich Lothar Matthäus zu, konnte aber weiterspielen

SC Freiburg

Freiburg-Phobie beim FC Bayern?

Trotz des Punktverlustes beim Tabellenschlußlicht schienen auch auf Seiten der Münchner alle zufrieden. »Wir haben viel über die drei Niederlagen gesprochen und ein bißchen Angst bekommen«, entschuldigte Trainer Trapattoni die Vorsicht seiner Mannen. »In den letzten Jahren sind wir hier immer ausgelacht worden«, meinte Christian Ziege, »hier haben wir stets die Meisterschaft verspielt. Und deshalb ist dieser Punkt ein wichtiger Schritt zum Titel«, glaubte der Nationalspieler. Neue Bescheidenheit beim FC Hollywood?

Meister werden will, muß man hier gewinnen«, stellte er fest, zumal sich die Gastgeber den Bayern bislang noch nie so zahnlos präsentiert hatten. Den möglichen Sieg vergab Ziege nach Flanke von Rizzitelli (60.), als er mit seinem Kopfball aus kürzester Distanz lediglich den Bauch von Torwart Schmadtke traf, nachdem er zuvor bereits mit dem Fuß ins Netz getroffen hatte – aus Abseitsposition.
Immerhin hatten die Bayern eine Entschuldigung parat, beklagten sie doch den Ausfall des Mittelfeldtrios Scholl, Strunz, Nerlinger. Das personelle Defizit deckte Lothar Matthäus, der sich nach Jahren wieder einmal im Spielfeld-Zentrum die Hacken ablaufen mußte und sich dort sogar noch eine blutende Wunde an der Nase einhandelte. Er hatte sich für den schweißtreibenden Job gemeldet und den gewohnten Libero-Posten freiwillig abgetreten.
Die Abwehr um Thomas Helmer und Samuel Kuffour blieb auch ohne ihn fehlerlos, und der dynamische Matthäus wurde zur auffälligsten Figur der Münchner. Er bevorzuge zwar das Spiel als Libero, erklärte er, »aber ich würde überall spielen, wo mich der Trainer hinstellt, nur zentral muß es sein«.

Wie immer eng gedeckt wurde Torjäger Jürgen Klinsmann, hier von dem ehemaligen Bayern Dieter Frey

Spruch der Woche

»Ein Rückschritt für mich, ein Fortschritt für Bayern«
(Mario Basler, der in Freiburg noch keinen Punkt verloren hatte)

3. Platz

SPIELTAG 15

Hansa Rostock

Vergeblich wartet das Publikum auf eine gute Leistung

Wenn Franz Beckenbauer seine Mannschaft kritisiert, heißt es, er wolle den Trainer absägen. Versagt sich der Präsident mahnende Worte, bezichtigt man ihn der Schönrederei. Franz Beckenbauer ist eine allgegenwärtige Medienfigur – kaum ein Tag, ohne daß er im Fernsehen oder in den Zeitungsseiten erschiene. Und jede seiner Anmerkungen bekommt erhöhte Brisanz, weil seine Meinung in Fußballdingen als letzte Wahrheit gilt. Weil er dabei häufig mißverstanden wird, sucht er bisweilen Zuflucht in Belanglosigkeiten und diplomatischen Wendungen.
Wäre der Bayern-Präsident ernsthaft auf den 2:1-Erfolg seiner Mannschaft gegen Hansa Rostock eingegangen, hätte er vermutlich die vereinseigene Doktrin, daß die teuerste Mannschaft auch die beste sein müsse, offiziell über Bord werfen müssen. Die Partie war die sportliche Bankrotterklärung der bestsortierten Bundesliga-Mannschaft. Während die Klubführung – im Glauben, die Grundlagen für den Erfolg geschaffen zu haben – dem Traum nachhängt, die erste Geige im europäischen Fußballkonzert zu spielen, unterbietet das Personal in kurzen Hosen souverän den selbstverständlichen Anspruch, einer Mannschaft der Namenlosen vom Tabellenende die Grenzen aufzuzeigen.
Die gewaltige Kluft zwischen Anspruch und Wirklichkeit ist auch Beckenbauer nicht entgangen, nur darf der Konkretes halt nicht preisgeben, weil das als destruktiv betrachtet würde. Folglich verpackte der Präsident seinen ohnmächtigen Zorn in allgemeine Zynismen. »Da kann ich nur noch lachen«, giftete er, »mit Fußball hat das nichts mehr zu tun.«
Grundsätzlich leider doch. Bis auf einen sehenswerten Gewaltschuß von Basler bot die Partie den Unterhaltungswert einer Schlittenfahrt am Nordseestrand. Aufregung stellte sich nur dank Schiedsrichter Krug ein. Der spielte Justitia mit zwei Augenklappen, als Ziege den davoneilenden Barbarez im Strafraum von den Beinen holte. »Wenn das kein Elfmeter ist, weiß ich nicht, wann man überhaupt einen pfeifen soll«, beklagte sich Hansa-Trainer Pagelsdorf zu Recht über das entgangene Unentschieden. Foulspieler Ziege kokettierte auch noch mit der falschen Ent-

Udo Lattek: »Da spiel' ich mit dem linken Fuß mit«

Auch gegen Rostock hatten die Bayern mehr Glück als Können. Bemerkenswert, daß dies selbst einigen Spielern auffiel, etwa Thomas Strunz, der in der Krise zu einer Führungsrolle innerhalb der Mannschaft fand. »Ein grottenschlechter, absolut katastrophaler Kick« sei das gewesen, für den eine Entschuldigung beim Publikum angebracht sei.
Der gewesene Bayern-Coach Udo Lattek, der das Trauerspiel von der Tribüne aus beobachtete, war schon zur Halbzeit restlos bedient. »Eine Spitzenmannschaft? Da lach' ich mich kaputt, da spiel' ich ja mit dem linken Fuß noch mit.«

Statistik

Aufstellung:
FC BAYERN: Kahn; Helmer, Babbel, Kuffour, Basler, Hamann, Strunz, Nerlinger, Ziege, Klinsmann, Rizzitelli (67. Zickler)
HANSA ROSTOCK: Bräutigam; Gansauge, Zallmann, März, Lange (59. Radwan), Hofschneider, Weilandt (75. Barbarez), Beinlich, Studer, Baumgart (46 Mcevski), Akpoborie
Torfolge: 1:0 Basler (31. Foulelfmeter), 2:0 Basler (43.), 2:1 Akpoborie (64.)
Schiedsrichter: Krug (Gelsenkirchen)
Gelbe Karten: Gansauge, Hofschneider, Studer
Zuschauer: 55 000

Alleinunterhalter Basler: Der Mittelfeld-Genius schlug die schwachen Rostocker fast im Alleingang

scheidung. »Wenn ich Pech habe, pfeift der Schiedsrichter.« Glück für Christian Ziege!

Nach der Pause ging das Gewürge erst richtig los, und die ersten Pfiffe gellten von den Rängen. Wie lange hatte das getreue Publikum schon auf ein richtig gutes, vielleicht sogar begeisterndes Spiel seiner Mannschaft gewartet? Ein Jahr oder noch mehr? Und peu à peu grub sich der Frust auch tief ins Teamgefüge ein. Schon hatte Jürgen Klinsmann die Defensivtaktik von Giovanni Trapattoni öffentlich kritisiert. Tatsächlich neigt der Trainer zu (übertriebener?) Vorsicht. Das Wissen um den instabilen Zustand seiner Leute ließ ihn in jenen trüben Spätherbsttagen zögern und zaudern, aber der Erfolg gab ihm recht.

In Wahrheit aber stellte das Leistungsgefüge die Tabellenkonstellation auf den Kopf. Zu offensichtlich waren die Mängel beim FC Bayern. Zwischen Abwehr und Angriff klaffte ein Loch, groß wie ein halbes Fußballfeld. Vorne verschlissen sich Klinsmann und Rizzitelli als Einzelunterhalter ohne Unterstützung aus dem Mittelfeld. In Mittelfeld und Abwehr fehlte jegliche Spritzigkeit: In ewig gleichem Tempo plätscherte das Spiel vor und zurück. Das halbe Team stand dabei auf dem Rasen herum, als sei Kräftesparen oberstes sportliches Ziel beim Fußballsport.

Tatsächlich schien die Mehrzahl zufrieden zu sein mit dem im täglichen Training gewonnenen Bewußtsein, ganz passabel Fußball spielen zu können, hielt es jedoch nicht für nötig, dies auch dem Publikum zu demonstrieren.

Waren die extrem dotierten Stars unterfordert? In der Woche vor dem Spiel war nur viermal trainiert worden, jeweils von 10 bis 13 Uhr. Es hat Zeiten beim FC Bayern gegeben, da wurde zweimal pro Tag geübt.

Ausreden wie die EM im Juni oder das Fehlen des gesperrten Matthäus wischte Torhüter Oliver Kahn, der trotz Verletzung durchspielte, unwirsch vom Tisch: »Alles Quatsch. Offensive, Defensive – alles nur Alibi. Mir fällt dazu nichts mehr ein.«

Und Verteidiger Christian Ziege plagten düstere Vorahnungen: »Wenn wir so gegen Stuttgart spielen, kriegen wir sechs Stück eingeschenkt.«

Spruch der Woche

»Ein Hühnerhaufen 1 A.«
(Christian Ziege über die eigene Mannschaft)

1. Platz

SPIELTAG 16

Elf Rumpelstilzchen gegen Trapattonis Betonfußball

STATISTIK

Aufstellung:
VFB STUTTGART: Wohlfahrt, Herzog, Verlaat, Berthold, Hagner (68. Buck), Soldo, Balakov, Poschner, Legat, Elber, Bobic
FC BAYERN: Kahn; Helmer, Babbel, Kuffour, Basler, Matthäus, Strunz, Nerlinger, Ziege, Klinsmann (77. Jancker), Rizzitelli
Torfolge: 0:1 Basler (7. Handelfmeter), 1:1 Verlaat (80)
Schiedsrichter: Strampe (Handorf)
Gelbe Karten: Legat, Bobic, Nerlinger,
Rote Karte: Poschner wegen Protestierens
Zuschauer: 53 000

Auch am Spielfeldrand, wo Bayern-Manager Uli Hoeneß schon während der Partie einen scharfen Dialog mit seinem früheren Angestellten Thomas Berthold gepflogen hatte, war Spielern wie Offiziellen so richtig heiß ums Herz. Wärmende Kleidung konnten die Teilnehmer am abendlichen Bundesliga-Gipfeltreffen des VfB Stuttgart mit dem FC Bayern leicht entbehren, so hitzig war es trotz Minustemperaturen auf dem Platz zugegangen. Dennoch läßt einen im Eifer des Gefechts schon mal die Logik im Stich. »Bobic«, so zürnte Uli Hoeneß im Kabinengang gleich nach dem Abpfiff, »komm' du nach München, dann zieh dich bloß warm an!«

Letztlich war auch dies nur eine Episode im allgemeinen Geschimpfe und Geschrei, Gezeter und Gemecker, das die Spitzenpartie von Beginn an geprägt hatte. »Peinlich, wie sich einige Stuttgarter auf dem Platz aufführten«, monierte der kühle Bayern-Spieler Thomas

Wieder einmal ausgewechselt. Wortlos und sichtlich erbost eilt Stürmerstar Jürgen Klinsmann an Giovanni Trapattoni vorbei in die Kabinen

VfB Stuttgart

Gerhard Poschners Platzverweis kurz vor Spielende brachte die Volksseele im Neckarstadion vollends zum Kochen. Hier verläßt der gar nicht reuige Sünder nach seiner Attacke auf den Schiedsrichter laut lamentierend das Spielfeld

Strunz, und Torwart Oliver Kahn wollte gleich das komplette Aufgebot des Gegners »zur Dopingkontrolle« schicken. »Hochgeputscht auf 180« hätte die Stuttgarter Vereinsführung ihre Mannschaft. Schiedsrichter Hartmut Strampe, der im Zentrum der lärmenden Attacken stand, wunderte sich: »Selbst wenn ich Freistoß für den VfB gepfiffen habe, beschwerten die sich noch.« Aber der Pfeifenmann bewahrte die Ruhe. Als ihn der Stuttgarter Poschner kurz vor Torschluß bei einem allzu adrenalinbeseelten Protestsprung berührte, reichte es ihm. Strampe zeigte dem Rumpelstilzchen die Rote Karte. Der Rest der Partie ging erwartungsgemäß unter im Pfeifkonzert der 53 000, denen das wie aufgedreht spielende Schwaben-Team reichlich Diskussionsstoff für den Abendschoppen mit auf den Heimweg gab.

Das war der eine Aspekt beim für den Titelkampf eher bedeutungslosen 1:1 des VfB Stuttgart gegen die Münchner Bayern. Den anderen schilderte Stuttgarts brasilianischer Torjäger Giovane Elber mit bestürzter Miene anhand eines Beispiels: »Als wir nur noch zu zehnt waren, wollte Bayerns Kuffour mal nach vorne gehen. Sofort rief einer, ›bleib bloß hier hinten‹. Dabei standen da schon vier Mann rum, und von uns war kein Schwein mehr vorne. Das war unglaublich!« Aufgrund dieser Beobachtung zog Elber ein vernichtendes Fazit: »Die Münchner sind nicht clever, sondern Angsthasen«, ein Team, das es »nicht verdient, deutscher Meister zu werden.«

Ins gleiche Horn stieß Elbers Teamkollege Berthold, als er feststellte: »Es war ein Spitzenspiel, bei dem nur eine Spitzenmannschaft gespielt hat. Die waren wir.«

So einfach lagen die Dinge allerdings nicht. Zwar waren die Schwaben die dominierende, weil ständig vorwärtsdrängende Elf, aber im Überschwang der Emotionen war ihnen von Beginn an das taktische und spielerische Konzept aus den Fugen geraten. Womöglich war vor der Spitzenpartie, die in voller Länge zur exklusivsten Sendezeit im Fernsehen übertragen wurde, von den durch das Tauziehen um den Transfer von Giovane Elber verstimmten Präsidialen auf beiden Seiten zuviel getrommelt worden. »In so ein Spiel«, meinte Strunz, »geht man mit größerer Anspannung als sonst hinein.« So hatte sich Bobic schon in der ersten Spiel-

Keine Chance hatte Franz Wohlfahrt, der österreichische Keeper im Stuttgarter Tor, gegen Mario Baslers placierten Elfmeter, durch den der FC Bayern in Führung ging

minute wegen eines Einwurfs mit dem Linienrichter angelegt, und nachdem Referee Strampe wenig später bei einem Handspiel Bertholds auf Strafstoß entschied, lagen die schwäbischen Titelträume für's erste in Trümmern – und die Nerven blank. Den frühen Frust verdoppelte das Mißgeschick von Berthold, der Sekunden vor seinem Fehlgriff den Ball freistehend an den Münchner Torpfosten geköpft hatte.

So hieß es statt 1:0 also 0:1 durch Baslers Elfmeter, und das verhieß nichts Gutes für die Aufholjagd gegen elf bayerische Betonfußballer. Die machten die Räume dicht, agierten mit zwei Liberos vor (Matthäus) und hinter (Helmer) der vielbeinigen Abwehrkette und versammelten zeitweise das gesamte Personal im eigenen Strafraum.

Es wurde nichts aus dem großen Auftritt der »angeblich spielerisch dominierenden Mannschaft der Liga«, wie Strunz das VfB-Team

hämisch titulierte. Und als die Gäste nach Verlaats spätem Ausgleichstor doch merklich ins Wanken gerieten, setzten sich die Schwaben dank Poschners unverzeihlichem Blackout schließlich selbst matt.
»Wir können nicht zufrieden sein mit dem Resultat«, klagte daher VfB-Coach Joachim Löw, während sein ungleich entspannterer Widerpart Giovanni Trapattoni radebrechend »Gluck und Pech« hochrechnete. Auf zwei Großchancen durch Ziege und Basler verwies der Bayern-Trainer, doch waren seine Kicker nur deshalb unbehelligt vor VfB-Torwart Franz Wohlfarth aufgetaucht, weil ihnen krasse Stellungs- bzw. Abspielfehler von Herzog und Verlaat freie Bahn verschafft hatten.
Ansonsten verteidigten die Münchner, wie schon die Woche zuvor im Heimspiel gegen Schlußlicht Rostock, mit Mann und Maus den frühen Vorsprung. Und weil erneut auch das Torgestänge mithelfen mußte, verlor zumindest der derzeit beste und wichtigste Münchner Akteur, Keeper Oliver Kahn, nicht den Blick für die Realität: »Unser Manko ist, daß wir nicht fähig sind, eine Führung auszubauen. Darüber müssen wir uns langsam Gedanken machen.«
Kollege Klinsmann hatte sich aus dieser Diskussion bereits grollend zurückgezogen. In Stuttgart sah er keinen Flankenball, dafür eine Viertelstunde vor Schluß das schon vertraute Täfelchen mit der Ziffer 18 am Spielfeldrand hochgehen – zum siebten Mal in dieser Saison eilte er entnervt von dannen. Man merkte ihm an, daß er wenig Verständnis aufbrachte für Trapattonis Konzept der bedingungslosen Schadensbegrenzung. Schon möglich, daß in diesem bitteren Moment der Entschluß in ihm reifte, den FC Bayern zum Saisonende zu verlassen.

Jancker wittert Morgenluft

Des einen Freud – des anderen Leid. Dauerreservist Carsten Jancker schien vor dem Kampf gegen den VfB Stuttgart förmlich aufzublühen. Hoffte er von dem unübersehbaren Konflikt zwischen Trainer Trapattoni und dem verhinderten Torjäger Klinsmann zu profitieren? Jedenfalls hieß es in jenen Tagen, Jancker habe eine Rückhol-Offerte seines vormaligen Klubs Rapid Wien ausgeschlagen.
Der bisherige Edelkomparse hoffte sicher auf steigende Einsatzchancen im angedeuteten Offensivspiel seines Klubs. Bei der montäglichen Reserveübung hatte er sich in jener Woche durch ganze Trefferserien empfohlen. Tatsächlich schickte der Coach den Stürmer mit Skinhead-Look in den folgenden Spielen immer öfter als Joker aufs Feld. Es dauerte aber bis Mai 1997, ehe Jancker der erste Treffer gelang.

Ironie des Schicksals: Sein Nachfolger wurde ausgerechnet – Giovane Elber. Als der Streit zwischen dem VfB und den Bayern durch einen Scheck in Millionenhöhe beseitigt war und Elber im Frühjahr 1997 seinen Wechsel zum FC Bayern bekanntgab, war von »Angsthasen« freilich nicht mehr die Rede.

Spruch der Woche

»Wir können nicht killen.«
(Torwart Oliver Kahn)

2. Platz

KOMMEN UND GEHEN

200 Millionen Mark, schätzt Manager Uli Hoeneß, setzt der FC Bayern im Geschäftsjahr 1996/97 um. Der erfolgreichste deutsche Fußball-Klub definiert sich längst als Unternehmen, preist auf über fünfzig Seiten Merchandising-Artikel an und erwägt, nach dem Vorbild von Ajax Amsterdam ein vereinseigenes Stadion bauen zu lassen, finanziert von Sponsoren. Keine andere Bundesliga-Mannschaft bindet soviel Wirtschaftskraft – und in keiner wird prominentes Personal schneller einge- und weiterverkauft.
Jürgen Klinsmann, Kapitän der deutschen Fußball-Nationalelf, kündigte zehn Spieltage vor dem Meisterschaftsende seinen Wechsel an. Ihn wird Giovane Elber vom VfB Stuttgart ersetzen. Schon 1995 hatten sich die Bayern für Giovane Elber (24) interessiert, den eleganten Stürmer, der mit seinem weißen Schuhwerk wie eine Raubkatze durch die Stadien der Bundesliga schleicht. Elber erklärte nach der Winterpause unmißverständlich, daß er ab Sommer für den FC Bayern kicken werde – sofern die Stuttgarter nicht vom Paragraphen 11 Gebrauch machten. VfB-Präsident Gerhard Mayer-Vorfelder stand vor der Entscheidung, Elber entweder für sehr viel Geld abzugeben oder aber mit ihm einen weiteren Anlauf zur deutschen Meisterschaft zu unternehmen. Über vierzig Treffer hat Elber für den VfB in fast 90 Bundesligapartien erzielt. 12,5 Millionen Mark investierten die Bayern in den technisch brillanten Angreifer, der für artistische Tore berühmt ist, die großen Chancen aber gerne ausläßt.
Elber wollte wohl auch deshalb zum FC Bayern, weil er sich durch die Champions League Präsenz beim brasilianischen Nationalcoach Zagalo erhofft. Daß Elber sich problemlos eingliedert, kann Klubchef Franz Beckenbauer nur hoffen. Bis-

Prominentester Neuzugang bei den Bayern: der Brasilianer Giovane Elber

lang hat es kaum einer der teuren Stürmer geschafft (McInally, Mihajlovic, Eckström, Hughes, Laudrup, u.a.), die Erwartungen zu erfüllen, die mit seiner Verpflichtung verbunden waren.
KSC-Trainer Winfried Schäfer mag nicht mehr jammern, doch langsam entmutigt ihn der Einbahnstraßen-Verkehr zwischen Karlsruhe und München. Thorsten Fink (29) und Michael Tarnat (27) sind die KSC-Profis fünf und sechs, die nach München umziehen. Tarnat (4,7 Millionen Ablöse), Debütant bei Bundestrainer Berti Vogts, soll Christian Ziege ersetzen, Fink (5,5 Millionen Ablöse) die Dreckarbeit im Mittelfeld verrichten, die bislang zwischen Scholl, Basler und Hamann liegenblieb. Nach Bekanntgabe des Transfers von Fink wollte sich Christian Nerlinger, der Angebote aus dem In- und Ausland hatte, einen anderen Verein suchen. Manager Hoeneß aber stimmte den verdienten Linksfuß mit einem feinen Jahresgehalt (eine Million Mark) um, Nerlinger bleibt.
Ob die Neuzugänge die Abgänge wirklich ersetzen können, bleibt abzuwarten. Als Jürgen Klinsmann 1995 zu den Bayern stieß, setzte in München der Merchandising-Boom ein. Das Trikot des blonden Stürmers (Nummer 18) verkaufte sich besser als jedes andere in Deutschland. Zum Gewinn des UEFA-Cups 1996 steuerte der 32jährige allein 15 Treffer bei – Rekord für einen europäischen Wettbewerb. Dazu 16 in der Bundesliga, was ihm den Titel Welttorjäger einbrachte. Obwohl Klinsmann einer der wenigen war im Klub der Millionäre, die unabhängig von ihrer Form Woche für Woche maximalen Einsatz boten und sich ganz dem sportlichen Erfolg des Vereins verschrieben haben, durfte Lothar Matthäus ungestraft seine Privatfehde gegen den Kollegen führen. Klinsmann und Matthäus haben sich schon bei Inter Mailand und trotz Gewinn der Weltmeisterschaft 1990 nicht verstanden. In München ließ Matthäus nichts unversucht, Klinsmann bloßzustellen. Die Rückendeckung, die Matthäus durch Präsident Beckenbauer genoß, irritierte Klinsmann ebenso wie die defensive Philosophie von Trainer Giovanni Trapattoni, die er wiederholt kritisierte. Dem Münchner Medien-Ballyhoo, das er von Anfang an als Ursache mannschaftsinterner Kabale ausmachte, entzog er sich konsequent. Klinsmann begründete seine Entscheidung, die Bayern vorzeitig und ablösefrei zu verlassen, trocken: »Ich passe nicht hierher.«

Die prominentesten unter den Abtrünnigen: Jürgen Klinsmann und Christian Ziege

Gut hierhergepaßt hat Christian Ziege. Aufgewachsen ist er im Schatten der Berliner Mauer. Wer auf den Bolzplätzen von Hertha Zehlendorf dribbelt, kann vom FC Bayern nur träumen. 1989 erkannte Jupp Heynckes das außergewöhnliche Talent und verfügte 1990 seine Verpflichtung. Ziege, der vom damalige Bayern-Coach bereits im ersten Spieljahr mit Europacup-Einsätzen betraut wurde, entwickelte sich schnell zur Stammkraft, in München und später in der DFB-Auswahl, mit der er 1996 Europameister wurde. Daß er die Milan-Offerte nach sieben Dienstjahren bei den Bayern angenommen hat, kann ihm niemand verdenken. Ziege ist 25, im besten Fußballeralter. Und wenn er sich überhaupt noch einmal weiterentwickeln kann, dann im Ausland. Zieges Verlust wird den FC Bayern schmerzen, auch wenn seine Leistungen zuletzt stark schwankten. Auf der linken Seite gibt es in der Bundesliga keinen Besseren.

Trennen wird sich der FC Bayern auch von einem, der wie Beckenbauer und Hoeneß quasi zum Bayern-Inventar gehört. Ein wenig überrascht hat es Klaus Augenthaler schon, daß Franz Beckenbauer nicht beabsichtigte, seinen Vertrag als Assistenztrainer zu verlängern. Seit Rückrundenbeginn suchte Augenthaler, 22 Jahre der Muster-Bayer, eine neue Aufgabe und fand sie beim Grazer AK. In Österreich, wo er es nicht ganz so weit hat zum Eigenheim in München, tritt er seine erste Cheftrainerstelle an. Augenthaler, der gerne Coach bei den Bayern geworden wäre, verläßt München mit Wehmut.
Das gilt vielleicht auch noch für Oliver Kreuzer, den wackeren Stopper, der 1991 aus Karlsruhe kam, nicht aber für Marcel Witeczek (28). Den hatte Sportdirektor Karl-Heinz Rummenigge 1993 nach München gelotst. Dort stieg Witeczek zum unverzichtbaren Reservisten auf. Das reicht ihm jetzt nicht mehr. Und als Borussia Mönchengladbach bereit war, 2,5 Millionen Mark zu bezahlen, beendete Witeczek frohen Mutes seine Zeit bei den Bayern, in der er keine zehn Tore schoß.
Oliver Kreuzer dagegen wäre gern noch eine Weile geblieben. Doch der Verteidiger konnte das Angebot des FC Basel nicht ausschlagen. Obwohl bereits 31 Jahre alt, erhielt Kreuzer einen Vierjahres-Vertrag, eine Art Rentenversicherung. Auch seinen Nachfolger haben die Bayern bereits: Dennis Grassow (25) von der SpVgg Unterhaching.

SPIELTAG 17

Borussia Mönchengladbach

Im tiefen Winter – als Herbstmeister in die Pause

Schon von Berufs wegen ist Uli Hoeneß ein optimistischer Mann. Kein Wunder, daß der Manager des FC Bayern München die Zukunft seines Klubs nach dem letzten Vorrundenspiel ganz in rosarot sah. Kleine weiße Wölkchen bildeten sich vor seinen Lippen, als er bei grimmiger Kälte im Olympiastadion Bedeutendes in die Mikrophone und Notizblöcke sprach. »Nun«, sagte Hoeneß gelassen, »haben wir den großen psychologischen Vorteil, uns zwei Monate in aller Ruhe vorbereiten zu können.« Aus gutem Grund: Die Stuttgarter VfBler, seine Lieblingsfeinde in dieser Saison (»die haben sich zu sehr mit Dingen außerhalb des Platzes beschäftigt«), hielt er für abgehängt in der Tabelle. »Die schärfsten Rivalen sind nun vor allem Dortmund und Leverkusen.«

Wenn er sich da mal nicht täuscht, mag mancher gedacht haben – vor allem die Fußballfans rund um den Cannstatter Wasen in Stuttgart.

Unzufrieden mit der Taktik Trapattonis drohte Jürgen Klinsmann, den FC Bayern zu verlassen

STATISTIK

Aufstellung:
FC BAYERN: Scheuer; Kreuzer, Kuffour, Babbel, Basler, Hamann, Matthäus, Nerlinger, Ziege, Klinsmann, Zickler
BORUSSIA MÖNCHENGLADBACH: Kamps; Paßlack, Klinkert, Andersson, Fournier, Kastenmaier (74. Nielsen), Schneider, Effenberg, Wynhoff, Dahlin, Petterson (71. Juskowiak)
Torfolge: 1:0 Klinsmann (51.)
Schiedsrichter: Aust (Köln)
Gelbe Karten: Kuffour, Dahlin, Klinkert, Petterson, Effenberg
Zuschauer: 63 000

Sicher jedenfalls ist, daß der FC Bayern durch das 1:0 (0:0) über Borussia Mönchengladbach zum »Herbstmeister« der Bundesliga geworden ist mit zwei Punkten Vorsprung auf die Konkurrenz. Eigentlich ist der Begriff Herbstmeister gleich im doppelten Sinne falsch. Denn erstens gibt es in diesem Stadium des Titelkampfes noch lange keinen Meister, und zweitens wies die Saukälte draußen eindeutig auf den Winter hin. »Gut, das zählt nix«, gestand Abwehrstratege Oliver Kreuzer: »Aber wenn man acht Wochen lang in die Zeitung guckt und sieht sich als Tabellenführer – ist doch auch was Schönes«, feixte der Ersatz-Libero.

Für die aufmunternde Lektüre hatte Kreuzer maßgeblich durch seine eigene Leistung gesorgt im Verein mit dem Torwart-Reservisten Sven Scheuer. Kreuzer gab einen grundsoliden Stopper ab und traf überdies zweimal per Kopfball die Latte. Und Scheuer hielt besonders gegen Gladbachs aus Rom zurückgeholten Stürmer Martin Dahlin seinen Kasten sauber.

Ende gut, (fast) alles gut. Zur Halbzeit nämlich hatte es noch nicht danach ausgesehen, als könnte eine an sportlicher Langeweile meistens nur schwer zu überbietende Vorrunde noch solch einen versöhnlichen Abschluß finden. Ob er in der zweiten Hälfte Überzeugenderes erwarte, wurde Präsident Franz Beckenbauer da gefragt. »Warum«, antwortete der Präsident gewohnt giftig, »soll's da besser werden? Ist doch die ganze Vorrunde so gelau-

Das war's! Nach der Niederlage gegen den FC Bayern mußte Borussen-Trainer Bernd Krauss seinen Hut nehmen

Borussia Mönchengladbach gegen den FC Bayern – der Klassiker hat nichts von seinem Reiz verloren. Samuel Kuffuor bedrängt den Gladbacher Stürmerstar Martin Dahlin

System ist zu langsam, zu behäbig, zwischen Mittelfeld und Angriff gibt es keine Bindung.« Er sei isoliert auf dem Rasen, fuhr Klinsmann fort und ließ unschwer erkennen, daß ihm Trapattonis Defensivdenken total gegen den Strich geht.
Und auch das Ballyhoo rund um den Renommier-Klub. Die jährliche Weinachtsfete des Bundesliga-Fernsehsenders an diesem Abend schwänzte Klinsmann ebenso wie Bundestrainer Hans-Hubert Vogts und zog sich auch damit den Zorn vieler zu. Auch Bayern-Vizepräsident Karl-Heinz Rummenigge konnte dem von einer gewissen Verzweiflung begleiteten Auftritt des Nationalmannschafts-Kapitäns nichts abgewinnen und bezeichnete

fen.« Kleiner Fehler vom Amt diesmal, dank Jürgen Klinsmanns vorzüglicher Kurventechnik. Der frustrierte Torjäger wand sich um Bewacher Michael Klinkert herum und erzielte den 1:0-Siegtreffer, und anschließend hatten die Münchner beinahe so viele Chancen wie zuvor in allen 16 Spielen zusammen, ohne daß sie freilich zu einem weiteren Erfolgserlebnis gekommen wären.
»Super gemacht«, lobte Beckenbauer den Schützen und erklärte tags darauf Klinsmann kurzerhand zu seinem sportlichen Helden des Jahres. Dabei hatte der Stürmer noch am Samstagabend einen Rundumschlag gegen die eigenen Kollegen und Trainer Giovanni Trapattoni mit seiner Drohung abgerundet, den Klub zum Ende der Saison zu verlassen. »Vielleicht passe ich nicht hierher«, klagte er, »unser

Die Akteure haben sich wie immer nichts geschenkt. Mit vereinten Kräften stoppen Effenberg und Kastenmaier einen Vorstoß von Lothar Matthäus

Superstars unter sich. Mario Basler führt den Ball, verfolgt von Stefan Effenberg

Endlich – Klinsmanns 100. Bundesligator

Einige Wochen lang jagte Jürgen Klinsmann seinem Jubiläumstor hinterher, doch der 100. Treffer wollte einfach nicht fallen. Aber nach 51 Minuten im letzten Vorrundenspiel landete der blonde Torjäger, der diesmal jedoch mehr außerhalb des Feldes von sich reden machten, seinen ganz persönlichen Befreiungsschlag, als er die Kugel endlich über die Linie drückte. Unter den besten Bundesligaschützen aller Zeiten nimmt er damit jedoch nur Rang 34 ein. Weit vor ihm stehen Gerd Müller (365), Klaus Fischer (268) und Jupp Heynckes (220). Bayern-Vizepräsident Karl-Heinz Rummenigge rangiert auf Platz acht mit 162 Volltreffern.

ihn schlichtweg als »kontraproduktiv«. Dagegen sah sein Boß, Präsident Franz Beckenbauer die Angelegenheit mit weit mehr Verständnis. »Er beschwert sich zu Recht, von hinten kommt tatsächlich nix. Aber in der Rückrunde wird mit mehr Risiko gestürmt«, versprach der Kaiser. Gleichzeitig aber stellte sich die Führungstroika des FC Bayern schützend vor den umstrittenenen Trainer. »Trapattoni hat unser hundertprozentiges Vertrauen«, versicherte Hoeneß.

Spruch der Woche

»Wenn S' bessere Spiele sehen wollen, müssen S' nächstes Jahr wiederkommen.«
(Präsident Franz Beckenbauer)

1. Platz

HALLENSAISON MASTERS

Es war Rehhagels Triumph in Trapattonis kleinem Theater – mit einer Offensive des Charmes und der Spielfreude hatte der FC Bayern München seine Hallensaison eröffnet, und das beim teuersten, längsten und traditionsreichsten Turnier dieser Art in Deutschland – in Berlin, wo die Münchner sich gern als Botschafter des großen Fußballs gaben. Sie waren mit dem 5:4 gegen Borussia Mönchengladbach am spektakulärsten Spiel des Turniers beteiligt, sorgten für gute Laune bei den Gastgebern, als sie 1:5 gegen Hertha verloren, stellten in Mario Basler nach Meinung der Juroren den besten Spieler des Turniers und mußten sich auch über die 1:3-Niederlage im Finale gegen Bayer Leverkusen nach 1:0-Führung durch Frank Gerster nicht grämen.
Den Bayern gehörten die Sympathien, vor allem deshalb, weil sie mit allen Stars angereist waren. Viele andere Mannschaften kickten in dieser quälend langen Hallensaison mit halber Kraft und ohne ihre Stars. Die Bayern dagegen führten, um das Publikum nicht zu enttäuschen, in Berlin den Schichtdienst ein: Mal kickten Lothar Matthäus und Mehmet Scholl, mal Mario Basler und Ruggero Rizzitelli, und Jürgen Klinsmann, Oliver Kahn und Thomas Helmer, die auf den Hallenauftritt verzichteten, schrieben immerhin Autogramme in der Deutschlandhalle. Die Bayern fühlten sich damit als Hüter der wahren Fußballwerte, im Gegensatz zu an-

Eine Bombenstimmung herrschte beim Hallen-Masters in Münchens ausverkaufter Olympiahalle

deren Mannschaften wie beispielsweise Meister Borussia Dortmund, die »Betrug am Zuschauer« begangen hätten, wie Vizepräsident Karl-Heinz Rummenigge mißbilligend feststellte.
Überraschenderweise sprühte zunächst vor allem der 35jährige Lothar Matthäus vor Spielfreude in der Halle, die er jahrelang wegen der erhöhten Verletzungsgefahr gemieden hatte. Im Laufe der Spiele, immer wieder heftig von Gegenspielern attackiert, kam ihm dann aber offenbar doch seine zweifach geflickte Achillessehne in den Sinn. Er hielt sich letztlich zurück und forderte hinterher vehement härtere Strafen für Fouls. Für den größten Aufruhr sorgte in Berlin wie gewohnt Teenie-Star Mehmet Scholl, der erstmals nach den Schlagzeilen um seine gescheiterte Ehe und eine angebliche Disco-Schlägerei in der Winterpause wieder gegen den Ball trat, kaum genesen von einer Fußverletzung. Scholl, dem Manager Uli Hoeneß unverblümt mit einem Rausschmiß gedroht hatte für den Fall, daß er seinen Lebenswandel nicht in den Griff bekommen sollte, hatte sich selbst ein Sprechverbot auferlegt;

Die Hoffnungen des Sechziger-Anhangs auf eine Wiederholung des Vorjahreserfolgs erfüllten sich nicht. So wie hier Horst Heldt gegen Mario Basler machten die Löwen gegen die groß aufspielenden Bayern keinen Stich

um so tosender war das Gekreische der Kids, die ihn offenbar noch inniger liebten als vor der Affaire.

Vergleichsweise ernüchternd wirkte es, wie die Bayern zwei Wochen später in ihr eigenes Hallenturnier starteten, das als Finale der Masters-Serie firmierte und für das sie als Gastgeber automatisch qualifiziert waren. Nach dem 1:4 gegen Fortuna Düsseldorf – das einzige Bayern-Tor hatte Basler erzielt – verfügten in der Münchner Olympiahalle eindeutig die Anhänger des Lokalrivalen 1860 München über das größere stimmliche Potential.

Die Löwen stimmten sich schon am zweiten Turniertag auf einen Triumph über die Bayern im Halbfinale ein.

Die Bayern hatten zwar Bremen nach Treffern von Jancker (2), Witeczek, Hamann, Gerster und Rizzitelli 6:3 besiegt, aber nach einem 1:1 gegen Eintracht Frankfurt – das Bayern-Tor erzielte wiederum Jancker – nur dank eines weiteren Erfolges von Düsseldorf über Bremen die Runde der letzten vier erreicht. Gegen die Löwen traten sie ohne Klinsmann, Ziege, Scholl, Matthäus, Strunz und Helmer an – und steigerten sich trotzdem grandios, wie meist, wenn es ums Prestige geht.

Es war das »wichtigste Spiel des Turniers« für die Bayern laut Markus Babbel. Die Geschäfte auf dem Spielfeld übernahm Mario Basler, der beim 4:1 über die konsternierten Löwen zwei Tore erzielte (die anderen beiden schossen Witeczek und Rizzitelli). Plötzlich war nichts mehr zu sehen von Horst Heldt und Peter Nowak und der bis dahin besten Mannschaft des Turniers, die auf dem Weg zu sein schien, ihren im Vorjahr gewonnenen Titel zu verteidigen. Die Löwen verloren sogar noch das Elfmeterschießen um Platz drei gegen Fortuna Düsseldorf mit 3:5 Toren.

»Hallenfußball ist super«, fand Basler nach dem Schlußpfiff. Umjubelt von den Bayern-Fans, bereitete er im Finale gegen den Zweitligisten 1. FC Kaiserslautern alsbald auch das 1:0 durch Marcel Witeczek vor. »Gott sei Dank«, sagte hinterher Kaiserslauterns Trainer Otto Rehhagel, »ist Mario dann ab und zu mal ausgewechselt worden«. Die Lust am Hallenkick schien bei den Bayern jedenfalls schnell wieder verebbt zu sein. Martin Wagner setzte mit seinem Tor zum 3:1 den sportlichen Schlußpunkt unter das Turnier. Basler, wie schon in Berlin auch hier zum besten Spieler des Turniers gewählt, und Wagner als bester Torschütze (fünf Treffer) legten ihre Prämien, je 3000 Mark, zusammen und stifteten den Betrag einer Klinik für an Leukämie erkrankte Kinder – ein versöhnlicher Abschluß des Turniers. Auch Otto Rehhagel, der von den Bayern acht Monate zuvor geschaßte Trainer, konnte anläßlich des Triumphs der Lauterer an der alten Wirkungsstätte wieder lachen. Ansonsten bewegte er sich mit versteinerter Miene durch die Olympiahalle und ließ die Münchner Journalisten mit ihren Interviewwünschen abblitzen. Alles wie gehabt.

Sein Nachfolger Giovanni Trapattoni verfolgte die Hallenspielerei eher gleichgültig. »Ein nettes kleines Theater«, fand er, aber ziemlich unbedeutend. Sein Hauptaugenmerk galt bereits dem Trainingslager in Sardinien, wo die Bayern sich für die zweite Etappe Richtung Deutscher Meisterschaft trimmen wollten. Ähnlich sah die Angelegenheit auch Franz Beckenbauer, der gerade von einer Asienreise zurückgekehrt war. In China gäbe es keine Hallenturniere, habe er zu seiner Beruhigung erfahren.

Auch das Münchner Turnier, obwohl an beiden Tagen ausverkauft, hatte es ihm nicht besonders angetan. Das 1:4 gegen Düsseldorf habe ihm »eigentlich schon gereicht«, sagte er hinterher. Er habe sich danach verzogen, »Gespräche führen mit Leuten, die man sonst nicht so oft sieht.«

Zum Beispiel mit Gerhard Mayer-Vorfelder, dem Präsidenten des VfB Stuttgart. Aufs heftigste hatten sich die Bayern-Bosse mit dem Stuttgarter befehdet, der ihrer Meinung nach als Vorsitzender des DFB-Liga-Ausschusses Vereinspolitik betrieb.

So hatte Mayer-Vorfelder als Antwort auf das Bosman-Urteil, das Ablösesummen nach Vertragsende für illegal erklärt, jenen »Solidarpakt« der Profiklubs initiiert, demzufolge Paragraph 11 der Lizenzspieler-Musterverträge weiterhin Anwendung finden sollte – mit der Folge, daß der VfB den auslaufenden Vertrag mit Giovane Elber um ein Jahr hätte verlängern können.
Den Brasilianer wollten die Bayern unbedingt verpflichten, schon in Erwartung des Abschieds von Jürgen Klinsmann. Beim gemütlichen Plausch am Rande des Hallentuniers konnten Mayer-Vorfelder sowie Beckenbauer, Rummenigge und Bayern-Manager Uli Hoeneß die Atmosphäre entkrampfen. Man konzentrierte sich auf das Wesentliche: auf das Geld, das die Bayern als Ablöse zu zahlen bereit waren.
So war das Wesentliche an diesem Hallenturnier, daß die Bayern Elbers Weg Richtung München freimachten. Und auch die Transfers der Karlsruher Thorsten Fink und Michael Tarnat wurden am Rande des Turniers in die Wege geleitet. Seitdem zwei Jahre zuvor Bayern-Manager Uli Hoeneß in Berlin beim Masters dezent mit dem späteren Trainer Otto Rehhagel und auch mit Andreas Herzog von Werder Bremen Verhandlungen aufgenommen hatte, gilt der Kick in der Halle als Kontakthof. Auch die Olympiahalle diente diesmal als Personal-Basar. Die Bayern verhandelten geschickt und griffen kräftig zu.
Auch im von Mayer-Vorfelder gelenkten Liga-Ausschuß feierten die Münchner am Rande des Hallenkicks einen bescheidenen Erfolg. Erstmals gingen die Profiklubs vom Prinzip der Gleichverteilung der Fernsehgelder ab. Ein kleiner Teil davon, 16 von 225 Millionen, wird fortan von Spieltag zu Spieltag nach dem Tabellenstand vergeben. 50 000 Mark gibt es für Platz eins, 2750 für den letzten Platz. Leistung soll sich lohnen, das hatten die Bayern schon jahrelang gefordert.

Das Hallen-Masters ist immer auch ein gesellschaftliches Ereignis, bei dem auch die Schönen der kickenden Hautevolée in Erscheinung treten: Neben Mario Basler im feinen Zwirn mit seiner Lebensgefährtin Iris (oben) trat auch das Ehepaar Markus und Sandra Babbel (unten) in Erscheinung

München soll, ebenfalls beim Masters-Finale beschlossen, in jedem Fall Mittelpunkt des deutschen Hallenfußballs bleiben. Weil wegen der 1998 in Frankreich stattfindenden Weltmeisterschaft die kommende Winterpause verkürzt wird, muß auch das Hallenprogramm gestrafft werden. Es wird hinfort nur mehr vier Regionalturniere als Qualifikation für das Masters-Finale in München geben. »Edler und besser« werde die Veranstaltung dadurch, prophezeite Karl-Heinz Rummenigge, also ganz im Sinne der edlen Bayern.

INTERVIEW MIT L

Am Dienstag, den 28. Januar 1997, flog Tabellenführer FC Bayern München zur Vorbereitung auf die Bundesliga-Rückrunde nach Sardinien. Der Aufenthalt dort sollte nicht nur der Fitness, sondern auch der Konfliktbewältigung dienen. Kurz zuvor noch hatte Nationalspieler Helmer das Mißtrauen zwischen Lothar Matthäus und Jürgen Klinsmann als größte Bürde bezeichnet. Über sein Verhältnis zu Klinsmann, seine sportliche und private Zukunft, über den Vorwurf, ein Egoist zu sein, die Hierarchie innerhalb des Teams sowie das Zerwürfnis mit Bundestrainer Berti Vogts hat Kapitän und Rekordnationalspieler Lothar Matthäus im Gespräch an diesem Tag diplomatisch und dennoch offen Stellung bezogen.

Herr Matthäus, Sie haben ein blaues Auge.

Vom Testspiel in Schottland, ein ganz normaler Zweikampf.

Es steht wieder ein Trainingslager an, zehn Tage Sardinien, schießt Ihnen mit 35 nicht durch den Kopf: Wieviele Lager mute ich mir noch zu?

Ich freue mich darauf. Gerade für mich, der ich zwei schwere Verletzungen hatte, ist es noch wichtiger, solche zehn Tage zu nutzen. Wenn mir das keinen Spaß mehr machen würde, würde ich die Fußballschuhe an den Nagel hängen.

Sie haben einen Kreuzbandriß und einen Achillessehnenriß hinter sich – Sie gehen ein hohes Risiko ein, und Sie müssen viel investieren.

Es heißt, operierte Stellen reißen nicht mehr. Außerdem lebe ich viel bewußter als früher. Zum Beispiel ein Ausfallschritt beim Zähneputzen, damit die Muskulatur in Spannung kommt. Für einen Zwanzigjährigen hört sich das lächerlich an, ich hätte auch gelacht vor 15 Jahren. Oder man geht mit dem Physiotherapeuten in den Kraftraum nach dem Training, wenn die anderen schon nach Hause fahren, um die Muskulatur zu stabilisieren: links im Wadenbereich, wegen dem Achillessehnenriß, und rechts am Knie, wo ich den Kreuzbandriß hatte.

Nervt es nicht, immer mehr und noch mehr zu machen?

Ich habe beim Hallenturnier dem Düsseldorfer Fortuna-Manager Frank Mill getroffen. Der sagte mir: Solange du fußballspielen kannst, nutz das aus! Das ist die schönste Zeit, du hast am wenigsten Verantwortung.

Sie sind vergangenes Jahr vielfach sehr heftig kritisiert worden, nicht nur, weil Sie schlecht spielten, sondern kurz vor der EM in England auch wegen Ihrer Attacken auf Berti Vogts und Jürgen Klinsmann, von denen Sie angeblich aus dem Nationalteam intrigiert wurden. Tenor der Kritik war: ein großartiger Kicker, aber er hat sich selbst nicht im Griff. Nehmen Sie diese Kritik inzwischen an oder sagen Sie: völliger Blödsinn?

Ich habe gemerkt, daß ich nicht alles so sagen darf, wie ich es mir denke. Ich bin ruhiger und vorsichtiger geworden. Und weiß, daß ich das direkte Gespräch mit den Beteiligten suchen sollte, statt zu einem Journalisten zu gehen. Die Probleme sind ausdiskutiert worden. Daß es mit der Nationalmannschaft vorbei ist, darüber bin ich einerseits sogar froh, weil mein Körper nicht mehr zusätzlich belastet wird. Was den Ausschluß oder Rücktritt, wie man das nennen will, betrifft, ist allerdings eine Narbe da, die bleiben wird.

Und Sie glauben, daß Ihr einziger Fehler war, die Wahrheit gesagt zu haben?

Daß ich Dinge mit einer Überlegung weniger als andere sage, das weiß jeder. Aber ich stehe zu dem, was ich gesagt habe. Es sind von beiden Seiten Fehler gemacht worden. Berti Vogts hat auch mich verstanden, und wenn es noch einmal eine solche Situation gäbe, würde er jetzt sicher anders reagieren.

Schmerzt es immer noch, daß Sie keine fünfte Weltmeisterschaft erleben werden?

Nein. Es wäre schön gewesen, aber den Nationalspieler Lothar Matthäus wird es nicht mehr geben.

Und wenn Ihre Rückrunde noch besser sein wird als Ihre Vorrunde?

Über ungelegte Eier sollte man nicht reden. Außerdem braucht mich die Nationalmannschaft nicht

THAR MATTHÄUS

unbedingt. Ich bin zufrieden hier beim FC Bayern, es ist ein Verein, wo ein bißchen Chaos herrscht, aber das gehört dazu.

Werden Sie mit 40 immer noch spielen?

Das kann ich mir eigentlich nicht vorstellen.

Haben Sie Angst, den richtigen Zeitpunkt zu verpassen, nach großer Karriere als Mitläufer abtreten zu müssen?

Für mich ist es nicht wichtig, immer die Nummer eins zu sein. Wenn ich merke, daß ich hinterherlaufe, dann höre ich auf. Den Zeitpunkt bestimme ich selbst.

Ihr Plan ist, den Vertrag, der 1998 ausläuft, um zwei Jahre zu verlängern?

Mit Bayern brauche ich nicht zu verhandeln. Da ist so viel Vertrauen da, daß ich unterschreibe und sage: Ihr füllt den Rest aus. Es gibt auf der Welt keinen besseren Verein als den FC Bayern.

Es gab in der Vorrunde die absurde Situation, daß es beim FC Bayern hieß, man brauche wieder einen Wortführer. Sie haben geantwortet: Das will ich schriftlich. Sie sind also noch beleidigt, weil Sie vergangenen Sommer gedeckelt wurden, auch von Ihren Chefs.

Was heißt beleidigt. Ich habe so viel um die Ohren gekriegt. Man sagt: Verantwortung übernehmen. Dann machst du das Maul auf, und nach zwei schlechten Spielen kommt der Bumerang zurück. Es ist wichtig, daß einem die Vereinsoberen auch in einer schlechten Phase den Rücken stärken. Sonst freuen sich die Schwächeren, weil sie dir wieder einmal ans Bein pinkeln können. Das habe ich jahrelang mitbekommen. Ich habe mir bei der Nationalmannschaft fünf Jahre unter Berti Vogts den Arsch aufgerissen. Wer hat ihn zu schützen versucht? Das war ich, sonst keiner, der sich öffentlich hingestellt hat. Du bekommst keinen Dank.

Vogts selbst sieht das wohl anders. Er hat Sie zur Ego-Fraktion gezählt.

Berti Vogts ist das in den Mund gelegt worden, sagt er selbst. Er hat mir gegenüber nie zu dieser Aussage gestanden. Ich kann nur sagen: Ich spiele jetzt 18 Jahre Fußball und war nie ein Egoist.

Sie waren auf jeden Fall ein Superstar, und jetzt soll der Star die Mannschaft sein. Bei Berti Vogts und auch bei Giovanni Trapattoni.

Es ist ja nach wie vor so, daß der FC Bayern ab und zu meine Meinung sucht. Aber ich bin nicht sauer, wenn der Trainer mehr mit Jürgen oder Helmer oder Strunz oder Kahn spricht.

Es gibt den Trend, daß Jüngere Verantwortung übernehmen wollen.

Finde ich gut. Aber Verantwortung übernimmt man nicht in ein, zwei Wochen; Verantwortung heißt: erst Leistung bringen, und da sind manche nicht beständig genug bei uns.

»Mit meiner Erfahrung sehe ich die Lücke, in die man mit einem Zwanzig-Meter-Sprint stoßen kann …«

Die Führungskräfte sollten Kahn, Helmer, Matthäus, Klinsmann sein?

Richtig.

Glauben Sie, daß Ihre Akzeptanz beim FC Bayern Ihrer Leistung entspricht?

Ja, aber nur, weil die Leistung stimmt. Ich habe mit keinem Spieler Probleme, mit Jürgen nicht mehr und auch nicht mit Helmer. Ich habe ihm nach seiner Kritik von vergangener Woche, als Helmer sagte, das Problem hieße Klinsmann-Matthäus, klipp und klar gesagt, daß er da falsch liegt. Thomas Helmer versteht sich auch nicht mit jedem gleich gut. Wenn Jürgen und ich was zu besprechen haben, dann reden wir auch drüber.

Aber Sie haben sich doch gehaßt!

Ich habe Jürgen nie gehaßt. Ich glaube, daß es zwischen uns nicht einmal so schlimm war wie zwischen Beckenbauer und Breitner. Ich hatte einfach Mißtrauen ihm gegenüber. Ich hatte den Eindruck, daß er hintenrum sein Spielchen getrieben hat, was mir geschadet hat. Ich kann da auch trennen zwischen Nationalmannschaft und FC Bayern. Im Verein hat er mir mit seinen 15 Toren geholfen, UEFA-Cup-Sieger zu werden.

Aber kann man das so sachlich trennen, wenn man auf jemanden Zorn hatte?

Wenn ich nachtragend wäre, dürfte ich mit Ihnen auch nicht mehr sprechen. Wenn ich jemandem nach einer gewissen Zeit die Hand gebe, dann ist das vergessen. Das habe ich mit Jürgen getan. Wir haben gesagt: »Vergessen wir den Scheiß, das schadet uns beiden.«

Registrieren Sie, wie sich im Laufe der letzten Monate die öffentliche Meinung wieder zu Ihren Gunsten und zu Ungunsten von Klinsmann verschoben hat …

… ist doch klar…

… auch wegen seiner Kritik an der Taktik von Trapattoni kurz vor Weihnachten.

Daß er die Kritik nach außen getragen hat, war unglücklich. Es war eigentlich alles in Butter, wir waren Herbstmeister. Man sieht, jeder macht seine Fehler. Ich hielt es jedenfalls nicht für richtig.

Uli Hoeneß sagte, das gehe Sie einen Dreck an.

Ich habe nie Maßnahmen gegen Jürgen gefordert. Aber selbst wenn, wäre die Aussage von Uli nicht richtig gewesen, weil er meine Autorität als Kapitän untergräbt. Franz Beckenbauer hat auch gesagt, das war schlecht vom Uli.

Das zeigt wieder einmal: Das Problem des FC Bayern ist die ungeklärte Führungsfrage. Sie sind nicht mehr unumstritten, andere sind nicht nachgerückt.

Ich glaube, daß das bei anderen Mannschaften auch nicht viel anders ist.

Wie wichtig ist Hierarchie?

Sehr wichtig. Wenn alle gleichberechtigt wären, gäbe es Chaos. Ich stelle schon öfter mal während des Spiels um, ohne den Trainer zu fragen.

Das darf zur Zeit sonst keiner?

Der Jürgen hatte in der Vorrunde Probleme mit sich selbst, weil er unzufrieden war. Thomas Helmer hatte Probleme, weil er verletzt war – und mir ging's gut. Weil ich Leistung gebracht habe, hat man auf mich gehört. Und ich kenne die Philosophie von Trapattoni, auch wenn wir nicht immer einer Meinung sind.

Es klingt alles so harmonisch bei Ihnen. Woran liegt es denn dann, daß der FC Bayern in der Vorrunde so langweilig wie noch nie spielte?

Es heißt, viele Spieler seien müde von der Europameisterschaft zurückgekommen. Ich persönlich lasse das nicht gelten. Die Spieler hatten drei Wochen Urlaub. Ich habe sieben große Turniere gespielt, hatte nie drei Wochen Urlaub und war danach trotzdem gut drauf.

Kann es daran liegen, daß nicht alle verstehen, was der Trainer will?

Das war am Anfang mit der Viererkette sicher das Problem. Man hat in München nicht zwei Jahre Zeit, um das einzuüben. Wir sind davon wieder abgerückt, aber vorwiegend deshalb, weil Thomas Helmer lange verletzt war.

Wo ist denn Ihre Rolle, Libero oder, wie zuletzt, Mittelfeldspieler, was anstrengend sein kann für einen 35jährigen?

Ich kann dem Trainer nur anbieten, daß ich vom Mittelfeld aus auch unser Offensivspiel stärke. Auch wegen meiner Erfahrung sehe ich die Lücke, in die man mit einem Zwanzig-Meter-Sprint stoßen kann, vielleicht eher als Christian Nerlinger, der erst zweimal auf den Ball tritt.

Trapattonis Ideen hat nicht jeder verstanden. Jürgen Klinsmann wurde durch die vielen Auswechslungen als Führungskraft beschädigt.

Er macht das ja nicht, um ihn zu schikanieren. Wenn die Leistung nicht stimmt, muß der Trainer reagieren, sonst macht er sich auch unglaubwürdig gegenüber den Spielern, die draußen sitzen.

Und wenn Sie nach fünfzig Minuten runtergeholt würden?

Er kann mich nach dreißig Minuten auswechseln. Ich liebe Trapattoni wie einen Vater. Ich habe meine

besten Jahre bei Inter Mailand unter ihm gehabt: Weltmeister, italienischer Meister, UEFA-Cup-Sieger, zweimal Weltfußballer.

Ihre private Situation – Sie leben getrennt von Ihrer zweiten Frau –, ist das Motivation, sich noch einmal ganz auf Fußball zu konzentrieren?

Ich konzentriere mich zuerst auf mein Privatleben und dann auf Fußball. Fußball hat zunächst wohl ein bißchen abgelenkt, ich habe mich darin verbissen. Mittlerweile hat das Privatleben Prioriät. Wir sind nach wie vor verheiratet, die Probleme sind ausgeräumt, eine Ehe auf Distanz, mit verschiedenen Wohnsitzen. Wir sehen uns regelmäßig. Ich bin zur Zeit ein zufriedener Mann. Ich möchte nicht mehr 25 sein. Probleme wird es immer geben, meine stehen eben in der Zeitung.

Sie lieben die Öffentlichkeit doch.

Früher habe ich sie gesucht, jetzt nicht mehr. Aber der Trubel gehört zum FC Bayern, davon lebt er auch. Wir sind ein Unterhaltungsbetrieb. Ich kann damit gut leben. Man muß damit umgehen können.

Ein Vorwurf lautet, Sie würden mit »Bild« kungeln und seien für die Kampagne gegen Klinsmann verantwortlich. Sind Sie der Spion beim FC Bayern?

Ich? Das habe ich nicht nötig. Das ist eine private Sache, aber Interna gebe ich nie preis. Ich wäre ja doof, das würde ja meinem Ansehen schaden.

Woher kommt denn dann das Theater?

Wir haben alle unseren Beitrag geleistet. Wir sitzen mit dem Präsidium im Seehaus, und am nächsten Tag stehen alle Zitate wortwörtlich in der Zeitung. Ich lache mich kaputt darüber, und es wird so weitergehen. Es wäre schön, wenn es anders wäre, dann wäre auch mehr Vertrauen da. Es würde mich interessieren, wer der Presse den Vorfall mit Scholl vor Weihnachten beim gemeinsamen Skifahren gesteckt hat. Wenn's ein Spieler gewesen ist, würde ich ihm einen Tritt geben und ihn aus der Kabine schmeißen, und dann müßte der Verein entscheiden: ich oder der. Das war eine Schweinerei.

»Ich liebe Trapattoni wie einen Vater!«

Sie können ja später mal als Bayern-Funktionär für Besserung sorgen.

Ich möchte zunächst für ein Jahr als Spieler nach Amerika gehen, am liebsten an die Westküste, Los Angeles. Mir gefällt die amerikanische Mentalität sehr gut, und zweitens kann ich dort Englisch lernen für eine spätere Tätigkeit als Manager, Repräsentant oder was auch immer.

In München?

Vielleicht auch in der Schweiz, wegen meiner privaten Situation. Als Trainer? Nein, eher als Sportkoordinator, wie Rudi Völler, aber noch näher dran an der Mannschaft, um Konflikte zu lösen.

Da wäre Bedarf beim FC Bayem.

Ich bitte Sie. So schlimm ist es auch wieder nicht. Es gibt jeden Tag Kaffee, wir gehen auch mal gemeinsam zum Italiener, wir spielen Karten.

Wenn alles so toll ist – können Sie sich denn überhaupt in Klinsmann hineinversetzen? Warum ist der so unglücklich?

Der Jürgen war doch im letzten Jahr nicht unglücklich, als er seine 35 Tore geschossen hat. Ist doch so. Er ist erst seit fünf Monaten unglücklich, und das liegt an der Trefferquote. Da versuchen wir jetzt alle, ihm zu helfen, wir wollen ja nicht, daß er unglücklich ist. Und wir profitieren ja auch von ihm.

Garantiert die letzte Frage dazu: Gäbe es außer Fußball ein Thema, worüber Sie sich eine halbe Stunde mit ihm unterhalten könnten?

Weiß ich nicht. Wir haben verschiedene Charaktere. Das war schon 1989 bei Inter Mailand so. Jürgen ist auch gern mit Leuten zusammen, nur sucht er sie sich in einem anderen Umfeld. Er ist verschlossen. Man kann wenig reingucken in ihn.

Sie sind ja jetzt fast Nachbarn in Bogenhausen.

Da braucht der FC Bayern keinen Detektiv mehr, um Jürgens Lebenswandel zu überprüfen. Ich bin da und paß' auf.

DIE TRAP-FAMILIE

Die Bayern sind wie eine große Familie – und so benehmen sie sich auch

»Wir wollen eine große Familie werden.«

Der gute Vorsatz zum neuen Jahr von Karl-Heinz Rummenigge, Vizepräsident des FC Bayern München. Was zuletzt geschah? Ziege fühlt sich erwachsen und will aus dem Haus, Scholl randalierte bedudelt, Matthäus erlitt einen Wasserrohrbruch, Klinsmann drängt auf Scheidung, Basler qualmt und quengelt, Tragödien, Tränen, Trallala – der FC Bayern vor Beginn der Rückrunde.

10.30 Uhr: Waldlauf in Hotelnähe.

Der Trainingsplan für Samstag während des Berliner Hallenturniers sieht es so vor. Es herrscht Alarmstufe rot: Ziege will nicht nur mit dem Lirejet nach Mailand, sondern auch zu Spottdrossel Harald Schmidt ins Fernsehen – man sei »ja nicht ewig bei Bayern«. Franz schon. Der Clan-Chef plant Nachwuchs und will darüber mit Klinsi von Vater zu Sohn reden. Ihm erklären, daß er ein Brüderchen kriegt, mit dem er täglich um seinen Stammplatz balgen darf: Elber. Auch Basler glaubt an den Klapperstorch. Weil's leider keine Familienkräche mehr gibt, regt er einen Hilfsfonds für arbeitslose Klatschreporter an. Und Freibier für alle? Du lieber Scholli.

»Wenn der FC Bayern die Chance hat, muß er Elber holen«

Der Rat des Jürgen Klinsmann, ausgesprochen am Rande des Hallenturniers in Berlin, verblüfft alle: Will er mit Elber Flipper spielen, oder empfiehlt er demnächst Dundee als Partner für Elber? Elber kündigte an, er komme schon bald nach München: angeblich aber nur zum brasilianischen Konsulat, um die Geburt seines Kindes registrieren zu lassen. Zur Orientierung schon mal die Adresse des Konsulates: Säbener Straße 51.

»Die Presse muß verraten, welcher Spion bei uns in der Kabine sitzt. Oder der Spieler outet sich selbst.«

Mario Basler rätselt in einem kicker-Interview zum wiederholten Mal, welcher Schuft ständig Interna aus der Großfamilie preisgibt. Sicher ist: Es muß einer sein, der sich merken kann, was die andern so sagen. Gut für Mario. Er selbst ist damit aus dem Schneider.

»Dieser Klub ist einzigartig, vielleicht auf der ganzen Welt.«

Oliver Kreuzer weiß Bescheid. Er hat in seiner 22 Jahre währenden Karriere schon für die SpVgg Ketsch (Baden), den Karlsruher SC (Baden) und den FC Bayern (Bayern) gespielt sowie erst vorigen Sommer Urlaub gemacht in Portugal (Europa). Der badische Kosmopolit geht außerdem gern italienisch essen (Lieblingsgericht: Sauerbraten mit Knödel) und träumt davon, mit der Concorde zum Abendbrot nach New York zu fliegen. Offenbar hat ihm jemand vom Stadtteil Little Italy erzählt. Jetzt will der Wandervogel das Nest verlassen, das einzigartige, um zum FC Basel (badisch-schweizerisches Grenzland) zu wechseln. Versteh' einer die Welt.

Noch 'n Gedicht: »›Ihr müßt euch zusammenraufen, geht doch einfach einen saufen‹

Dann tun wir's – und schon wieder gibt's einen auf den Deckel.«

Olli Kahn ist stinkesauer
auf Bayern und auf Beckenbauer.
Deren Spruch ist zwar gereimt
doch Olli fühl sich schwer geleimt.
Was bringt den Mann so von der Rolle? Klar! Die strenge Saufkontrolle:
Kaum gehen die Jungs
mal einen schlucken,
tun Bayerns Bosse grimmig gucken
Weil's schwächt des Spielers Kondition,
hockt mit am Tresen der Spion,
in Kneipen, Bars und Discoschuppen,
wo man sumpft (mit duften Puppen?)
Denn Meister werden, das ist schwer
viel Tore braucht's und kein' Likör.
Aus feuchten Kehlen tönt es noch:
Unsere Bayern – sie leben hoch!

»Den Film von diesem Spiel sollte man allen zeigen, die für die Abschaffung der Winterpause sind, vor allem unserem Bundestrainer.«

Uli Hoeneß hat im Erfurter Steigerwald-Stadion (keine Rasenheizung) gefroren und ist deshalb böse auf Berti Vogts. Der konnte eigentlich nichts für das Freundschaftsspiel, aber künftig will er die Bayern zwingen, durch den Schnee zu rutschen. Können sie sich noch wehren? Muß Berti dem Uli ein Heizkissen kaufen? Gehen sie je wieder gemeinsam ins Kino? Und wer hat überhaupt gefilmt – der Detektiv?

»Franz sagte mir, wenn er mit einer Person was diskutiert, dann weiß es schon eine Person zu viel.«

Hat Agent Klinsman den Fall endlich gelöst? Gesucht wird der unheimliche Plauderer. Falls Franz gesteht, muß er zur Strafe ballhochhalten in Marios Raucherecke. Klinsi, angewidert vom Sumpf beim

»Sie ham' ned zufällig an Spion g'sehn?« Auch Lothar Matthäus ist ein Suchender, um so mehr, als jetzt beim Training offensichtlich geübt wird, wie man gegnerische Elemente in den eigenen Reihen aufspürt und zu Fall bringt.

FC Bayern 007, trainiert derweil schon für Wichtigeres: »meine Papa-Rolle.« Mit Erfolg: Die Sprache, die wo kleine Kinder sprechen, hat er schon drauf.

»Fußball ist ein Schweinegeschäft. Ich fühle mich wie ein Schwein.«

Kein Franz ruft mich an, keine Emmvau interessiert sich für mich: Giovane Elber geht es tierisch mies. Sein Herzilein pocht zwar noch für den VfB, sein Hirn aber tickt für Bayern. Nur einer kann sein Leid tilgen, Papa Franz, bitte melde dich! Damit sich Giovane bald wieder saumäßig wohl fühlt. Schwein sein – das lernt er bestimmt auch noch in unserer schrecklich netten Familie.

»Noch ein Jahr mach' ich den Mist nicht mit. Dann wäre es Verarschung.«

Der Mist: eine knappe Million Mark im Jahr. Der Verarschte: Markus Münch, Münch wie München – doch, das muß mal erklärt werden. Keiner kennt ihn, weil der Markus so selten mitmachen darf, wenn die anderen um den Ball balgen. Erst war ja Ziege schuld. Doch der will weg, und statt endlich mitspielen zu dürfen, kriegt der Markus ein neues Brüderchen vor die Nase gesetzt, den Tarnat Michi. Gemein. Papa Franz kann auch nicht trösten, spielt gerade Kaiser in China. Deshalb muß der Markus nun selbst aus der Reserve kommen.

»Beikenbaoer – shi!«

Ein klares Bekenntnis zu Papa Franz legen die neunjährigen Kicker der Pekinger Sportschule Schichahai ab. Unter dem Vorwand, seine Biographie zu vertreiben, will Beckenbauer in China klammheimlich das Tor zur Weltliga aufstoßen, die er in seiner Hamburger Hausbroschüre bereits proklamiert hat. »Üben, üben, üben«, ermuntert er die gelbe Gefahr von morgen auch noch. Und jetzt alle mal: Auf der Mauer, auf der Lauer, liegt der Kaiser Franze…

»In München kenne ich alles in- und auswendig.«

Was Christian Ziege so kennt: Das Wirtshaus »Zum Birnbaum«, die linke Seite des Rasens im Olympiastadion, Ex-Freundin Geli, diverse Weißbiersorten, die Band »Keksi und die Falschen Freunde«, den Rathausbalkon, Weißwürste, die Reparaturwerkstätte für seinen Opel, den Flughafen Erding, die Disco »P 1« – und ein Angebot des FC Bayern über zwei Millionen p.a. brutto! Was Christian Zieges Horizont ungemein erweitern wird: die Trattoria »Roma«, die linke Seite des Meazza-Stadions, seine künftige Freundin Stella Antonia Giulia, diverse Sorten Grappa, der Rocksänger Zucchero, der Mailänder Dom, Salami, die Reparaturwerkstätte für seinen Lancia, der Flughafen Malpensa, die Disko »Galaxy«. Und ein Gehalt von 2,5 Millionen Mark (2 500 000 000 Lire) p.a. netto!

»Bei uns gibt es keine disziplinierenden Vorgaben für ihn.«

Sagt Vizepräsident Karl-Heinz Rummenigge über Mehmet Scholl. Braucht's auch nicht, schließlich hat der Musterknabe neulich in Zürs alle 23 Weißbier gezahlt, die er getrunken hat, einen Badegast lediglich freundschaftlich am Ohr gezupft und pünktlich auf kürzestem Weg die Abreise angetreten – zu Fuß, über geparkte Autos. Tadellos!
Richtig hingegen was los ist, wenn Paul »Gazza« Gascoigne um die Häuser zieht. Dienstagnacht in Schottland hat er die Bayern im Cameron House-Hotel besucht. Und – wie wir »Bild« entnehmen – »Bier und Whisky bis zum Abwinken« in seinen Gazza-Schlund gekippt. Zum Abschied ließ er die Hosen runter. Nur Mut, Scholli…

»Nichts geht mehr – Jürgen Klinsmann und Lothar Matthäus« (»Sport-Bild« vom 22. Januar)

»Plötzlich verstehen sie sich« (»Bild« vom 24. Januar). Halleluja! Gloria in excelsis deo. Aber was, verdammt noch mal ist geschehen? Wir wissen es: Klinsmann schießt beim Freundschaftsspiel in Glasgow ein Tor. Lothar zu Jürgen: »Mach's nochmal, Klinsi.« Der macht's ihm nochmal, Matthäus liefert die Vorlage. Später am Flughafen: Nebel. Klinsi erschießt den Trainer. Lothar zu Manager Hoeneß:«Verhaften sie die üblichen Verdächtigen.« Jürgen zu Lodda: »Das könnte der Beginn einer wunderbaren Freundschaft sein.« Die Maschine entschwindet in den Wolken. Kurs Casablanca.

Spion, die zweite: Niemand weiß, wer beim FCB an oraler Blasenschwäche leidet. Merke: Wer Sonnengläser trägt, macht sich verdächtig, das gilt auch für Kalle Rummenigge. Doch auch vor blonden Mauerblümchen wird gewarnt: Kann denn Reden Sünde sein?

»Vor drei Jahren habe ich schon mal vorgeschlagen, Giovane Elber von Grasshoppers Zürich zu holen. Aber damals war er wohl noch zu billig.«

Was nix kost', is nix wert, gell Lothar Matthäus! Uli Hoeneß hat das Subventionsprinzip der barmherzigen Brüder von der Säbener Straße kürzlich dargelegt: Die Hungerleider aus der Bundesliga brauchen sich keine Sorgen zu machen, der FC Bayern hält sie mit seiner Kohle schon über Wasser. Am besten, sie kaufen die restlichen 17 Klubs gleich auf.

»Tauschgeschäfte gibt es bei uns sowieso nicht. Nur saubere Deals.«

Sagt Uli Hoeneß, und deshalb bleibt der Alex in der Familie. Eigentich wollten die Stuttgarter Alexander Zickler ja fortlocken, als Ersatz für ihren Elber, aber wie gesagt: Bayern tauschen nicht, Bayern dealen sauber. Naja, wie sie damals

den Radmilo Mihailovic, diesen stolpernden Stürmerdarsteller, für teures Geld dem Schalker Sonnenkönig Günter Eichberg untergejubelt haben, das war vielleicht nicht so ganz astrein, aber herrjeh: Ist lange her und kommt auch in den besten Familien vor. Hauptsache, die Tresore sind voll.

»Beeeeep.Beeeeep. Beeeeep.«

Das Handy von Giovanni Trapattoni. Am anderen Ende ist ein grauhaariger, unglücklicher Mann, den es in eine grauhäusrige, unglückliche Stadt verschlagen hat. Fabrizio Ravanelli fühlt sich nicht wohl beim FC Middlesborough. Deswegen ruft er bei Landsmann Trap an, wöchentlich, täglich, stündlich. Wie sonst hätte Fabrizio seine Handyrechnung auf bislang unbezahlte 13 000 Mark treiben können, in Worten: dreizehntausend? Klarer Fall von Telefonitis. Jetzt haben sie ihm erst mal das Handy gesperrt in Middlesborough, und Fabrizio muß hoffen, daß Maestro Trap ihn trotzdem nicht vergißt und nächste Saison zu sich holt. Platz inmitten der Familie wäre schnell geschaffen. Ravanelli könnte ja den Spind von Rizzitelli erben – da müssen sie am Namensschildchen nur ein paar Buchstaben übermalen.

»Ich will in einer anderen Welt spielen«.

Inzwischen ist also heraus, warum Giovane Elber, der schon die Berlusconi-Family kennt, Londrina und die Limmat sowie Mayer-Vorfelder, sich so gern der Bande um Lodda & Klinsi anschließen würde. Schöne, fremde Welt! Wenn die Jungs sich Immobilien zulegen, dann gleich ein Rathaus. Wenn Journalisten sie im Restaurant anrufen, dann nicht, um etwas über Zerrungen zu erfahren, sondern um zu fragen, »was ich im Schnitt trinke« (Scholl). Im Kraftraum dürfen die Bayern fernsehen, und zwar den ganzen Tag n-tv (Helmer) – wegen der Börsennachrichten. Und jetzt im Trainingscamp? Kommt auch keine Langeweile auf, denn Lodda promotet vorab seine autobiographischen Werke. Das erste: ein Sachbuch, denn es »wird sehr sachlich«. Das zweite, ebenfalls Prosa: eine authentische Familiensaga, »können sich einige auf was gefaßt machen«. Elber auch.

»Wenn ich zum Beispiel einen Schopenhauer lese – ich verstehe ihn nicht.«

Wieso Franz Beckenbauer? Arthur ist doch einer von euch! Schon daß er sich im Gründungsjahr eines Münchner Turn- und Sportvereins (1860) aus dem Leben verabschiedete, muß euch den Philosophen sympathisch machen. Er sprach vom Zweck statt von Moral, ein Lehrmeister von Uli Hoeneß also, galt als Sympathisant der Monarchie, insofern ein Kaiser-Freund. Und er erfand das Wort »Wolkenkuckucksheim« – welch treffliche Beschreibung für die feine Adresse Säbener Straße 51. Stutzig macht uns nur seine Schelte für das »Zeitungsdeutsch« in den »Materialien zu einer Abhandlung über den argen Unfug, der in jetziger Zeit mit der deutschen Sprache getrieben wird«. Eine »Bild«-Kolumne hätte Arthur sicher nicht verfaßt – eine Bayern-Family aber auch nicht.

Don Trapillo hat den Bogen raus: An der Säbener Straße werden die wirklich großen Dinger gedreht. Gelegentlich dürfen sich die Bayern aber noch mit Kleinkram abgeben.

»Stadträte sind Leute, welche sonst nichts tun.«

Eine Entschuldigung für dieses Hoeneß-Bonmot, meint Münchens OB Christian Ude, stünde noch aus. Sein Geheimgespräch mit Franz Beckenbauer hatte andere Inhalte. »Ich bin empört, Herr Präsident. Also was Ihr Uli da kürzlich....« »Schmarrn. Abhauen wollen wir, nach Daglfing oder China. Habe mir jede Menge Bauland dort angesehen. Günstig! Und dankbare Fans!« »Bitte nicht! Die Stadt braucht den FC Bayern, ich meine, das ist doch nicht der FC Daglfing oder…« »Dann seht zu, daß die Anwohner Ruhe geben. Gebt uns das angrenzende Bauland und halbiert die Pacht auf 3500 Mark. Teuer genug.« »Geht klar, mein Präsident.« »Plus elf Pipelines zur Paulaner-Abfüllerei. Standleitungen!« »Jawohl, mein Kaiser.« Die Umzugs-Verhandlung fand unter Ausschluß des Stadtrats statt.

»Franz muß es machen. Er hat Großartiges für den Fußball geleistet und könnte seine Karriere als FIFA-Präsident krönen.«

Recht gesprochen, Pele, wenn auch in »Focus«. Er muß, der Kaiser! Allein schon krönungshalber. Was macht er denn schon? Ein paar Teilzeitjobs, sonst nix: Präsident des FC Bayern. Opel-Repräsentant. Adidas-Partner. ufa-Mitarbeiter. Bild-Kolumnist. Premiere-Kommentator. Warsteiner-Werber. Golfkönig von Kitzbühel. Boß der Beckenbauer-Stiftung. Er muß. Unbedingt.
P.S.: Einen ganz schlauen Vorschlag hat soeben der sächsische CDU-Bundestagsabgeordnete Wolfgang Dehnel unterbreitet. Beckenbauer solle ein neu zu schaffendes Sportministerium leiten. »Er wäre natürlich ein idealer Minister.« Natürlich – auch ein prima Papst, Blüm-Nachfolger, Dalai Lama, Greenpeace-Boss, UNO-Generalsekretär, Kaiser von China und was sonst noch alles.

»Odin, Odin!«

Mario Basler ruft gern nordische Götter an, zum Beispiel beim Boccia-Spiel im Trainingslager. Lexikon sagt: Meister der Zauberei, Gott der Krieger, hoch zu Roß, Raben als Begleiter. Odin Basler jetzt im Feldzug gegen Vogts: Stammplatz oder Rücktritt. Zurücktreten, Mario? Schritt nach hinten ist möglich nur aus festem Stand.
Wo aber steht Mario wirklich? Manchmal neben sich, keinesfalls fest im Nationalteam. Das wüßte Berti. Wer nicht steht, kann nicht zurücktreten. Kapiert, Krieger? Rücktrittsgesuch abgelehnt! Weiterspielen, Odin, und runter vom Roß!

»Man weiß ja, daß in Italien netto für brutto bezahlt wird.«

Derzeit, schwört Torwart Oliver Kahn noch, zähle für ihn allein der FC Bayern. Zahlen aber will ihn künftig der AC Mailand. Und zwar rein, deutlich (italienisch = netto). Was sagt das Wörterbuch zu seinem Bayern-Gehalt? Brutto = häßlich, schlecht. Tutto claro, Olli: Hände weg von der schmutzigen Kohle, ab zu den sauberen Brüdern nach Mailand und ordentlich abzocken.

»Macht so etwas ein Softie?«

Diesmal liebe Grüße an die Family und ein dickes Lob! Haben vom Zwischenfall im Stuttgarter Clan gehört. VfB-Libero Verlaat riß einem Reporter die Brille von der Nase, zertrampelte sie und fragte den Reporter: siehe oben. Der hatte ihn liebevoll Softie genannt – das gefiel Verlaat aber nicht. Wie friedlich ertragen dagegen die Bayern alle Gemeinheiten! Matthäus legte einmal einen toten Aal in das Bett eines »Bild«-Reporters – eher harmlos. Aber, Achtung Brillenträger, bald kommt Softie Elber. Wird er VfB-Sitten einführen? Wird uns Scholl am Ohr zupfen, Basler die Zigarette im Gesicht ausdrücken, Kahn mit Bananen bewerfen, Klinsmann sein Lächeln entziehen? Und Elber – man weiß ja: Mit kaputten Brillen begnügen sich wütende Südländer nicht. Deshalb gleich vorweg: Wir haben dich gaaanz lieb, Giovane!

»Mario Basler hat seinen Kulturbeutel vergessen.«

Uns treibt angesichts der »Bild«-Meinung aus dem Trainingslager die Frage um: Was ist drin im Kulturbeutel? Eine Schachtel Marlboro? Fischermenz Frenz? Goldkettchen zum Wechseln? Airisch Moos? Pappnase für Faschingsnotfälle? Oropax, weil Lothar so schnarcht? Sonnencreme von Erdal?
Der ehrliche Finder des Kulturbeutels wird sich freuen: Er darf mit Mario auf ein Bier ins Theater.

»Daum ist der richtige Mann für die Bayern.«

Sagt Eike Immel, bald Torwart bei Waldhof Mannheim. Denn Daum »holt mehr aus einer Mannschaft raus als jeder andere«. Und wie! Gerade hat der Trainer in »Focus« seine neueste Taktik verraten: »Überleg' mal«, sagt Daum zum Fußballer, »deine Mutter wäre jetzt hier und würde dir über die Schulter schauen.« Ein Hinweis auf die Mutter reiche meistens schon, »um gestandene Profis nachdenklich zu stimmen«. Großartig, das bringt die Family zur Räson. »Lothar«, wird Daum den Matthäus warnen, »soll ich Mama erzählen, daß du wieder den Jürgen geärgert hast?« Da könnte nicht mal mehr Papa Franz helfen. Der, längst zum Kaiser gekrönt und unantastbar, kennt über sich ohnehin nur eine irdische Instanz: Mutter Antonie von Giesing.

»Bayern schießt sich für St. Pauli warm«

Dies überliefert einfühlsam der Sportinformations-Dienst am Sonntagnachmittag nach dem 5:2 der Münchner Helden über den Regionalligisten Borussia Fulda. Sonst nichts. Nicht eine Gefechtsmeldung von der Familienfront. Kein raufender Mehmet? Kein rauchender Mario? Kein Anruf aus Mailand für Ziege und Olli, nicht mal einer vom Stamm-Italiener? Klinsi und Loddamaddäus? Auf ewig vereint wie Rizzi und Telli, alles eitel Sonnenschein. Jessas, s'wird doch am End' nix passiert sein?

»Ich gebe keine Interviews, nein, auch nicht für den Kinderfunk.«

Dabei wollte der Bayerische Rundfunk von Mehmet Scholl doch nur wissen, ob er ein

guter Schüler war, da die Zwischenzeugnisse drohten. Nicht traurig sein, liebe Kinder, uns liegen die Zeugnisse vor. Erste Klasse: Mehmet muß eine Brille tragen wegen Sehmuskelschwäche. Sein bester Freund ist ein Hase. Elfte Klasse sitzengeblieben: Französisch und Latein. Mehmet ist der beste Knutscher von ganz Karlsruhe. 13. Klasse: Abitur mit 2,4.
Na bitte: Non scholae, sed vitae discimus. Frei übersetzt für Mehmet: Nicht in der Schule, in der Disco spielt das Leben.

»Ich mache den Job nicht gut, es ist ein Fulltime-Job, und ich habe keine Zeit.«

Brautvater Franz ist zerknirscht. Er hat keine Zeit, und auch Loddamaddäus kann sich »nicht um alles kümmern«, wie er allen mitteilt. Aber wer hat dann Zeit? Trapper Toni büffelt Vokabeln, Uli bewacht die Kasse, Olli den Kraftraum und Scholli die Theke. Der Rest konzentriert sich voll auf die Rückrunde.
Das ist gemein. Keiner hat Zeit, ausgerechnet jetzt, da Mario seinen Manager Wittmann ehelichen will: »Mein einzig wahrer Freund. Ich kann mir ein Leben ohne ihn nicht mehr vorstellen«, bekennt er gerührt. Ob die Hochzeit ins Wasser fällt?

»Wir können uns nur selbst schlagen.«

Ist das wörtlich gemeint, Mario? Also so richtig mit Selbstgeißelung zur Vergebung der Sünden? Na, da wär' aber schön was los an der Säbener Straße. Halt ein, Mario! So schlimm war das alles auch wieder nicht. Ein bißchen Fasten reicht schon zur Läuterung. Marlboro ausdrücken, Mineralwasser statt Weißbier – dann schlägt euch keiner mehr.

»Wir wollen Deutscher Meister werden, wir wollen am Saisonende als die Nummer eins Deutschlands zurück in die Champions League.«

Nur wer große Ansprüche stellt, kann Großes leisten. Geht klar, Papa Franz. Damit verneigen auch wir uns vor dem Kaiser (können aber nicht versprechen, die Sache im Falle ausbleibenden Erfolgs in Meisterschaft und Champions League auf sich beruhen zu lassen).

SPIELTAG 18

FC St. Pauli

Beim souveränen Sieg zelebriert der FC Bayern sein neues Wir-Gefühl

Nach dem Abpfiff offenbarte Christian Ziege ein unbestechliches Erinnerungsvermögen. »Heute können die Zuschauer erstmals zufrieden nach Hause gehen«, verkündete Bayerns Linksverteidiger nach dem 3:0 (1:0)-Sieg über den FC St. Pauli, entsann sich dann aber doch, weil auf die gesamte bisherige Saisonleistung reflektierend, einer weiteren Sternstunde hemmungsloser Münchner Schaffenskraft: »Außer nach dem Leverkusen-Spiel in der Hinrunde letztes Jahr, das war auch okay.«

Okay also die Heimspiele Nummer zwei und neun. Das verbleibende Gros der bisherigen Darbietungen indes zwischen Zufall und Zumutung schwankend? So darf man das nicht sehen. Schließlich fand die Renaissance der bayrischen Ballkunst pünktlich zum Rückrundenauftakt statt, mithin zu einem sinnstiftenden Zeitpunkt: So wird's nun weitergehen, das dringend erforderliche »Selbstvertrauen« (Ziege, Klinsmann u. a.) ist nämlich wieder da. Mit der moralischen Auferstehung einher ging an diesem schmuddeligen Nachmittag vor nur 33 000 Zuschauern auch die Entdeckung eines neuen Wir-Gefühls. Jedenfalls entdeckten dies die Medienschaffenden, die mit brennender Ungeduld den bislang unbehandelten Themenkomplex Harmonie im Starensemble aufzubereiten versuchten. Die Bayernakteure hätten einander auf dem Platz angefeuert, ihre Torfreude exzessiv im Kollektiv ausgelebt und überhaupt einen viel netteren Umgang miteinander gepflegt als bisher – »na gut, klar«, bestätigten jene mit wissendem Grinsen und verwiesen auf die konfliktfreie Winterpause, hüteten sich jedoch davor, weiterreichende Erklärungen zur frisch erblühten Sportskameradschaft abzugeben. Schließlich stand schon am folgenden Mittwoch im DFB-Pokalviertelfinale beim Karlsruher SC die erste Beweisaufnahme an – und Pokalpleiten, da irreparabel und besonders peinsam, vermochten schon manche Männerfreundschaft auszuhebeln.

Vorerst und offiziell wurde an mögliche Rückschläge kein Gedanke verschwendet. Dafür bestand auch wenig Anlaß nach der ansehnlichen Leistung gegen die Hamburger.

»Wir haben eine kleine Lehrstunde erhalten«, erklärte St. Paulis vielbeschäftigter Torhüter Klaus Thomforde, »eine Lektion, auf welchem Niveau man spielen kann.«

Das hatte er richtig beobachtet. Ein Klassenunterschied war phasenweise erkennbar, aber auch, daß St. Paulis Kicker die Meßlatte nicht allzu hoch gelegt hatten. Denen brandete in der Schlußminute Applaus vom eigenen Anhang entgegen, als es ihnen gelang, das Eckstoß-Verhältnis auf eins zu zehn zu reduzieren. Der Ehren-Eckball segelte dann ohne zwingende Inspiration ins Aus, man schien schon aus der Übung.

Unbehagen auf der Reservebank – Ruggero Rizzitelli wartet auf eine neue Chance

Aufstellung:
FC BAYERN: Kahn; Matthäus (33. Nerlinger), Babbel, Helmer, Hamann, Basler (70. Witeczek), Strunz, Scholl (70. Kuffour), Ziege, Klinsmann, Zickler
FC ST. PAULI: Thomforde; Dammann, Pedersen (78. Bochtler), Stanislawski, Driller, Trulsen, Scherz, Eigner, Pröpper, Springer (46. Scharping), Pisarew (61. Emerson)

Torfolge: 1:0 Klinsmann (28.), 2:0 Helmer (53.), 3:0 Klinsmann (75.)

Schiedsrichter: Fleske (Schönow)

Gelbe Karten: Ziege, Scherz (2)
Zuschauer: 33 000

Ein wiedererstarkter Mehmet Scholl im erfolgreichen Zweikampf gegen St. Paulis Bernd Eigner

Gewiß, zwei echte Torchancen hatten die Hamburger auch, doch das war lange her: Nach zwei Minuten stolperte Pisarew einen Rückpaß von Scherz in Kahns Arme, und eine Viertelstunde später war es Dammann, der Scherz' präzise Flanke freistehend aus zwölf Metern über Kahns Gehäuse drosch. Das zeigte nebenbei, daß sich der neue Tatendrang eher allmählich ins Bayern-Spiel schlich, genaugenommen nach 33 Minuten: Strunz bediente nach energischem Antritt Zickler auf der rechten Seite, der wich von seiner Gewohnheit ab, aus jeder Lage aufs Tor zu schießen und lenkte den Ball vor die Fußspitze des heranstürmenden Klinsmann – 1:0, alles in Butter.
Nur für Matthäus nicht, der mit geprelltem Oberschenkel das Feld räumen mußte. Helmer übernahm die Rolle des Kapitäns und Liberos. Doch weil ihm Strunz, der überragende Ballverteiler im zentralen Mittelfeld, auch die Defensivarbeit weitgehend abnahm, fand er Kraft und Zeit, am Torschußtraining teilzunehmen: Einen Abpraller aus dem Gäste-Strafraum versenkte er nach Seitenwechsel mit dem ungeübten rechten Fuß zur frühen Entscheidung (53.). Flott kombinierten die Bayern nun gegen der Gäste gelockerten Abwehrverbund, Basler und Scholl räumten das Feld ohne Groll für Kuffour und Witeczek, und Torwart Thomforde erfuhr einige weitere Lektionen – etwa die, daß man bei Lattenschüssen von Nerlinger (67.) über eine zusätzliche Verankerung des Gehäuses im Erdreich nachdenken sollte, oder jene, daß man besser die Beine schließt, wenn einen die Vorderleute schmählich im Stich lassen und Klinsmann plötzlich allein heranprescht (75.) – Thomforde grätschte ihm entgegen, und der Bayern-Stürmer wählte mitleidlos den kürzesten Weg ins Tor zum 3:0.
Klar, daß Manager Uli Hoeneß »sehr, sehr zufrieden« war. »Läuferisch und spielerisch« Überzeugendes geboten hätte das Personal, was auch dem Präsidenten zu wünschen war, der sich unterdes im Golfspiel übte, fernab im sonnigen Südafrika. »Wenn man gemein sein will, würde ich sagen, er soll immer wegbleiben«, fiel Ziege zu Beckenbauers Abwesenheit ein, aber das war natürlich scherzhaft gemeint. Die harmonische Leichtigkeit wird schon nicht gleich verpuffen, wenn der gestrenge Übervater den Beobachterposten auf der Ehrentribüne wieder eingenommen hat.

Spruch der Woche

»Geil – alle hassen uns.«
(Mario Basler)

1. Platz

DFB-Pokal

»Berlin, Berlin – wir fahren nach Berlin«, heißt der deutsche Pokalschlager seit einigen Jahren. Die Bayern hatten sich vorgenommen, diesen Hit gleich zweimal zu singen: einmal ganz am Anfang des Wettbewerbs, und dann wieder vor dem Finale. Die Auslosung hatte sie in der ersten Runde in die Bundeshauptstadt verschlagen, wo sie auf den Amateurligisten Tennis Borussia trafen.

Manager Uli Hoeneß dachte allerdings eher an den kommenden Juni, wo Berlin wieder Gastgeber des Endspiels sein sollte, als er seine Männer zu erhöhtem Engagement auch in diesem Wettbewerb aufforderte: »Wir müssen unseren Fans auch im DFB-Pokal mal wieder ein richtiges Fest bieten.«

In den Jahren zuvor nämlich waren die Münchner, die in den Achtzigern beinahe ein Abonnement auf den Cup hatten, zumeist sang- und klanglos ausgeschieden. Gegen die Berliner Amateure aber gaben sie sich keine Blöße, Tore von Strunz, Nerlinger und Scholl sorgten für einen standesgemäßen und ungefährdeten 3:0-Sieg.

Die zweite Runde platzte mitten in die tiefste Krise des Münchner Millionenklubs. Am Wochenende zuvor hatten sie beim 0:3 in Bremen die schockierendste Niederlage der Bundesliga-Saison bezogen, das Verhältnis der Meinungsführer Matthäus und Klinsmann war trotz gegenteiliger Beteuerungen nachhaltig zerrüttet, und Vizepräsident Karl-Heinz Rummenigge beklagte

Keine Chance für den Regionalligisten Tennis Borussia Berlin: Nerlinger bejubelt sein Kopfballtor, der geschlagene Berliner Torwart Tomaschewski hebt abwehrend die Hand

ein offensichtliches Hierarchie-Problem innerhalb des Teams.
Für den verletzten Kapitän Lothar Matthäus ergriff in dieser Situation Thomas Strunz die Initiative und lud die Kollegen zu Käse- und Schinkenbrötchen in sein Haus ein. Dort warfen sich die Akteure gegenseitig ein paar unangenehme Wahrheiten an den Kopf und beschlossen, sich fortan als Einheit zu präsentieren.
Das fand vor dem Anpfiff zum Pokalkick gegen Borussia Mönchengladbach auf dem Bökelberg seinen Ausdruck in der Bildung des »Kreises«, in dem Ersatzkapitän Klinsmann ein paar beschwörende Formeln sprach. Die Geste, die einst unter Sepp Herberger als moralische Hilfestellung erfunden worden war, »sollte ein Zeichen setzen für uns«, wie Strunz erklärte.
Ein Ausrufezeichen setzte National-

spieler Strunz dann gleich selbst, indem er nämlich die 1:0-Führung der Borussia durch Neun nach 28 Minuten persönlich egalisierte. Von nun an deuteten die Bayern an, daß sie ihre Berufsgrundlage – rennen und kämpfen – noch nicht vergessen hatten. Am Ende wollte Trainer Giovanni Trapattoni sogar »großen Fußball von beiden Mannschaften« gesehen haben, doch das war vielleicht ein wenig zu euphorisch. Vielmehr handelte es sich um einen grundsoliden, abwechslungsreichen und auch spannenden Pokalfight, der ein kleines bißchen an die großen Duelle der siebziger Jahre zwischen Borussia und den Bayern erinnerte. Fünf Minuten vor Schluß hatte Alexander Zickler einen großen Auftritt und schoß sein Team zum durchaus verdienten 2:1 in Führung.
»Wichtig war nicht, daß wir gewonnen haben, sondern das Wie«, lobte Rummenigge, warnte aber davor, das Erreichen der Etappe schon als Bewältigung des ganzen Weges zu betrachten. Denn die Schwächen waren bei kritischer Sicht nicht zu leugnen. Jürgen Klinsmann glänzte zwar als Vorbereiter, traf vor dem Tor aber nur Bahnhof, Babbel, Hamann und Zickler blieben rund 50 Prozent unter ihren Fähigkeiten, und der einst so quirlige Mehmet Scholl schleppte die Zentnerlast einer privaten Krise über den Platz. Nein, befand Thomas Strunz, der vielleicht kritischste Kenner des Innenlebens der Mannschaft, »das war ein Anfang, aber noch lange nicht das Non-plus-ultra.«
Ein gnädiges Pokal-Schicksal wies den bajuwarischen Streithanseln in der dritten Runde die Chance zur endgültigen Rehabilitierung zu: den SV Werder Bremen, Verursacher

Befreiter Jubel von Jürgen Klinsmann nach dem überzeugenden 3:0-Erfolg gegen Werder Bremen, mit dem die Bundesliga-Schlappe ausgemerzt wurde. Klinsmann selbst durfte sich besonders freuen, hatte er doch mit zwei Treffern zum Erfolg seiner Mannschaft beigetragen

Winnie Schäfers spielentscheidender Coup: Mit dem Einsatz des kaum genesenen Spielmachers Thomas Häßler stärkte er nicht nur das Selbsbewußtsein seiner Mannschaft, sondern hatte quasi einen Mann mehr auf dem Feld, da die Bayern-Spieler den rekonvaleszenten Nationalspieler nicht hart zu attackieren wagten

des anhaltenden Stimmungstiefs. Die Hanseaten erlitten im Münchner Olympiastadion gleich einen doppelten k.o. Der wochenlang von Torhemmung befallene Jürgen Klinsmann traf zweimal, Christian Ziege besorgte den Rest zum 3:1. Nach 81 Minuten, als die Partie längst entschieden war, mußte Andreas Herzog, der zu Saisonbeginn vom FC Bayern an die Weser zurückgekehrt war, endgültig einsehen, daß München kein Pflaster für ihn ist. Ein gewaltiger Schuß von Lothar Matthäus krachte aus drei Metern Entfernung gegen Herzogs Kopf, der Bremer Spielmacher fiel mit starrem Blick zu Boden und wurde anschließend sofort ins Krankenhaus gebracht. Dort stellten die Ärzte eine schwere Gehirnerschütterung fest.
»Ein schlimmer Unfall«, entschuldigte sich der erschrockene Matthäus, »das tut mir sehr leid.«
Fast genau so leid tat sich Mario Basler selbst. Wieder einmal war der ehemalige Bremer von Trapattoni vorzeitig unter die Dusche geschickt worden, zum neunten Mal in neun Pflichtspielen der Saison. »Nur in einem Testspiel durfte ich durchspielen – aber das ist für `ne Bratwurst«, beklagte sich der exzentrische Flankengeber. »Ich kann das nicht gutheißen, so geht's nicht weiter.« Statt der erhofften Harmonie hatten die Bayern also wieder einmal heftigen Krach.
Doch der konditionsschwache Kettenraucher fand keine Unterstützung im Verein. »Wenn Trapattoni Basler schonen will, ist das sein gutes Recht«, beschied Präsident Beckenbauer lakonisch. Und Trapattoni regte sich lauthals über seinen beleidigten Star auf: »Ich habe schon bessere Spieler ausgewechselt«, fauchte er – und beendete den Streit, ehe er so richtig begonnen hatte.
Seinem Ziel wähnte sich Manager Hoeneß nun schon sehr viel näher. Nur noch zwei Spiele, so lautete seine Rechnung, dann geht die Reise ab nach Berlin. Zuvor aber mußten seine Bayern noch zum Viertelfinale in Karlsruhe antreten, wo sie schon einige Male böse unter die Räder gekommen sind.
Doch diesmal wiegten sie sich in trügerischer Sicherheit; denn KSC-Trainer Winfried Schäfer hatte seine halbe Mannschaft als grippekrank gemeldet, und Regisseur Thomas Häßler befand sich nach einem Beinbruch erst seit ein paar Tagen wieder im Training. Mit seinem Einsatz rechnete niemand – vor allem die Bayern nicht. Als der kleine Ballzauberer 88 Tage nach der

Jubel in der Karlsruher Mannschaft, nachdem der überragende Thorsten Fink das goldene Tor für seine Mannschaft erzielt hatte. Winnie Schäfer mag die Leistung des Torschützen noch gereut haben, denn sie stärkte die Begierde der Bayern, Fink neben Tarnat ihrem Kader einzuverleiben

Knöchelfraktur aber doch auflief, ließ frenetischer Jubel das Wildparkstadion erzittern. Mit diesem Überraschungscoup hatte Schäfer seiner Elf sozusagen eine Psychodroge verpaßt.

Die Münchner mieden den Spielgestalter im Zweikampf offensichtlich. Es schien, als hätten sie Angst, Häßler eine erneute Verletzung zuzufügen. Nur Torhüter Kahn zeigte die schon fast gewohnte Weltklasseform, aber gegen den KSC-Führungstreffer von Thorsten Fink (»Ich war gerade frei, hab' halt einfach draufgehalten«) war auch er machtlos.

Die spielerisch gleichwertigen, aber kämpferisch deutlich unterlegenen Meisterkicker Trapattonis mußten sich zuletzt sogar bei ihrem Schlußmann bedanken, der allein eine Erhöhung des Resultats mehrmals verhinderte.

Die größte Möglichkeit zum Ausgleich vergab kurz vor dem Abpfiff Christian Ziege, der »am liebsten im Boden versunken« wäre. Der gebürtige Berliner war über sein Versagen beim Torschuß kaum zu trösten: »Ich bin brutal enttäuscht, ich wollte mich mit einem Pokalsieg in Berlin vom FC Bayern verabschieden.«

Noch wütender als Ziege war nur Uli Hoeneß nach dem 0:1: »Das Aus ist katastrophal für unser Image.«

Die bekannte Zeile »Berlin, Berlin – wir fahren nach Berlin« kann der ehrgeizige Erfolgsmensch erst im kommmenden Jahr wieder anstimmen. Wie stets aber trägt das Negative auch einen positiven Kern in sich. Denn dank der Pokalpleite von Karlsruhe konnten sich die Bayern voll auf die Meisterschaft konzentrieren.

Die Geste von Trainer Giovanni Trapattoni spricht Bände: Wieder einmal hatte seine Mannschaft seine Anweisungen nicht umgesetzt und gegen einen vermeintlich schwächeren Gegner eine blamable Niederlage kassiert

SPIELTAG 19

VfL Bochum

Frühlingserwachen in Bochum

Am Düsseldorfer Flughafen kennt man sie schon. Samstags gegen sieben pflegt dort der Troß des FC Bayern nach Reisen in den Fußballwesten die Lufthansa-Maschine Richtung Süden zu besteigen. Unwissende allerdings könnten die jungen Leute in ihren schnieken dunkelblauen Cerruti-Anzügen mit den roten Krawatten und dem Handy am Ohr leicht mit einer Gruppe von Yuppie-Managern verwechseln. Aber auch einem Ahnungslosen dürften die Fragezeichen in den Gesichtem nicht entgangen sein, die auf einen nicht eben erfolgreichen Geschäftsgang schließen ließen.

Zwei Stunden zuvor hatten die Ratlosen noch in kurzen Hosen einen in der Tat unbefriedigenden Wochenabschluß erlebt, mit Einbußen auf dem Punkte- und Gehaltskonto. Im Pokal am vergangenen Mittwoch mit schmerzlichem Imageverlust ausgeschieden, waren sie mit hehren Vorsätzen ins Revier gekommen, um den Verlust wettzumachen. Doch das 1:1-Resultat gegen das phantasievolle Aufsteigerteam des VfL Bochum stimmte niemanden fröhlich. Verstimmt brummelte Jürgen Klinsmann etwas von »zwei verlorenen Punkten« und der »verpaßten Gelegenheit, auf fünf Punkte davonzuziehen« vor sich hin.

Einen solch beruhigenden Abstand hätten die Münchner in der Tat zwischen sich und die Verfolger legen können nach der denkwürdigen 0:2-Schlappe von Borussia Dortmund beim Tabellennachzügler Düsseldorf tags zuvor. Gelegenheit dazu bot sich reichlich, allein innerhalb von 15 Minuten, zwischen der 59. und 74. Minute, erspielten sie sich sieben Tormöglichkeiten, von denen lediglich Klinsmann eine nutzte.

Wie häufig war auch diesmal eine kalte Dusche nötig, um die Bayern richtig warm werden zu lassen. In der Regel liefern sie ihre besten Spiele nach Niederlagen; diese erinnern sie eindrucksvoll an ihre beruflichen Pflichten, die aus Rennen, Kämpfen und Spielen bestehen. Als der Bochumer Abwehrchef Thorsten Kracht (29), den der anwesende Bundestrainer Berti Vogts als »Mann mit Zukunft« bezeichnete, im 36. Bundesligaspiel sein erstes Tor erzielt hatte, drehten die

Klinsmanns Blitzstart in die Rückrunde

Sportdirektor Rummenigge sang in Bochum das Hohelied auf den Torschützen. »Nicht nur wegen seines Treffers war er heute der überragende Mann. Jürgen ist in erstklassiger Verfassung, spritzig und spielfreudig.« Es scheint, als hätten die Bayern den Wert des blonden Stürmers wiederentdeckt, seitdem Klinsmann seinem Abschied zum Saisonende andeutete. Fünf Tore hatte er in der Hinserie bei 18 Spielen gemacht, in die Rückrunde startete er mit drei Treffern in zwei Begegnungen. Der Appell an die Kollegen, ihn ins Spiel einzubeziehen, schien Früchte zu tragen. Weil er von seinen Mitspielern gesucht wurde, hatte Klinsmann in Bochum wieder Spaß und persönlich Erfolg. »Ob ich am Ende zehn oder zwanzig Tore gemacht habe, ist mir scheißegal, wenn wir Meister werden. Ich will nur die Schüssel in der Hand halten.«

Aufstellung:
VfL BOCHUM: Gospodarek; Waldoch, Kracht, Reis, Wosz, Tapalovic, Stickroth, Közle (77. Michalke), Schreiber (69. Mamic), Baluszynski, Donkov (58. Jack)
FC BAYERN: Kahn; Matthäus, Babbel, Kuffour, Basler, Hamann, Strunz, (75. Nerlinger), Scholl, Ziege, Zickler (85. Jancker), Klinsmann
Torfolge: 1:0 Kracht (55.), 1:1 Klinsmann (65.)
Schiedsrichter: Heynemann (Magdeburg)
Gelbe Karten: Schreiber, Stickroth, Kuffour
Zuschauer: 36 344

Ein sehenswertes Tor: Jürgen Klinsmann schießt den Ausgleich für den FC Bayern

Münchner so auf, wie es einem europäischen Spitzenensemble geziemt: Frühlingserwachen. Höhepunkt des Spektakels war der Ausgleichstreffer, den Mario Basler mit einem brillanten Solo einleitete. »Wenn der mal im Laufen ist, dann rennt er auch durch eine Wand«, stellte VfL-Tormann Uwe Gospodarek staunend fest. Baslers präzise Flanke köpfte Zickler punktgenau zu Klinsmann, dessen Linksschuß Gospodarek zum einzigen Mal überwand. Anschließend vergab vor allem der eigensinnige Scholl den Sieg, weil er selbst schoß, statt den Ball dem freistehenden Kollegen Klinsmann zu servieren, wie schon vor der Pause. »Ich mache ihm keinen Vorwurf«, entschuldigte ihn Trainer Giovanni Trapattoni, »Mehmet will unbedingt ein Tor machen, weil er in der Kritik steht.« Nach dem Fußballfeuerwerk des 1:1 stellten die Bayern ihre Bemühungen weitgehend ein und schaukelten das Remis clever über die Zeit. »Ärgerlich« fand Jürgen Klinsmann die ruhigere Gangart und unverständlich, »daß wir das nicht fortgesetzt haben und uns wieder zurückfallen ließen«.
Vermutlich hatte das seine Ursache im gehörigen Respekt vor den Bochumern. »Keine schlechte Mannschaft« befanden Vize Rummenigge, Manager Hoeneß und Assistent Augenthaler unisono – in der Fußballersprache ein nahezu überschwengliches Lob. Das hat sich der Aufsteiger dank seines starken Auftritts auch redlich verdient. Dem fixen Spielmacher Dariusz Wosz zuzuschauen, macht Freude. Mit seinem Gefühl für Ball und Raum setzte er der durchaus sattelfesten Münchner Abwehr um den glänzenden Libero Lothar Matthäus mächtig zu. So kam eines der besten Bundesligaspiele dieser Saison heraus, wie Uli Hoeneß meinte.

Noch ansehnlicher wäre die Partie geworden, hätte sich etwa Mario Basler in der ersten Hälfte nicht ein ausgedehntes Päuschen gegönnt. In Anbetracht der Urlaubsgelddebatte in der Bundesliga genehmigte sich der schnelle Mann auf rechts einen 45minütigen Vorschuß auf Ferien vom Ich, beeindruckte später jedoch unter hartnäckigem Verweigern jeglicher Defensivarbeit durch etliche Blitzeinfälle in der Offensive. Um so intensiver werkelte Thomas Strunz, der eine makellose Leistung bot. Als zentraler Mittelfeldmann entwickelte er ungeahnte Regisseurqualitäten.

Spruch der Woche

»Dortmund und Leverkusen sind nicht weit weg. Erzwingen können wir den Titel nicht.«
(Präsident Franz Beckenbauer)

1. Platz

SPIELTAG 20

MSV Duisburg

Ein klarer Sieg – doch wo steht der FC Bayern?

»Das war ein Debakel«, schimpfte MSV-Trainer Friedhelm Funkel nach dem Schlußpfiff. »So eine schwache Leistung habe ich noch nie erlebt. Das wird auf jeden Fall Konsequenzen haben.«

Sollten die Spieler des FC Bayern ihren Kollegen vom MSV Duisburg noch einmal in der obersten Fußballklasse begegnen, wäre es nett, wenn sie ein paar Autogrammkarten verteilen würden. An jenem ersten Samstag im März mußte die Fan-Aktion leider ausfallen. Dafür aber zeigten die Münchner Kicker den ehrfürchtig staunenden Zaungästen aus dem Revier ein paar Kostproben ihrer hochdotierten Künste. Eine gute Stunde lang währte die einseitige Vorführung, dann hatten die Bayern unter tatkräftiger Mithilfe ihrer Duisburger Eleven einen komfortablen 5:0-Vorsprung herausgeschossen und dösten dem Schlußpfiff entgegen. Mario Basler hatte nach drei Minuten die Führung besorgt, und die leichtfüßige Art, wie er zwei Gegner umkurvte und aus gut zwanzig Metern ins Tor der Gastgeber traf, hinterließ eine traumatische Wirkung bei den Duisburgern. Man sei fortan völlig konsterniert gewesen, klagte MSV-Spieler Nijhuis und bewegte dazu die Hand vorm Gesicht wie einen Scheibenwischer. Als Baslers achter Eckball nach 25 Spielminuten die Stirn von Jürgen Klinsmann fand, war das Spiel entschieden. Für den Treffersegen nach der Pause sorgten trotz des Münchner Angriffschwungs nicht etwa zwingende Aktionen, sondern kuriose Fehler der Beteiligten: Zieges Drehschuß aus spitzem Winkel klatschte Torwart Gill selbst ins Toreck, das 4:0 war einem Abwehrversuch des MSV-Verteidigers Reiter zu verdanken, und nach dem fünften Tor, das aus Zieges unbekümmertem Zwanzig-Meter-Flachschuß resultierte, sprangen die verletzten Strunz und Scholl gar von der Bayern-Bank am Spielfeldrand und ahmten vergnügt die Pose des übertölpelten Duisburger Schlußmannes nach: bitte hier entlang ins linke Toreck.

Für das Ende der Vergnüglichkeiten sorgte wiederum Basler. Als Referee Kemmling den Bayern einen zweifelhaften Handelfmeter zusprach, verriet schon die legere Körpersprache des Schützen, daß aus dem halben Dutzend wohl nichts werden würde: Locker wie beim ZDF-Torwand-Schießen trabte Basler Richtung Kugel, und Keeper Gill tat etwas fürs Selbstvertrauen, indem er den Ball gegen den Pfosten lenkte. Basler wich daraufhin für Jancker, Trapattoni brachte auch Kreuzer und Münch ins Spiel, und die Bayern schalteten »unnötigerweise zwei Gänge zurück« (Klinsmann). Die beiden späten Anschlußtore durch Alfred Nijhuis störten aber allenfalls ein paar Fans, die gegen Ende der Partie tatsächlich noch anfingen zu pfeifen.

Am Ende stand ein Pflichtsieg des Tabellenführers, der eine günstige Gelegenheit versäumte, das eigene Torverhältnis gegenüber seinem Dortmunder Verfolger aufzubessern. Es sei Aufgabe des Trainers, für »volle Konzentration über 90 Minuten« zu sorgen, forderte Klinsmann ahnungsvoll.

Bayern-Coach Giovanni Trapattoni hatte den lockeren 5:2 (2:0)-Sieg seiner Mannen freilich ganz anders erlebt, als eine »Super«-Leistung

STATISTIK

Aufstellung:
MSV DUISBURG: Gill; Emmerling, Nijhuis, Reiter, Bicanic (62. Puschmann), Wohlert, Zeyer, Hopp (63. Steffen), Hirsch, Osthoff, Salou
FC BAYERN: Scheuer; Matthäus (67. Kreuzer), Helmer, Kuffour, Basler (72. Jancker), Hamann, Nerlinger, Witeczek (76. Münch), Ziege, Klinsmann, Zickler
Torfolge: 1:0 Basler (3.), 2:0 Klinsmann (26.), 3:0 Ziege (48.), 4:0 Reiter (53. Eigentor, 5:0 Ziege (59.), 5:1 Nijhuis (72.), 5:2 Nijhuis (83.)
Schiedsrichter: Kemmling (Burgwedel)
Gelbe Karten: Osthoff, Zeyer, Hopp
Zuschauer: 39 000

»Super-Mario« Basler jubelt über seinen Treffer, der den Torreigen der Münchner eröffnete. Matthäus freut sich mit ihm

nämlich, die endlich ein kollektives Selbstvertrauen, etwa für die kommende Auswärtsaufgabe in Leverkusen, schaffen sollte.
Sehenswert war die einstündige Darbietung der Münchner sicherlich. Eine verläßliche Leistungsanalyse fiel trotzdem nicht leicht, weil das Mitwirken einer gegnerischen Mannschaft lange Zeit nur an ein paar blauweißen Farbtupfern auf dem Spielfeld erkennbar war.
So war es nur folgerichtig, daß es die von Funkel geforderten Konsequenzen vor allem in München gab, und zwar in punkto Selbsteinschätzung. Schon einmal, es war gerade erst zwei Wochen her, hatten die Bayern einen verschüchterten Fan-Klub aus der unteren Tabellenregion vorgeführt. Nach dem 3:0-Sieg über einen FC St. Pauli, der sich erst in der Schlußminute den ersten Eckball zu erstreiten wagte, war das Standesbewußtsein derart angeschwollen, daß es schon vier Tage später zu einer fast zwangsläufigen Bauchlandung im Pokal-Viertelfinale beim KSC kam. Jener unselige Hang zur Selbstbetäubung war am Ende auch gegen die scheue Elf im Zebra-Dress erkennbar. Viel fehlte jedenfalls nicht, und Nijhuis und Steffen hätten noch auf 5:4 verkürzt. Die Bayern jedenfalls wiegten sich nach dem leichten Sieg in trügerischer Sicherheit – und erhielten am folgenden Spieltag prompt die Quittung.

Die »Baslerisierung« des FC Bayern

Vielleicht läßt sich die Befindlichkeit des Rekordmeisters in dieser Saison am anschaulichsten als »Baslerisierung« des FC Bayern umschreiben – schwankend zwischen Kunst und Hybris.
»Gott sei Dank hat der Basler geschossen«, hatte der Duisburger Nijhuis den lässig verschossenen Elfmeter kommentiert. »Der ging schon ein wenig überheblich zum Ball.« Als Basler daraufhin konsequenterweise ausgewechselt wurde, verließ er grußlos die Stätte. Die Geldstrafe in Höhe von 10 000 Mark, die ihm der Verein wegen seiner öffentlichen Trainerschelte auferlegt hatte, schien ihn nachhaltig zu kränken. Da konnte Trapattoni schmeicheln, wie er wollte. Basler habe »superschön« gespielt, schwärmte der Coach und offenbarte dabei eine bislang verborgene Fähigkeit zur Einzelkritik. Oder schwang da schon die Einsicht mit, daß es ein vergebliches Unterfangen sein würde, dem kunterbunten Münchner Ensemble die Individualität auszutreiben? Eine große Mannschaft konnte Trapattoni bis Saisonende nicht mehr formen. Zum Titelgewinn aber hat es gereicht – weil bald jeder in der Mannschaft so fest an die eigene Unerschütterlichkeit glaubt wie Mario Basler.

Spruch der Woche

»Ruh' dich aus, ich muß Fußball spielen.«
(Oliver Kreuzer zu seiner Frau Sibylle, die kurz vor dem Anpfiff entbunden hatte)

1. Platz

SPIELTAG 21

Bayer Leverkusen

Debakel in Leverkusen – Bayer wird zum großen Konkurrenten

Zwischen den überwiegend anthrazitfarbene Anzüge tragenden Ausstellern und schmalhüftigen Empfangsdamen vor den mit Kaschmirkleidern behangenen Ständern wirkten die Herrschaften in Trainingsklamotten auf den ersten Blick etwas deplaziert. In der Hotelhalle vor den Eingängen der zur Modemesse umfunktionierten Salons sammelten sich gähnende Profis des FC Bayern München zum morgendlichen Frühlingsspaziergang in Düsseldorfs Rheinpark. So stolz schauten sie aus der lässig geschnittenen Wäsche, daß man sie für die Schöpfer all der ausgestellten Sommerkollektionen halten mochte. Immerhin hatten sie am Abend zuvor im Leverkusener Haberlandstadion eine Weltneuheit präsentiert: die erste gewinnbringende 2:5-Niederlage der Fußballgeschichte. Offenkundig galt es, den entscheidenden Durchbruch auf dem Weg zum 14. Titelgewinn zu beklatschen.

»Wir haben bewiesen, daß wir ein Team sind«, jubelte ohne Ironie Oliver Kahn nach der Uraufführung. Zwar habe seine Mannschaft im Spitzenduell mit Bayer Leverkusen »komischerweise einstellungsmäßig nichts gebracht«, räumte er ein, seine Meilenstein-Theorie konnte das aber nicht widerlegen: »Ich kriege lieber mal irgendwo 'nen Fünfer, als wenn du nur eins-null verlierst. Da weiß man, was für einen Dreck man gespielt hat.«

Eine zweckdienliche Abreibung also mit drei opportunen Gegentoren schon vor der Pause (»alle aus fünf Metern Entfernung, da stehst du dumm rum«), aber am Ende wenigstens »nicht auseinandergefallen.« Warum so nachsichtig, Herr Kahn? Wer nach so einem Spiel die Öffentlichkeit an seinen Gedanken teilhaben lasse, zahle bestimmt nicht die vereinsüblichen 10 000

Wenig Loyalität zu seiner alten Wahlheimat München bewies der einstige Sechziger René Rydlewicz, als er Leverkusen 2:0 in Führung schoß

Hart zur Sache ging es noch in der turbulenten Schlußphase. Hier liefern sich Jens Nowotny und der eingewechselte Carsten Jancker einen akrobatischen Zweikampf

Mark Geldstrafe, »sondern 20000«, erläuterte Kahn.
So ein Spiel wie in der ersten Halbzeit hatte Präsident Franz Beckenbauer nämlich von einem FC Bayern

Aufstellung:
BAYER LEVERKUSEN: Heinen; Nowotny, Happe, Wörns, Rydlewicz (71. Meijer), Ramelow, Ze Elias, Nico Kovac (84. Robert Kovac), Heintze, Feldhoff (90. Kirsten), Sergio
FC BAYERN: Kahn; Matthäus, Babbel, Helmer, Basler, Scholl, Strunz (52. Witeczek), Nerlinger, Münch, Klinsmann, Zickler (64. Jancker)
Torfolge: 1:0 Sergio (5.), 2:0 Rydlewicz (37.), 3:0 Feldhoff (43.), 3:1 Nerlinger (64.), 3:2 Basler (71.), 4:2 Feldhoff (80.), 5:2 Feldhoff (84.)
Schiedsrichter: Steinborn (Sinzig)
Zuschauer: 22 500

»überhaupt noch nie gesehen«, und vor allem aus der Deckungsstrategie ist er nicht so recht schlau geworden: »Ich weiß nicht, ob überhaupt wer für irgendwen zuständig war.«
Giovanni Trapattoni begrüßte die Medienschaffenden mit einem düsteren »Guten Abend und gute Nacht«, und weil er als Übungsleiter für die Wahrheit nichts in die Mannschaftskasse einzahlen muß, analysierte der Italiener gemeinverständlich: »Wir haben begonnen wie in einem Freundschaftsspiel. Wenn wir dieses Spiel verstehen, wir können noch die Bundesliga suchen zu gewinnen. Aber wenn wir denken, als Bayern München spielen nur mit Violine, wir werden mit Sicherheit verlieren diese Bundesliga.«
Durchgehend andante fiedelte sein Streichorchester vor sich hin, glatt übertönt vom volkstümlich scheppernden Spielmannszug, den Christoph Daum dirigierte.
Der Trainer habe davor gewarnt, ließ Bayern-Libero Lothar Matthäus wissen. Um so erstaunlicher, daß man sich eigenmächtig so vollkommen überrumpeln ließ.
»Weiß der Teufel, warum wir nicht gegengehalten haben«, wunderte sich Abwehrmann Markus Babbel. »Wir waren wie von Sinnen« – und womöglich noch berauscht vom falsch bewerteten Einbahnstraßen-

Oben und rechts: Grund zum Jubeln hatten in dieser Partie nur die Roten. Mit ihrem überzeugenden Sieg qualifizierte sich die Werksmannschaft aus Leverkusen zum heißesten Verfolger der Bayern im Kampf um die Deutsche Meisterschaft

Der »Urwald« von Leverkusen

Das Leverkusener Ulrich-Haberland-Stadion zählt zu den engsten Arenen, in denen Bundesligaspiele ausgetragen werden. Freude kommt da nicht auf, jedenfalls nicht bei der Gastmannschaft. Auch dem der Platzangst gewiß unverdächtigen Keeper Oliver Kahn hatte es in der Enge des Leverkusener Kessels nicht besonders gefallen. »Wie im Urwald« sei er sich vorgekommen. »Bananen kamen geflogen und Kissen – da geht dir der Gaul durch.« Vollends aus dem Häuschen geriet er, als er auch noch mit Gelb bestraft wurde, nur weil er die Unordnung reklamierte: »Ist halt Scheiße, wenn im Fünfmeterraum 500 Sitzkissen liegen.«

kick beim 5:2-Sieg gegen Duisburg eine Woche zuvor.
Den Verdacht Bayern-typischer Selbstgefälligkeit erhärtete Thomas Strunz : »Wir wollten es nur spielerisch schaffen, da sind wir ja auch im Vorteil.« Nicht immer anscheinend. Bayer-Coach Christoph Daum weiß »nicht, welche Abwehr uns hätte aufhalten können, was sollten die Bayern machen«?
Ja, was tun? Daums Kollege Trapattoni machte den Eindruck eines Klassenlehrers, dessen Schüler nicht aufhören wollen, im Unterricht auf den Tischen zu tanzen. Oder hatte er etwa den Libero Matthäus angewiesen, sich immer dann im Mittelkreis aufzuhalten, wenn der Gegner in den Münchner Strafraum marschierte? Und dem früheren Leverkusener Markus Münch eingeflüstert, im Bayern-Trikot sei man im Haberlandstadion von jedweder Zweikampfarbeit entbunden?
Trapattoni schlug sich ein paarmal ans Ohr und erklärte: »Ich habe viele bekommen«, Backpfeifen nämlich im Verlauf einer eindrucksvollen Trainerkarriere. »Die Mannschaft muß mir glauben, meiner Erfahrung.« Der Chef flehte verzweifelt um ein bißchen Gehör. Unverdrossen wollte er »die Fehler des Spiels übersetzen«.
Doch was konkret war zu tun? Er konnte wohl am darauffolgenden Mittwoch bei Arminia Bielefeld den ausgeschlafeneren Carsten Jancker anstelle von Alexander Zickler von

Anfang an stürmen lassen. Und er konnte auch den Veteranen Matthäus wieder ins Mittelfeld verschieben, da zu allem Unglück auch noch Mehmet Scholl wegen erneuter Beschwerden am linken Spann und Thomas Strunz wegen eines Muskelfaserrisses ausfielen. Beide hatten vorzeitig die Heimreise antreten müssen, Strunz mit dem nicht sehr tröstlichen Hinweis: »In Bielefeld kann's wieder genauso laufen: ein Gegner, der marschiert, ein kleines Stadion …«
Strunz hätte auf die Bestätigung seiner Theorie bestimmt gern verzichtet, aber wären den Mitbewerbern nicht ebenfalls Mißgeschicke unterlaufen – der Rekordmeister hätte in diesen Märzwochen seine Titelchancen verspielt.
»Es wird ein ganz enges Ding bis zum letzten Spieltag«, schätzte der unermüdliche Titeljäger Kahn noch vor der Blamage bei der Arminia. »Auch Stuttgart ist wieder ein ernsthafter Mitbewerber.«
Dabei hatte er allerdings übersehen, daß sich die Bayern soeben beim eigentlichen Hauptkonkurrenten blutige Nasen geholt hatten.
Dabei hatte Leverkusens Trainer Daum, der zunächst mit dem Kampf um die Schale gar nichts zu tun haben wollte, nach dem triumphalen Beutezug unvermittelt Ambitionen signalisiert: »Wir haben es nicht für Dortmund gemacht.«

Spruch der Woche

»Hasenjagd.«
(Assistenztrainer Klaus Augenthaler auf die Frage, was in Leverkusen eigentlich gespielt wurde)

1. Platz

SPIELTAG 22

Arminia Bielefeld

Die Bayern stolpern auf der Bielefelder Alm

Aufstellung:
ARMINIA BIELEFELD: Stein; Silooy, Schäfer, Meißner, Bode (60. Brendesaether), Reeb, Maas, Breitkreutz (89. von Heesen), Maul, Reina (81. Fuchs), Kuntz
FC BAYERN: Kahn, Helmer, Kuffour, Kreuzer (46. Jancker), Basler, Nerlinger, Matthäus, Witeczek (78. Gerster), Ziege, Klinsmann, Zickler.
Torfolge: 1:0 Kuntz (10.), 2:0 Kuntz (29.)
Schiedsrichter: Dardenne (Nettersheim)
Gelbe Karten: Basier, Ziege, Kreuzer
Zuschauer: 22 512

Wenigstens die Flucht aus dem nebelverhangenen Teutoburger Wald gelang den berühmten Balltretern besser als den Römern, und sie war sogar standesgemäß. Ob bereits beim Start der gecharterten Maschine ein Gewitter aus bajuwarischen Flüchen losdonnerte?
Grußlos hatte die Führungsmannschaft der Millionarios in der flutlichtbestrahlten Nacht das Feld geräumt – Franz Beckenbauer mit dem Dauerlächeln, das immer wie in Stein gemeißelt erscheint und dann explodiert. Schon die Halbzeit kündete von Eruptionen in der präsidialen Seele. In knappen Sätzen enttarnte der doppelte Weltmeister seinen Trainer als taktischen Blindgänger und reduzierte seine Ansprüche auf beängstigendes Niveau: »Wenn wir so weitermachen, fürchte ich sogar um einen UEFA-Pokal-Platz.«
Am Donnerstag erschien Uli Hoeneß in Schwarz und erklärte, daß der Franz das nicht als Kritik gesehen habe. Ja, als was denn sonst? War Beckenbauer dem privaten Sender, dem er nebenberuflich kommentierend zur Seite steht, etwa nicht als Mephisto erschienen? »Wir haben einen hochqualifizierten, hochbezahlten Übungsleiter«, hatte er verraten, »der muß wissen, was er macht«. Aber daß »der Basler kein rechter Verteidiger« sei, sagte er schnell hinterher. Und über die rechte Verteidigungsseite der Bayern galoppierten die Arminen zum 2:0 Sieg. Dieses schlichte Angriffsverhalten hat in-

Trapattoni vergißt sogar seine Muttersprache

Der ran-Mann vom Bundesliga-Sender Sat 1 wollte höflich sein und formulierte seine Frage in geschmeidigem Italienisch. Ob es nicht schlimm für ihn wäre, daß sein Ensemble auch in Bielefeld ohne Herz aufgetreten sei? »Nein, nein«, krächzte Giovanni Trapattoni auf deutsch zurück. »Kann nicht sagen. Zu diese Zeitpunkt haben ein, zwei nicht die nötige Kondition.« Wie schlecht muß es einem Menschen gehen, wenn er seine Muttersprache vergißt? Ein, zwei Halbsätze noch ließ der Gentleman aus Mailand höflich im Kabinengang der Alm zurück, dann verschwand er im Luxusjet.

Auch Christian Ziege konnte den quirligen Giuseppe Reina nicht stoppen

Trotz dieser artistischen Einlage konnte Kreuzer den dynamischen Stefan Kuntz nicht halten

zwischen jeder Gegner zur Routineübung erhoben.
Und Basler bereitete beide Bielefelder Treffer vor: den ersten durch passives Verhalten, was Maul zur störungsfreien Präzisionsflanke veranlaßte, den zweiten, zugegeben, unglücklich, denn mit dem Gesicht lenkte er Reinas Schußversuch zu Kuntz weiter.
Am Beispiel von Sportkamerad Mario läßt sich trotzdem anschaulich darstellen, was die Bayern seit Jahren quält. Als Beckenbauer einst Baslers Verpflichtung bekanntgegeben hatte, waren viele skeptisch geblieben. Doch wie schon beim Engagement von Otto Rehhagel hatte sich der in Kompetenz ergraute Fußballweise gegen sämtliche Bedenkenträger durchgesetzt: Man werde den komplizierten Balltreter aus Bremen im sonnigen Süden schon auf Linie bringen. Hatte man wirklich nicht erkennen können, daß Basler, ein Störenfried auf allen Wegen durchs Profigeschäft, sich in Gemeinschaft ausgesprochen unwohl fühlt? Der begabte Kunstschütze braucht spielerische Narrenfreiheit. Die aber hat ihm sein Coach nicht schenken können, und seine prominenten Mitstreiter haben sie nicht gewähren wollen. In Trapattonis System muß Basler auch defensive Aufgaben erfüllen. Bei anderen Mannschaften würde man seine Schwächen durch vermehrte Dreckarbeit der anderen ausgleichen. Doch beim FC Bayern ist jeder ein Star und hat den Egoismus zum Geschäftsprinzip erhoben. Beckenbauer, Sportdirektor Rummenigge und Hoeneß mußten in Leverkusen und Bielefeld erkennen, daß auch ihr Dream Team II zur Selbsttäuschung zu werden drohte.

Über eine halbe Saison hatten die Bayern die Konkurrenten geblufft mit einer Liste grandioser Kicker, auf 3-5-2 oder 4-4-2-Format gebracht, von einem lebenserfahrenen, fachkundigen Trainer. Der soll bis zur Jahrtausendwende in München tätig sein, aber nach welchem Plan? Warum wurde die wirtschaftliche Unabhängigkeit niemals genutzt, um ein Team mit Konzept und Perspektive zusammenzustellen? Die Lust, nur die Besten zu kaufen, sollte den Bayern spätestens auf der »Alm« vergangen sein.

Spruch der Woche

»Eine Frechheit, was wir uns hier geleistet haben.«
(Christian Ziege)

2. Platz

SPIELTAG 23

Schalke 04

Ein Anfall von Bekennermut

Die Arena war ausverkauft, prall gefüllt die Pressetribüne und überall zu spüren dieses eigenartige Prikkeln, das die alljährliche Bayern-Krise verursacht. Eine Mischung aus Schauder und Gaudi wie beim berühmtesten Schausteller auf dem Oktoberfest: Auf geht's beim Schichtl! Hereinspaziert zur nächsten Hinrichtung. Würde heute der Kopf des italienischen Misters rollen? Mitte der zweiten Halbzeit schrillten schon Pfiffe durchs Stadion, als Giovanni Trapattoni erst Ruggero Rizzitelli, den Wegbereiter des 1:0, durch Thomas Helmer, und dann Mario Basler auswechselte. Drei Minuten vor Spielschluß schien es Trapattoni wirklich an den Kra-

STATISTIK

Aufstellung:
FC BAYERN: Kahn; Matthäus, Helmer, Babbel, Zickler, Basler (76. Gerster), Witeczek (83. Kuffour), Nerlinger, Ziege, Klinsmann, Rizzitelli (65. Jancker)
SCHALKE 04: Lehmann; Thon, de Kock, Linke, van Hoogdalem, Müller (46. Anderbrügge), Nemec (73. Held), Eigenrauch (78. Regenbogen), Büskens, Max, Mulder
Torfolge: 1:0 Helmer (13.) 2:0 Nerlinger (89.), 3:0 Klinsmann (90.)
Schiedsrichter: Dr. Merk (Kaiserslautern)
Gelbe Karten: Nerlinger, Witeczek, Matthäus, Klinsmann, de Kock, Linke
Zuschauer: 63 000

Erfolgszwang für die Vereinsführung?

Am Freitagabend im Mannschaftsquartier war der Kaiser den Sensibelchen wieder einmal leibhaftig erschienen, doch was er zu ihnen gesprochen und wen er angesprochen hatte nach den Debakeln in Leverkusen und Bielefeld: großes Geheimnis! Das Ergebnis: »Zumindest auf dem Platz« seien sie jetzt wieder Freunde, beteuerte Christian Ziege. Fast schien es, als seien sie zu einheitlicher Sprachregelung verdonnert worden. »Wir haben viel kaputtgemacht«, bekannte Kahn. »Wiedergutmachung ist eigentlich nicht möglich«, schmollte Klinsmann, »aber Hauptsache, es war eine Reaktion da.«
»Diese Reaktion war wichtig« sagte Trapattoni, denn, sagte Klinsmann, »ich möchte nicht wissen, was hier losgewesen wäre, wenn wir nicht gewonnen hätten.« Christian Ziege wußte es: »Die Hölle wäre losgewesen.« Es hätte lichterloh gebrannt, und zwar ganz oben, in der Führungsetage. Deshalb waren die drei Tore gegen Schalke ein Segen für Trapattoni, aber vor allem für die Bosse.
Zur Genüge kannte man aus dem Vorjahr die Appelle ans Ehrgefühl der Millionarios aus dem Dream Team I. Verbraucht war auch die Möglichkeit, einen alternden Trainer als Sündenbock vorzuschieben, und Franz Beckenbauer hätte sich ganz sicher nicht noch einmal als Übungsleiter ein Veilchen schießen lassen wie im vergangenen Jahr. Falls das Dream Team II havariert wäre, hätte sich die Frage der Verantwortung gestellt. Wer hat diese Mannschaft zusammengekauft, wer diesen Trainer verpflichtet? Deshalb blieb den glorreichen Drei in der Führungsriege, dieser »Jahrhundert-Konstellation« (Uli Hoeneß) gar nichts anderes übrig, als intern die Besatzung auf Kurs zu trimmen und sich extern vor den Steuermann zu stellen.
Das Rätselraten über des Kaisers Erscheinung am Tag vor dem Schalke-Spiel war Hoeneß deshalb gar nicht so recht. »Wir müssen«, sagte er, »davon wegkommen, daß der Präsident Spiele gewinnt. Dies war ein Sieg von Trainer und Mannschaft.«
So konnte sich Giovanni Trapattoni hinsichtlich seines Arbeitsplatzes zumindest bis Saisonende ziemlich sicher sein, auch wenn seine Winkelzüge weiterhin argwöhnisch beäugt wurden.

Einen Heidenrespekt scheinen die Schalker beim Freistoß vor dem baumlangen Carsten Jancker zu haben

gen zu gehen: Der Ball rollte unversehens Martin Max vor die Füße, doch der Schalker Stürmer verstolperte tölpelhaft die Chance zum Ausgleich. Im Gegenzug eröffnete Jürgen Klinsmann mit einem Hakkentrick Christian Nerlinger den Weg zum 2:0. Rechter Pfosten, linker Pfosten, rein ins Netz rollte die Kugel, der Tag war gerettet. Feststimmung machte sich breit, als Klinsmann die Kugel sogar noch zum 3:0 ins Netz wuchtete und gleichzeitig die Kunde vom dritten und vierten Stuttgarter Tor verbreitet wurde; Dortmund war nach Punkten eingeholt. Die Bayern-Family wieder glücklich vereint? »Eine Art Befreiung« registrierte Familienoberhaupt Beckenbauer, doch ließ er erkennen, wohl in einem Anfall von Bekennermut, die Family habe »zwischenmenschliche Probleme«. Hört, hört. Was Thomas Helmer am Tag zuvor noch als »Quatsch« abgetan hatte, verbreitete Beckenbauer höchstpersönlich nach dem 3:0-Sieg gegen Schalke. Er rätselt sogar, ob die Probleme noch zu lösen seien – die Wunden sind tief –, und gestand: »Vielleicht haben wir zu spät reagiert.«
Das alte Thema Lothar und Klinsi? Der von Mannschaftskollegen als pöbelnder Trinker verpetzte Mehmet Scholl, immer noch beleidigt? Der Italiener Rizzitelli, enttäuscht von Landsmann Trapattoni, der ihn auf die Bank versetzt hatte? Oder hatten es Renner wie Nerlinger satt, daß ihnen Trapattoni die Dreckarbeit für den kapriziösen Basler aufbürdete? Der hatte in Leverkusen und Bielefeld auf der rechten Außenbahn dem Gegner freie Fahrt gewährt und durfte sich diesmal im zentralen Mittelfeld versuchen. Trapattoni lobte »Tecnica und Fantasia«, doch diesen Eindruck hatte er an diesem Tag exklusiv.
Es waren insgesamt wenig Technik und Phantasie im Spiel, doch taten die Bayern, was angebracht erschien in dieser Situation: sich abrackern und hinten dichtmachen nach dem 1:0.
Lange Zeit ruderte Klinsmann vergeblich mit den Armen, um seine Mitspieler zur Attacke zu animieren, und, gefrustet von einem Abseitspfiff, handelte er sich sogar die Gelbe Karte wegen Reklamierens ein, weshalb er am folgenden Sonntag in Karlsruhe pausieren mußte. »Wir haben uns irgendwie ins Ziel gerettet«, urteilte Torwart Kahn. Der Spruch könnte als Motto für die ganze Saison stehen.

Spruch der Woche

»Es gibt noch viel zu tun.«
(Torschütze Jürgen Klinsmann)

2. Platz

SPIELTAG 24

Karlsruher SC

Ungleiche Etats, fast gleiche Leistung

Nach dem überraschenden Pokalerfolg des Karlsruher SC über das Dreamteam des FC Bayern hatte man das Kräftemessen der beiden Mannschaften auf den Sonntagabend verlegt und der fernsehenden Öffentlichkeit präsentiert. Das Geschehen auf dem Spielfeld trug indes mitnichten dem wirtschaftlichen Gefälle zwischen den beiden Vereinen Rechnung. Eine Halbzeit lang zwar kontrollierten die Bayern das Geschehen, gingen sie durch Zickler auch in Führung, wobei sich der Schütze allerdings nicht ganz regelkonform seines Widerparts Schuster entledigt hatte.
Im zweiten Durchgang aber gerieten die Münchner unter eine Dauerbelagerung, wie man sie selten erlebt in der Bundesliga: Zwei Konterversuche binnen 45 Minuten standen zu Buche sowie zwei rettende Reflexbewegungen von Torwart Kahn gegen die Karlsruher Pechvögel Fink und Keller. Daß Zickler kurz vor dem Schlußpfiff zum zweiten Mal ins von KSC-Keeper Reitmaier längst verlassene Gehäuse traf, war mehr die Strafe für die Karlsruher Versäumnisse denn Zeichen einer wiederbelebten Münchner Auswärtsstärke.

Trainer Trapattoni tat sich entsprechend schwer, einen sportlichen Fortschritt gegenüber den Spielen in Leverkusen (2:5) und Bielefeld (0:2) herauszuarbeiten: »Wir spielen ein bißchen verschieden«, meinte er und drehte ratlos die Hand hin und her. »Ich glaube, die Mannschaft hat das verstanden.« Immerhin. Ein paar Trapattonis mehr, und die Bayern können auf ihre metallenen Medienwächter verzichten.

Bei den Bayern war Alexander Zickler der Held des Tages. Er schoß beide Tore zum glücklichen 2:0-Erfolg des Rekordmeisters über einen spielerisch gleichwertigen KSC. Nach seinem Schuß zum 1:0 (rechte Seite) hatte er allen Grund zum Jubel (oben)

Spruch der Woche

»Alle Unreinheiten wurden unter den Teppich gekehrt.«
(Lothar Matthäus zu den ständigen Querelen in der Mannschaft)

1. Platz

Kampf dem Maulwurf und der Presse

Am Montag nach dem Spiel in Karlsruhe hat der von pausenlosen Indiskretionen erschütterte FC Bayern sein brandneues Medienkonzept vorgestellt. Genau genommen hat er es vor das Pressekabuff an seinem Harlachinger Geschäftssitz gestellt, und dort steht es nun: graulackiert, drei Meter lang und einen knappen Meter hoch. Nicht zu übersehen, das moderne Medienkonzept des Münchner Glamourklubs fällt ziemlich sperrig aus. So soll es auch sein, denn die Öffentlichkeitsexperten des Vereins wollen die herkömmliche Plauderkultur durch einen dramatischen Akt der Verweigerung beenden.
»Bleiben Sie hinter der Absperrung«, fauchte Uli Hoeneß die eher amüsierten Journalisten an, und zwar »für alle Zeiten!«
Nichts ist für die Ewigkeit, doch selten dürfte es ein Kommunikationsmodell gegeben haben, das derart rasch vom eigenen Rückkoppelungseffekt ad absurdum geführt wurde wie das des Rekordmeisters: Statt zur Abwechslung alles Augenmerk auf die sportlichen Belange des Vereins zu lenken, etwa auf die Rückeroberung der Bundesliga-Tabellenspitze durch den 2:0-Sieg am Sonntag zuvor beim Karlsruher SC, rückte man ein karges Mahnmal aus Stahlrohr ins Zentrum der medialen Betrachtungen.
Ob es der Gitterbarriere gelingt zu verhindern, daß auch künftig mehr oder weniger banale Interna aus dem Alltagstrott der bayerischen Balltreter an die Öffentlichkeit dringen, bleibt abzuwarten. Ein paar altbekannte Schwachstellen weist die hermetisch angelegte Sicherheitsstrategie jedenfalls auch nach Inkrafttreten auf – die Funktelefone seiner Spieler nämlich hat der Verein ebenso wenig einkassiert wie die Reporterverträge seines Präsidenten mit Boulevardpresse und Fernsehwirtschaft.
Prompt waren Franz Beckenbauers Nebenerwerb und dessen atmosphärische Ausflüsse Gegenstand der Erörterungen. Durch seine Medienarbeit bei »Bild« und Bertelsmann ist er angreifbar. »Wenn er Präsident bleibt, muß er darüber nachdenken, ob er das nicht mehr machen sollte.« Derart besorgt hatte sich Hoeneß am Samstag einem Radiosender mitgeteilt. Nun aber lupfte er den Ball professionell über die Montagsbarriere hinein in den Pulk der Fragesteller: Nur die Journalisten würden dem Franz diese Ämterverquickung ankreiden, »ich brauche mich nicht zu rechtfertigen. Es wird nicht gelingen, einen Keil zwischen Franz und mich zu treiben.«
Dann eben nicht. Weil sich aber die verstummten Tabellenführer allesamt in wohlerwogenem Sicherheitsabstand zur neuen Öffentlichkeitsschranke davonstahlen, schwärmte die hungrige Medienschar auf der Suche nach neuem Belastungsmaterial aus – und wurde fündig, als eine Stuttgarter Nobelkarosse vorm Portal an der Säbener Straße einparkte: Ist das der Stuttgarter Klubchef Mayer-Vorfelder, womöglich mit Giovane Elber zwischen den Aktendeckeln?
Kameraleute und Fotografen gehen in Stellung, lärmend umdrängen Dutzende von Autogrammjägern das Fahrzeug, dem ein völlig unbekannter Zeitgenosse entsteigt. »Ich bin nicht der, für den Sie mich halten«, gestand der Fremde zerknirscht in die Mikrophone, »Ich bin bloß ein Freund vom Franz und organisiere Golfturniere.«
Immerhin belegt der Run auf die Sekunden-Berühmtheit, daß sich auch künftig kaum alle mutmaßlichen Quellen der Indiskretion werden stopfen lassen. Prompt drang aus der Münchner Personal-Außenstelle im Karlsruher Wildpark, die am Sonntag die Beförderung von Linksverteidiger Michael Tarnat ins Münchner Mutterhaus bekanntgab, der nächste Diskussionsstoff: Der KSC bange heftig um seinen Torjäger Sean Dundee. Dessen Manager, ein Elsässer namens Wacker, hatte einst Fan-Ausflüge von Frankreich nach München organisiert – als Beauftragter des FC Bayern, und so gab es viele, die glaubten, zwei und zwei zusammenzählen zu müssen. Die Badener bangten mehrere Wochen…

Aufstellung:
KARLSRUHER SC: Reitmaier; Wittwer (76. Schroth), Ritter, Reich, Keller, Bähr (59. Carl), Fink, Schuster, Wück, Dundee, Kirjakov
FC BAYERN: Kahn; Matthäus, Babbel, Helmer, Zickler, Witeczek (78. Kuffour), Basler (87. Gerster), Nerlinger, Ziege, Rizzitelli, Jancker
Torfolge: 0:1 Zickler (30.), 0:2 Zickler (90.)
Schiedsrichter: Krug (Gelsenkirchen)
Gelbe Karten: Reich, Matthäus
Zuschauer: 33 000

SPIELTAG 25

Die Selbstabwicklung eines Dream Teams

Die Angst ging um beim FC Bayern. Profi Lothar Matthäus, 36, hatte »Angst vor dem Gegentor«, und Uli Hoeneß, 45, befürchtete, daß die von ihm gemanagte Elf »nicht das Selbstvertrauen hat, um neunzig Minuten« ansehnlich zu kicken. Coach Giovanni Trapattoni, 58, wußte gar zu berichten, daß beim 1:0-Sieg über die Bremer »Angst« im Spiel gewesen sei.

Oh Schreck! Die Bayern führen die Bundesligatabelle an, mit zwei Punkten vor den Aufständischen aus Leverkusen. Das ist aber auch wirklich gruselig. Was sagt der Bundestrainer dazu? »Bitte nicht.« Nicht fragen. Auch Hans-Hubert Vogts hat Angst – seine Meinung zu äußern nämlich, was in diesem Fall als Beispiel für gutes Benehmen zu werten ist. Während die Münchner Champions-League-Kandidaten ihre Führung aus der 16. Sekunde (Kopfstoß Zickler) bis zum Schlußpfiff verteidigten, staunte Vogts an der Seite von Klubchef Franz Beckenbauer über die Riegeltaktik des bayerischen Renommierklubs. Soweit das aus TV-Bildern geschlossen werden konnte, haben die Herren die Halbzeiten vergnüglich abgesessen. Vogts ging zehn Minuten vor dem Ende. Beckenbauer mußte bleiben und bewahrte im eisigen Frühlingswind Haltung. Nach dem ersten Abschnitt habe er ein besseres Auftreten erwartet, »aber das ist scheinbar nicht möglich«.

Aber warum bloß? Hatten die Bayern nicht rechtzeitig vor Ostern die bemerkenswerte Erleuchtung, die Schuld am babylonischen Chaos trage eine geifernde Medienmeute? Die gläsernen Populisten hatten die Portale verriegelt, nur die Tür zum Merchandising-Shop blieb offen – selbstverständlich.

Sehr viel ruhiger scheint es hinter den Barrikaden allerdings nicht geworden zu sein. Das liegt vielleicht auch daran, daß irgendwer dem

Nicht zu beneiden war Werder-Trainer Hans-Jürgen Dörner angesichts der ebenso lust- wie erfolglosen Darbietung seiner Schützlinge. Aber auch sein Kollege Trapattoni hatte keinen Anlaß zu Euphorie

Werder Bremen

Weitgehend wirkungslos wie in dieser Szene gegen Werder-Verteidiger Schierenbeck blieb Torjäger Jürgen Klinsmann auch in diesem Spiel. Der Bayern-Sturm lebte allein von Zicklers frühem Führungstor

Aber während Klinsmann kämpfe und rackerte, fiel sein Mittelfeldpartner Basler erst auf, als er sich spektakulär verabschiedete und seinen Sohn von der Tribüne rief

Vergeblich versucht Klinsmann, an dem Bremer Schulz vorbeizukommen

Sportkameraden Basler einmal etwas Grundsätzliches zum Thema Auswechslungen vortragen sollte. Ob es 63 000 Menschen auf Dauer besonders lustig finden, wenn Baslers schnellster Sprint der vom Feld ist? Mit einer Aggressivität im Leib, die den biederen Laumännern vom SV Werder zuvor Beine gemacht hätte, verschwand er im Bauch des Olympiastadions, kehrte zurück ans trübe Tageslicht, winkte seinen Sohn von der Tribüne und flüchtete um genau 17.07 Uhr mit dem Auto, wie der Sportinformations-Dienst festhielt.

Eine dreiviertel Stunde später saß Giovanni Trapattoni bei der Pressekonferenz und vermochte nicht zu erhellen, wieso seine Squadra nach heißblütigem Start (zehn Minuten) wieder einmal in den inzwischen chronischen Rückwärtsgang verfallen war. »Das Maß aller Dinge«, hatte Hoeneß in einem Anfall ungeschminkter Wahrheitssuche gestanden, sei »gut zu spielen und zu gewinnen«.
Davon freilich war der FC Bayern an diesem Spieltag einmal mehr weit entfernt. Der könne durchaus Deutscher Meister werden, schrieb Franz Beckenbauer dem Anhang zur Partie gegen die Bremer ins

STATISTIK

Aufstellung:
FC BAYERN: Kahn; Matthäus, Babbel (89. Kuffour), Helmer, Zickler, Witeczek, Basler (71. Hamann), Nerlinger, Ziege, Rizzitelli, Klinsmann (71. Jancker).
WERDER BREMEN: Reck; Ramzy, Wiedener (78. van Lent), Lellek (20. Schulz), Frings, Schierenbeck, Eilts, Herzog, Unger, Bode, Labbadia (81. Hobsch)

Torfolge: 1:0 Zickler (1.)

Schiedsrichter: Jansen (Essen)

Gelbe Karten: Jancker, Schulz, Reck

Zuschauer: 63 000

Fan-Magazin. Gut möglich, hauptsächlich aber wickelte sich auch die vierte Mannschaft im vierten Amtsjahr des Präsidenten selbst ab. Aufgebaut worden war jede mit dem Anspruch, dem Klub den internationalen Ruhm und die Stärke vergangener Tage zurückzugeben. Ein Bundesliga-Titel (1994) und der UEFA-Cup (1996) blieben übrig, und verdient machte sich beide Male der Trainer Beckenbauer. Signor Giovanni hat seinen Solisten zweckorientiertes Ergebnisdenken eingetrichtert. Damit haben die italienische Vereine zwischen 1980 und 1990 die europäischen Wettbewerbe beherrscht.

Gekündigt haben die Bayern Trapattoni deswegen nicht. Schließlich sind sie Branchenführer, und außerdem weiß die ganze Vorstandsetage, daß es natürlich Sinn macht, wenn man endlich wieder einem Fußballehrer die Gelegenheit bietet, länger als für eine Saison zu planen. Also behielt man das Saisonziel Deutsche Meisterschaft zwar im Auge, hoffte aber im übrigen auf bessere Zeiten – mit Michael Tarnat und Thorsten Fink aus Karlsruhe und mit dem Stuttgarter Giovane Elber.

Trapattoni waren diese Verstärkungen aber noch nicht ausreichend. Er träumte in jenen Tagen von dem baskischen Linksfuß Lizarazu von Athletic Bilbao. Doch die Gerüchte um dessen Wechsel nach München hielten sich noch länger.

Spruch der Woche

»Wir haben die Tabellenführung souverän verteidigt.«
Vizepräsident Karl-Heinz Rummenigge zum mageren 1:0

1. Platz

Der FC Hollywood und seine Diva

Bayern-Manager Hoeneß kommentierte den dramatischen Ab- und Alleingang seines Superstars hinterher mit bemühter Ironie: »Hauptsache, er gibt keine unqualifizierten Kommentare.« Da das nicht der Fall gewesen sei, werde Basler wohl »langsam weise«.

Verpflichtet worden war der Kunstschütze ein Jahr zuvor allerdings, um Spiele zu entscheiden, nicht um erzogen zu werden. Auf diese Formel hatte sich jedenfalls das Präsidium geeinigt, nachdem es zuvor lange genug betont hatte, daß ein Kettenraucher und Quertreiber kaum nach München passe.

Sportlich hat Basler den FC Hollywood jedoch beim besten Willen kaum weitergebracht. Präsident Beckenbauer merkte nach den Niederlagen in Leverkusen und Bielefeld entschuldigend an, »Mario ist nicht als Verteidiger verpflichtet worden«.

In Trapattonis System hatte der leicht reizbare Balltreter stets die rechte Flanke besetzt. In Karlsruhe eine Woche zuvor und gegen den SV Werder durfte er zentral hinter den Angreifern wirken. Herausgekommen sind viele Eckstöße und Pässe, aber nicht ein kreativer Impuls mehr.

Thomas Helmer, Mitglied des Mannschaftsrates und bei den Bayern im Range einer Führungskraft, wertete Baslers Verhalten an diesem denkwürdigen Samstag als Foul am Team-Spirit. »Aus meiner Sicht nicht«, antwortete er auf die Frage, ob er es denn gutheiße, wenn Kollegen beleidigt den Arbeitsplatz räumten.

Basler täte gut daran, nachdenklich zu werden, wenn seine Teamkollegen in dieser Form öffentlich auf Distanz gehen – aber tragikomische Szenen bei Auswechslungen blieben weiter typisch für den FC Hollywood.

SPIELTAG 26

Die Rückkehr von Planet Hollywood ins wirkliche Leben

STATISTIK

Aufstellung:
HAMBURGER SV: Golz; Schnoor, Kück (46. Friis-Hansen), Kovacevic, Schopp, Spörl, Kmetsch, Hartmann, Cardoso, Breitenreiter, Salihamidzic (46. Bäron)
MÜNCHEN: Kahn; Matthäus, Babbel, Helmer, Zickler, Witeczek, Basler, Nerlinger, Ziege, Rizzitelli, Klinsmann
Torfolge: 0:1 Klinsmann (16.), 0:2 Basler (43.), 0:3 Helmer (64.)
Schiedsrichter: Heynemann (Magdeburg)
Gelbe Karten: Spörl, Kovacevic, Babbel
Rote Karte: Spörl wegen groben Foulspiels (19.)
Zuschauer: 57 590

Der FC Bayern hat am Samstag nachmittag ein Fußballspiel beim Hamburger SV mit 3:0 Toren siegreich gestaltet. Als Torschützen der rasanten Begegnung zeichneten sich Klinsmann, Basler und Helmer aus. Mit diesem Sieg festigte der dreizehnmalige Meister acht Runden vor Schluß der Bundesligasaison die Tabellenführung. Ende der Durchsage.
Vielleicht wäre noch die Anzahl der Eckbälle zu notieren, die Häufigkeit von Fehlpässen und der bedauerliche Umstand, daß es an diesem Nachmittag im Volksparkstadion so heftig regnete wie sonst überall auch.
So ähnlich hätte es das neue Medienkonzept des FC Bayern München gern. Weg mit dem ganzen Schnickschnack und Hickhack. Die Erfinder des Marketing-Merchandising-Starkult-Traras haben den quellwasserreinen Sport wiederentdeckt. Aus dem Amüsierviertel an der Säbener Straße soll wieder ein normaler Sportklub werden, in dem der Wahl der Schraubstollen größere Bedeutung zukommt als Mario Baslers verkorkstem Magen nach Genuß einer Pizza im Anschluß an einen nächtlichen Spielbankbesuch.
Zu schön fast, aber hoffentlich wahr. Denn selbst hammerharten Masochisten entlockt die Selbstzerfleischung der Bayern kein Lustgefühl mehr. Daß die Vereinsväter der Presse die Schuld an den selbstinszenierten Privatfehden in die Schuhe schieben, ist verständlich: Wer gibt schon gerne zu, daß seine Kinder schlecht erzogen sind? Vielleicht aber hat die Mannschaft nur deshalb überreichlich Unterhaltungsstoff produziert, weil sie trotz aller Wurstelsiege zu den größeren Langweilern der Liga zählte.
Im übrigen gab es stets Profis, die

Keine Chance hatte Hamburgs Torhüter Richard Golz gegen Jürgen Klinsmanns placierten Schuß zum 1:0

Hamburger SV

Statt Champagner nur Alsterwasser

Der Hamburger Spieler Harald Spörl wird ob seine Pfiffigkeit »Lumpi« genannt, und pfiffig hatte er die Frage nach seinem Lieblingsschiedsrichter im HSV-Journal mit »Bernd Heynemann« beantwortet. Aber die gedruckte Schmeichelei half nichts beim Nachtreten gegen Nerlinger. Besagter Heynemann zückte unbeeindruckt die Rote Karte. Dadurch hatten die Bayern leichtes Spiel gegen ein HSV-Team, das Wehmut weckte, und zwar im Angedenken an die Champagner-Zeiten, als Stein, Kaltz, Magath und Hrubesch den Münchnern mit Breitner, Augenthaler und Rummenigge noch Beine machten. Perdü, das Prickeln. 15 Jahre danach ward nur noch fades Alsterwasser serviert. Das Bayern-Ensemble hingegen kam an diesem Samstag in der Summe der Einzelspieler an die sportliche Klasse seiner Vorgänger nahezu heran.

Eine einwandfreie Leistung bot Mario Basler, der den zweiten Treffer der Bayern schoß und später den dritten vorbereitete

frühzeitig für eine Rückkehr von Planet Hollywood ins echte Leben plädierten. Etwa Torhüter Oliver Kahn, der noch einmal bekräftigte: »Wir sollten uns auf das konzentrieren, wofür wir bezahlt werden – auf das Fußballspielen« – kein Zufall, daß Kahn seit langem weitaus bester Akteur ist. Denn der Erfolg eines Sportlers hängt in erster Linie von seiner Leistung auf dem Platz ab und nicht von der Anzahl geführter Interviews oder verkaufter Trikots. In Zeiten des wirtschaftlichen Booms hat das mancher beim FC Bayern übersehen.
»Von der ersten Minute an war viel Zug und Entschlossenheit in unserem Spiel«, bestätigte Jürgen Klinsmann. Kahn, der das Treiben der Kollegen gelassen beobachten konnte, hatte sogar »unser mit Abstand bestes Saisonspiel« erlebt. Und Kapitän Matthäus meißelte aus dem Torjubel der Ersatzspieler den Grundstein einer Zukunft, in der sich alle lieb haben sollen im volltransparenten Haifischbecken: »Das hat gezeigt, daß der Teamgeist in Ordnung ist. Endlich haben es alle kapiert.« Wunderbar. Hat's sogar Matthäus selbst begriffen, der den Kollegen Klinsmann Mitte der Woche zum schäumenden Abschluß der Bezichtigungswelle nochmal eben als geistlosen Gesellen entlarvte, was dessen Zugehörigkeitsgefühl zur Mannschaft betreffe? Nach Klinsmanns 1:0 im Anschluß an einen doppelten Doppelpaß mit Rizzitelli näherte er sich dem blonden Schützen zu Gratulationszwecken – ein Zeichen spät erblühter Sympathie oder doch nur Ausdruck mangelnder Schnelligkeit, vor dem anderen zu flüchten? Zweifellos haben die Bayern in diesem Spiel geboten, was man von ihnen erwarten muß. Selbst Mario Basler verfiel gelegentlich in verschärften Joggingtrab und fing sich dafür ein hohes Lob vom Vizepräsidenten ein. »Seine Leistung war die einzige und richtige Antwort auf die Schlagzeilen der letzten Woche«, schwärmte Karl-Heinz Rummenigge. Eine Flanke gelang Basler zu Helmers 3:0 per Kopf sowie ein sehenswerter Schlag in den linken oberen Winkel, wobei HSV-Torhüter Golz den Countdown zum Flugbeginn um mindestens eine Schrecksekunde verschlief. Darüber hinaus profitierte Basler als zentraler Mittelfeldmann von der temporären Abwesenheit Harald Spörls, der nach rüdem Foul an Nerlinger vom Platz gestellt wurde.

Spruch der Woche

»Zum erstenmal in dieser Saison haben wir wie eine Mannschaft gespielt.«
Trainer Giovanni Trapattoni

1. Platz

SPIELTAG 27

Höfliche Sportskameraden

Beobachter klagten hinterher über Husten und Heiserkeit. Lausige fünf Grad meldete das Thermometer, vereinzelte Schneeflocken schaukelten durch das Olympiastadion. Aber es hatte sicher seine Richtigkeit, daß Christian Ziege nach dem Spiel in der Brusttasche seines atemberaubenden dunklen Anzuges eine Sonnenbrille trug. Man weiß ja nie beim FC Bayern München, wie schnell verjagt hier blendende Sonne noch abends um sechs die garstigsten Wolken.
Oder vielleicht ist es auch so gewesen: Dieser 12. April 1997, an dem der FC Bayern seiner 14. deutschen Fußballmeisterschaft ganz nahe rückte, war ein einziger strahlender Frühlingstag mit 20 Grad und Sonnenschein, und der FC Bayern hat den 1. FC Köln weggeputzt wie nix – und alles andere ist böswillige Erfindung von Journalisten.
Was ist Wahrheit, was ist Schein? Die Traumfabrik brummt, der FC Hollywood steuert in seiner neuesten Rolle auf das Happy-end zu. Ganz nach Drehbuch, das nun »Sport, Sport, Sport« (Autor Hoeneß) verordnet. Geschlossene Mannschaftsleistung, Klinsmann trifft auf Paß von Freund Matthäus, Sportskamerad Basler dankt Trainer Trapattoni für seine Auswechslung, Torwart Kahn rettet den Sieg in der Schlußminute. 3:2 gewonnen gegen Köln, gleichzeitig verlor Borussia Dortmund in Duisburg 2:3, und schon am folgenden Samstag die Chance, im Stadion des Erzrivalen und Titelverteidigers die Machtverhältnisse endgültig zu klären.
Eine perfekte Dramaturgie galt es zu loben, und vermutlich gehörte es auch zum Schlachtplan von Trainer Giovanni Trapattoni, dem 1. FC

STATISTIK

Aufstellung:
FC BAYERN: Kahn; Matthäus, Babbel, Helmer, Zickler, Strunz (64. Witeczek), Basler (68. Scholl), Nerlinger, Ziege, Rizzitelli, Klinsmann (74. Jancker)
1. FC KÖLN: Kraft; Kostner (90. Gaißmayer), Baumann, Schmidt, Hauptmann, Oliseh, Cichon (74. Scherr), Munteanu, Andersen (79. Zdebel), Vladoiu, Polster
Torfolge: 1:0 Rizzitelli (42.), 2:0 Klinsmann (51.), 3:0 Rizzitelli (59.), 3:1 Scherr (79.), 3:2 Zdebel (89.)
Schiedsrichter: Strampe (Handorf)
Gelb-Rote Karte: Oliseh (86.)
Zuschauer: 63 000

FACTS & ACTS

Wer ist der beliebteste Spieler in Bravo-Sport?

Es war die Zeit der Besinnung vor dem großen Finale, bestes Hollywood. Vizepräsident Karl-Heinz Rummenigge predigte im Bayerischen Rundfunk Kontinuität und regte eine Vertragsverlängerung mit Trapattoni über das Jahr 1998 hinaus an. Führungsspieler Thomas Helmer sprach im ZDF-Sportstudio davon, vor der nächsten Saison müsse man sich prinzipiell Gedanken über das Betriebsklima machen, das Klinsmann aus München vertrieben habe. Manager Uli Hoeneß sinnierte im Spiegel über seine Zukunft (»Dieses Jahr Meister werden und dann in der Champions League mal was putzen: Das wäre ein Zeitpunkt, über etwas Neues nachzudenken.«) und räumte Fehler ein im Umgang mit der Fußball-Popkultur: »Bei uns wird inzwischen nur noch diskutiert, wer der beliebteste Spieler von Bravo-Sport oder anderen Blättchen ist.« Es müsse ein Ende haben mit dem »Dschingdarassabum«, fand er, deshalb hält man sich die Medien nun mit Absperrgittern vom Leib.
Nur noch auf ein paar Quadratmetern vor der Kabine zeigen sich die Spieler den Reportern. Am Samstag hörte man Lothar Matthäus' Klage über Baslers Launen, und Christian Zieges feinen Zwirn musterte er mißmutig mit der Frage, ob das schon »der Vereinsanzug von Milan« sei. Vielleicht haben die Reporter sich aber auch bloß verhört.

1. FC Köln

Köln eine halbe Stunde lang das Feld zu überlassen nach dem Motto: Laßt die Karnevalisten sich austoben! Deshalb durften die Kölner, Höhepunkt ihrer Offensive, sich nach 30 Spielminuten wie im Training durch die Bayern-Abwehr kombinieren: Paß Munteanu, Kopfball Vladoiu, Volleyschuß Polster – vorbei, natürlich.
Draußen war Kölns Trainer Peter Neururer der Meinung, »daß eher wir in Führung gehen als die Bayern«. Der Ahnungslose! Hatte er die Alarmsignale verpennt? Baslers Solo samt Flachschuß knapp vorbei, Thomas Helmers Kopfball an den Pfosten?
Die Bayern entschieden sich für den, wie man das nennt, psychologisch günstigen Zeitpunkt, um in Führung zu gehen: kurz vor der Pause. Ecke Basler, Kopfstoß Markus Babbel. Die Kugel hatte die Linie schon überschritten, als Michael Kostner sie mit der Hand abwehrte. Das Tor wurde zunächst dem nachsetzenden Ruggero Rizzitelli gutgeschrieben – der brauchte mal wieder ein Erfolgserlebnis (merke: Teamgeist!) und bekam gleich noch eins beschert: Als Torwart Kraft Baslers Freistoß bedächtig an den Pfosten lenkte, durfte er zum 3:0 vollenden, sein fünftes Saisontor.
Das Glanzlicht allerdings setzte im Sturm und Drang nach der Pause Bayerns traumatisches Duo. Lothar Matthäus jagte Vladoiu mit einer formidablen Grätsche die Kugel ab, löffelte sie in den Lauf von Jürgen Klinsmann, der Gegenspieler Baumann wie einen lästigen Reporter abhängte und zum 2:0 traf. So sieht das aus, wenn zwei Weltklassekicker zusammen spielen, statt zu streiten.
Vermutlich nur um keinen Übermut aufkommen zu lassen, lenkte Helmer den Schuß von Uwe Scherr ins eigene Netz, servierte Zickler Gegenspieler Zdebel die Kugel zum 2:3, lud man Vladoiu sogar zum finalen Schuß ein – Kahn flog, die Rettungstat brachte ihm »einen großen Dank« von Trapattoni ein.
Die Bayern seien eben »eine freundliche Mannschaft, immer höflich zu den Gästen«, kommentierte Präsident Franz Beckenbauer die Aufholjagd von zehn Kölnern (Oliseh sah Gelb-Rot) – eine bemerkenswerte Wandlung seit dem Donnerwetter vier Wochen zuvor (»Sch... mannschaft«) – und kommentierte die Titelchancen lapidar: »Nächsten Samstag kann es wieder ganz anders aussehen.« Er sah merkwürdig erregt aus, als er davoneilte. Aber sicher kannte auch er das Drehbuch.

Spruch der Woche

»Helmut Kohl hat sich auch lange mit seiner Kandidatur geziert.«

(Manager Hoeneß über den amtsmüden Präsidenten Beckenbauer)

1. Platz

Zweimal traf Ruggero Rizzitelli gegen die Kölner – es war ihm zu gönnen

SPIELTAG 28

Borussia Dortmund

Dortmund ist nach vier Minuten aus dem Rennen

Auf Borussia Dortmund blickt der Ruhrpott, auf den FC Bayern aber Europa. So ähnlich wollte Bayern-Vize Rummenigge das Machtverhältnis zwischen den beiden Traditionsvereinen definiert wissen, als Borussen-Manager Meier die Begegnung im Westfalenstadion zum Statusproblem hochzustilisieren versuchte.

Vermutlich hätte Rummenigge an jenem Samstagabend aber doch anders formuliert, hätte das letzte Aufgebot des westfälischen Regionalvereins kurz vor 17.15 Uhr nach einer seiner zahllosen Ecken den Ball doch noch irgendwie über die Linie bugsiert. So aber blieb es beim 1:1, und es hatte den Anschein, als hätte sich die Bayern-Mannschaft so weit zusammengerauft, daß sie auf Meisterschaftskurs bleiben konnte, ohne daß ihr der Kaiser, wie 1994, als Trainer Beine machen mußte. Das Unentschieden ließ den Bayern sechs Punkte Vorsprung auf den Titelverteidiger, »eine Vorentscheidung« im Titelkampf, urteilte Bundestrainer Berti Vogts als Augenzeuge.

Aus rein dramaturgischer Sicht allerdings, ohne Blick auf die Tabelle, war es ein unbefriedigendes Ergebnis. Es fehlte ein finales Tor – egal für wen –, das den denkwürdigen Auftakt hätte krönen können. Seite an Seite erlebten Beckenbauer und Rummenigge auf der Tribüne ein Prickeln, wie es keine der ungezählten Kameras im Westfalenstadion vermitteln konnte, auch jene nicht, die in 72 Metern Höhe über

Viel zu sagen hatten sich die einstigen Nationalmannschaftskollegen Andreas Möller und Lothar Matthäus. Es scheinen aber keine ausgesprochenen Freundlichkeiten gewesen zu sein

Schon in der 3. Minute markierte Karlheinz Riedle das 1:0 für seine Borussen – ein Auftakt nach Maß

dem Stadion schwebte. Das Spiel war ein gigantisches Medienspektakel, jedes Wort und jedes Bild konnten nur ein fader Abklatsch der ersten vier Spielminuten sein. 55 000 Menschen lärmten, Rauchbomben tauchten das Spielfeld in einen Hauch von Purpur und verbreiteten den Geruch von Pulverdampf. Mario Basler – hat er eine Cola zu viel getrunken? – ging wie von Sinnen schon nach 60 Sekunden auf Andreas Möller los, beide

Statistik

Aufstellung:
BORUSSIA DORTMUND: Klos. Feiersinger, Kohler, Kree, Ricken (78. Tretschok), Lambert, Möller, Zorc (74. Herrlich), Heinrich, Riedle, Chapuisat.
FC BAYERN: Kahn; Matthäus, Babbel, Helmer, Zickler, Hamann, Basler (86. Witeczek), Nerlinger, Ziege, Klinsmann (74. Jancker), Rizzitelli (88. Scholl).
Torfolge: 1:0 Riedle (2.), 1:1 Rizzitelli (3.)
Schiedsrichter: Berg (Konz)
Gelbe Karten: Möller, Feiersinger, Basler, Matthäus, Nerlinger, Ziege
Zuschauer: 55 000

sahen die Gelbe Karte. Dritte Spielminute: Möller schlägt einen Freistoß von links in den Strafraum, Bayern-Torwart Kahn läuft zu spät heraus, und Karlheinz Riedle rammt den Ball mit dem Kopf ins Netz. Riedle schlägt ein Rad vor Freude, doch von draußen muß Dortmunds Trainer Ottmar Hitzfeld mit ansehen, wie dieser Auftakt nach Maß durch eine »Kettenreaktion« zunichte gemacht wird, die Dortmund wohl die Meisterschaft gekostet hat: Heinrich läßt sich von Zickler verladen, Kree muß deshalb weg von Klinsmann, den wiederum Kohler übernimmt, weshalb hinten für Rizzitellis Bewachung nur mehr der schmächtige Lars Ricken bleibt. Genau den, Rizzitelli, aber erreicht Zickers Flanke, 1:1, vierte Spielminute.
Das Spiel stand noch mehrmals auf Messers Schneide. Mario Basler hätte zum Helden werden können, wäre sein Heber nicht vom Pfosten ins Feld zurückgesprungen – und zum Unglücksraben des Tages, hätte ihm im Gegenzug Schiedsrichter Berg Gelb-Rot gezeigt, nachdem er Möller umgerissen hatte.
Zum Mann des Tages avancierte Torwart Kahn, als er sich kurz vor dem Pausenpfiff dem freistehenden Riedle entgegenwarf. Doch auch Kahn mußte sich bei Berg bedanken, weil der Mitte der zweiten Halbzeit auf Foul erkannte, als Riedle ein erneutes Sprungduell mit dem Bayern-Keeper gewann. Es hätte das 1:2 bedeutet.
Hätte, wäre – der deutsche Konjunktiv interessierte den Italiener Giovanni Trapattoni nicht. Das Spiel, so befand der Trainer, sei »nach vier Minuten vom Tisch« gewesen. Baslers haarsträubende Launen bekümmerten ihn ebensowenig wie die Isolation des Jürgen Klinsmann. Der, neuerdings wieder mit Tottenham Hotspur in Verbindung gebracht, wurde bezeichnenderweise schon beim Mannschaftskreis vor

Nur im »Pott«

In der linken Hand ein Aktenköfferchen, in der rechten die Reisetasche, so teilte er die neongelbe Menge vor dem Westfalenstadion. »War er's wirklich« fragte eine Frau. Er war es wirklich, unverkennbar der Grauschopf und das joviale Lächeln, als er nach links und nach rechts mit einem verbindlichen »Servus!« grüßte. Er hinterließ eine Verzückung, als sei dieser 19. April Pfingstsonntag gewesen, und der Heilige Geist habe sich den Dortmunder Fans offenbart – und nicht der Chef der ungeliebten Münchner Bayern. Mit Pathos erhob sich eine männliche Stimme aus dem Volk: »Ich habe den Franzel gesehen!«

Franz Beckenbauer ist bei den Anhängern des Deutschen Meisters immer noch Kultfigur. Letztes Jahr noch als Vizekaiser veralbert, wurde er am Samstag wie ein vollwertiger Kaiser empfangen. Aus Szenen wie diesen schöpft der FC Bayern München sein Selbstverständnis. So kommt es, daß Vizepräsident Karl-Heinz Rummenigge dem Rivalen Dortmund gönnerhaft »eine gute sportliche Entwicklung« bescheinigt, sich aber auf die Formulierung des Managers Michael Meier nicht einlassen will, bei Spielen zwischen den beiden Klubs gehe es um mehr als um drei Punkte, da »die Statusfrage« zu klären sei.

Die sei schon geklärt, findet Rummenigge, weil nämlich die beiden Klubs gar nicht zu vergleichen seien. Die Dortmunder würden ihre Wirkung nur im Ruhrpott entfalten, die Bayern aber deutschlandweit, wenn nicht noch weiter. »Das«, sagt Rummenigge, »soll nicht arrogant klingen.« Gott bewahre, natürlich nicht.

»Gib den Ball her, Lothar!« Oliver Kahn hat wenig Verständnis für die Kunstpause seines sichtlich abgespannten Liberos

Nur eine Minute nach dem 1:0 schießt Rizzitelli den Ausgleich zum 1:1-Endstand

Spielbeginn um ein Haar vergessen und fand auch danach kaum Kontakt zu den Kollegen, ganz im Gegensatz zu Ruggero Rizzitelli. Was wirklich zählt für Trapattoni, ist die Abwehr. Dort erwarben sich Kapitän Matthäus, Helmer und Babbel bleibende Verdienste, als die verzweifelt anrennenden Dortmunder mit hohen Flanken ihr Glück versuchten. Zum entscheidenden Konter konnten sich die Bayern nicht aufraffen, doch reichte das Unentschieden, um die sportliche Status-

frage zumindest national zu klären. Die Dortmunder, glaubte Lothar Matthäus, würden eher das Champions-League-Finale gewinnen, als zum dritten Mal in Folge Deutscher Meister werden.
Das allerdings wäre keine schlechte Alternative. Der westfälische »Regionalverein« könnte am 28. Mai ausgerechnet in München feiern – und den Präsidenten Gerd Niebaum würde es bestimmt nicht stören, sollten ihn vor dem Olympiastadion weniger Menschen erkennen als seinen Kollegen Franz Beckenbauer vor dem Dortmunder Westfalenstadion.

Spruch der Woche

»Fang doch gleich zu weinen an.«
Lothar Matthäus zu Andi Möller, der sich über ein Foul beschwerte

1. Platz

SPIELTAG 29

Fortuna Düsseldorf

Ein schlechter Traum und das schöne Wort Bravo

Nichts wollte der FC Bayern München mehr dem Zufall überlassen auf dem Weg zum 14. deutschen Meistertitel. Als neueste Errungenschaft sind rote und weiße Büschel zu feiern, mit denen in Amerika die Cheerleader wedeln. Man nennt sie Pom-Poms. Aus der Mannschaftskasse finanziert, wurden tausende am Samstag im Olympiastadion verteilt, um Anfeuerung und Jubel ästhetisch auf ein noch höheres Niveau zu bringen.
Leider vergaß man an diesem Tag, die größten Bayern-Fans mit Pom-Poms auszustatten, zum Beispiel jenen Anhänger, der zu Tarnungszwecken ein Düsseldorfer Trikot mit der Rückennummer 44 und der Aufschrift Dobrowolski trug. Denn es kann nicht wirklich der russische Nationalspieler Igor Dobrowolski gewesen sein, der Lothar Matthäus in der 52. Spielminute den Weg zum 5:0 freimachte: erst einen Sprint antäuschte und dann den Bayern-Kapitän einfach ziehen ließ. Fehlte nur noch, er hätte gewedelt bei Matthäus' Linksschuß unters Tordach. Pom-Pom!
Schon wahr, Lothar Matthäus, immer dieser Zynismus und diese Nörgelei: »Wenn wir verlieren, waren wir schlecht, wenn wir gewinnen, war der Gegner schlecht.« Richtig wütend wurde der Kapitän am Samstag. Deshalb ist ausdrücklich festzustellen, daß die Münchner Bayern beim 5:0 (4:0)-Sieg gegen Düsseldorf grandios kombinierten und beim achten Heimsieg in Folge fünf wunderschöne Tore erzielten. Und besonders hervorzuheben gilt es neben dem wieder überragenden Stürmer Ruggero Rizzitelli den Kapitän Matthäus, der sein erstes Saisontor erzielte, und das trotz der Anweisung von Trainer Giovanni Trapattoni, der ihn »zu 97,9 Prozent in der Defensive« (Matthäus) sehen möchte. Die restlichen 2,1 Prozent nutzte er jedoch konsequent.
So ist von einer einträchtigen Bayern-Familie zu berichten. Jürgen Klinsmann, der nur die Latte traf, umarmte Matthäus nach dessen Tor; der wiederum behauptete, er hätte das Tor Klinsmann gegönnt. Und sogar Trapattoni zeigte sich restlos zufrieden, wie Thomas Helmer berichtete: »Es gibt ein schönes Wort. Bravo. Das hat er zu jedem einzelnen in der Kabine gesagt.« Bravo, bravo – dabei hatte Trapattoni »Angst«, seine Leute könnten denken, dies sei »ein leichtes Spiel«. Genau das taten aber offenbar die Düsseldorfer.
So kam es, daß Trapattonis junger Kollege Rudi Wojtowicz der Eindruck befiel, er erlebe einen »schlechten Traum«, und sein Kapitän Holger Fach sich »schockiert« fühlte ob der Lethargie der Kollegen, von denen viele nicht wüßten, wo sie nächstes Jahr ihr Geld verdienen sollten. Der Abstieg ist nun wohl nicht mehr zu vermeiden. Fach hat fürs nächste Jahr schon einen Vertrag bei 1860 München, hatte aber doch den Mumm, nach fünf Spielminuten seine schmale Brust in die Schußbahn von Christian Nerlingers Freistoß zu halten. »Kein Problem« für Fach. »Da muß man halt die Luft anhalten, aber vielleicht hätten die anderen nachsetzen sollen.«

Ein Liebesgruß an die Borussia

»Juve, Juve« sangen während des Spiels gegen Düsseldorf die mit Pom-Poms bewehrten Bayern-Anhänger – für die Dortmunder Borussia ein kleiner Vorgeschmack auf das, was ihr beim Champions-League-Finale am 28. Mai im Olympiastadion bevorstand. Juventus Turin sollte gegen Borussia Dortmund gewinnen – alles andere würde das Bayern-Ego schwer treffen.

Aufstellung:
FC BAYERN: Kahn; Matthäus, Babbel, Helmer, Hamann, Zickler, Basler (78. Jancker), Nerlinger (57. Strunz), Witeczek, Rizzitelli (61. Scholl), Klinsmann
FORTUNA DÜSSELDORF: Koch; Fach, Katemann, Trienekens, Seeliger (61. Pasic), Istenic, Dobrowolski, Drazic, Tolkmitt (46. Judt), Juran, Younga-Mouhani (46. Niestroj)
Torfolge: 1:0 Nerlinger (6.), 2:0 Basler (35.), 3:0 Rizzitelli (38.), 4:0 Zickler (45.), 5:0 Matthäus (52.)
Schiedsrichter: Zerr (Ottersweiler)
Zuschauer: 61 000

Tat aber keiner, und so durfte Nerlinger noch einmal draufhalten: 1:0. Danach brachen alle Dämme. Die Fortunen täuschten eine Abseitsfalle an, als Mario Basler mit einem Paß Klinsmanns davonzog (2:0), ließen Ruggero Rizzitelli nach Markus Babbels Flanke unbehelligt den Seitfallzieher üben (3:0) und machten höflich Platz, als Zickler nach Doppelpaß mit Klinsmann zum Flachschuß ansetzte (4:0).
Es ist müßig, die restlichen Torchancen aufzuzählen. Viel aufschlußreicher ist die Fortuna-Statistik: keine Gelbe Karte, kein böses Foul, keine Torchance. Den traurigen Schlußpunkt setzte der Amateur Stefan Trienekens, der beim Torschuß kurz vor dem Abpfiff ähnlich unbeholfen strampelte wie auf der Tribüne Mario Baslers vier Wochen altes Baby. Trienekens ist als Angestellter des Finanzamtes Düsseldorf-Süd vermutlich bestens aufgehoben. Holger Fach freilich findet generell, es könne auf Dauer nicht gutgehen, die Mannschaft mit immer noch einem Amateur zu ergänzen.
Arbeitsverweigerung ist damit aber nicht zu entschuldigen. Vermutlich trägt die Mannschaft noch die Handschrift von Wojtowicz' Vorgänger Aleksandar Ristic und hört nur auf den Knall der Peitsche.
Sogar Basler, kein Freund des Laufspiels, fand es »traurig mit anzusehen, was sich da abgespielt hat« in der Mannschaft der Fortunen. »Die stecken nicht im Abstiegskampf, die sind schon abgestiegen.«
Solche Erkenntnisse haben die Bayern leider nicht davor bewahrt, sich wieder mal als die Allergrößten zu fühlen, vor dem Endspurt Richtung Titel. Vizepräsident Karlheinz Rummenigge verlangte ahnungsvoll, sie müßten »in der Spur bleiben«, der sie seit den Debakeln in Leverkusen und Bielefeld folgten, denn Leverkusen werde sich »nicht abschütteln lassen«. Bayer-Trainer Christoph Daum hatte sich klug auf die Rolle des Außenseiters zurückgezogen und die Bayern in die Rolle der Unschlagbaren gedrängt, die ihnen letztlich eine Nummer zu groß war.

In ihre Bestandteile zerlegt wurde die Düsseldorfer Fortuna von den groß aufspielenden Bayern. Matthäus bejubelt seinen gelungenen Schuß zum 5:0

Spruch der Woche

»Super-Marlboro«
Torschütze Mario Basler über sich selbst

1. Platz

SPIELTAG 30

Entfesselte Löwen im dampfenden Tollhaus

Der Regenbogen, der kurz vorm Anpfiff den Olympia-Park überspannte, barg naturgemäß sämtliche Farben. Und wie bestellt bot diesmal auch das lokale Kräftemessen des TSV 1860 mit den Münchner Bayern alle Facetten eines packenden Fußball-Derbys. Daß der verzehrende Schlagabtausch mit 3:3 (2:1) endete, hatten sich allein die Löwen zuzuschreiben. Sie hatten die Bayern eine Halbzeit lang vorgeführt wie Tanzbären in der Manege und leisteten sich in der Schlußphase den denkwürdigen Luxus, gegen neun gezähmte Gegner das Ausgleichstor von Jancker zu kassieren. Matthäus und Ziege hatten Gelb-Rote Karten gesehen, was sich auf den Endspurt im Titelkampf noch auswirken sollte. Mit drei Zählern Vorsprung blieb der FC Bayern zwar an der Bundesliga-Tabellenspitze, wenn auch der FC Bayern mit drei Zählern Vorsprung an der Tabellenspitze blieb.
»1860 ist stark wie noch nie!« – die Klänge ihrer Vereinshymne, die vorm Heldeneinmarsch durchs Oval dröhnte, faßten die an Klartext gewöhnten Lorant-Eleven vom Anpfiff weg als Marschbefehl auf. Und die Bayern, die aus eigenen Heimspielen an eher gemütliche Aufwärmphasen gewöhnt sind, erlebten in der zweiten Spielminute beeindruckt mit, wie sich der lange Löwen-Stürmer Olaf Bodden unbehelligt in den zweiten Eckball warf und den Ball exakt auf Torwart Kahn köpfte.
Noch erstaunlicher war, daß es in diesem Takt weiterging. Gleich darauf winkte Kahn eine Flanke von Heldt übers Torkreuz. Angriff um Angriff rollte aufs Bayern-Gehäuse, während sich beim Tabellenführer nicht einmal ein Wille zur Gegenwehr erkennen ließ. Einzig Matthäus unterbrach den massiven Einbahnstraßen-Verkehr mit einem dynamischen Sololauf von Strafraum zu Strafraum (10.), und Rizzitelli streckte seinen Bewacher Matthias Hamann mit einem wütenden Fußtritt nieder. Schiedsrichter Weber als unmittelbarer Augenzeuge des Vorgangs sah generös weg.
Nach einer Viertelstunde wurde den

STATISTIK

Aufstellung:
TSV 1860 MÜNCHEN: Berg; Trares, Walker, Greilich, Stevic (76. Borimirow), M. Hamann, Heldt (65. Pele), Nowak, Bender (81. Böhme), Bodden, Cerny
FC BAYERN: Kahn; Matthäus, Helmer, Babbel, Zickler, D. Hamann (46. Scholl), Strunz, Nerlinger, Ziege, Klinsmann (70. Jancker), Rizzitelli (74. Münch)
Torfolge: 1:0 Heldt (15.), 2:0 Heldt (18.), 2:1 Klinsmann (45.), 2:2 Scholl (57.), 3:2 Böhme (82.), 3:3 Jancker (88.)
Schiedsrichter: Weber (Essen)
Gelbe Karten: M. Hamann, Nowak, Greilich, Borimirow, Kahn, Nerlinger, Helmer.
Gelb-Rote Karten: Ziege, Matthäus
Zuschauer: 69 000

FACTS & ACTS

Der Millionenschütze

Carsten Jancker legte die Finger an die Lippen und deutete hinauf zur Tribüne: drei Küßchen für Ehefrau Natascha. In der 70. Minute als Notnagel für Klinsmann aufs Feld gekommen, hatte der einstige Europapokal-Held von Rapid Wien seinen ersten ganz großen Auftritt im Dress des FC Bayern. 89. Minute: Von links kommt die Kugel, Jancker läßt zwei Kontrahenten aussteigen und zieht das große Los: »Ich ziel' auf die lange Ecke und hab' einfach Glück.« Schon zur Pause hatten die Fans aus der Südkurve den Einsatz des hünenhaften Stürmers (1,93 m) aus Mecklenburg gefordert, doch Trainer Trapattoni ließ ihn schmoren. Wie meist in dieser Saison: 17 Mal durfte er für ein paar Minuten aufs Feld. Mit dem 3:3-Ausgleich schoß Teilzeitarbeiter Jancker ein Tor, das Millionen wert war.

1860

TSV 1860 München

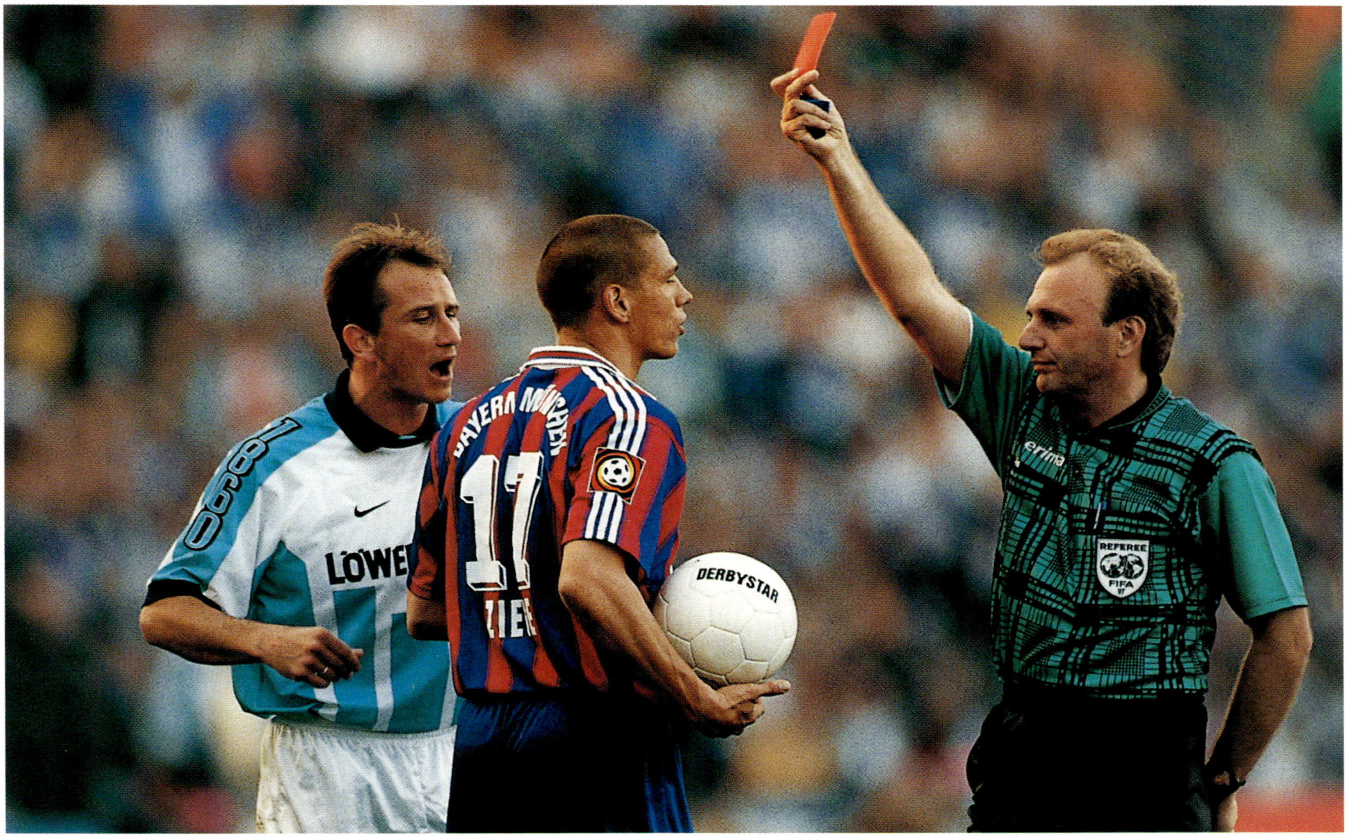

Nur noch mit rüden Fouls wußten sich die Bayern der großartigen Sechziger zu erwehren. Als logische Folge flogen zuerst Ziege (oben), dann Matthäus, nach dieser brutalen Attacke gegen Hamann, vom Feld

Löwen der hochverdiente Lohn ihrer Bemühungen zuteil. Nach einem lustlos getretenen Eckstoß von Ziege schnappte sich Heldt den Ball und eilte dem anschwellenden Lärm in der blauweißen Nordkurve entgegen. Er schaute nach links, schaute nach rechts und schoß die Kugel dann dorthin, wo sie hingehört, wenn man weder angegriffen wird, noch vernünftig abzuspielen weiß: ins Tor.
Es war ein Akt der Zügellosigkeit, der letzte Löwen-Reserven entfesselte. Bayern-Coach Trapattoni im schicken Tuch lehnte längst wie festgeschweißt am eigenen Plexiglashäuschen, während der Kollege nebenan im kurzärmeligen T-Shirt die Seinen nach vorne kurbelte. Mit Erfolg. Die verdatterten Bayern-Kicker schafften es nicht, den ab Mittellinie einsam vorwärtsstolpernden Bodden vom Ball zu trennen, und erst als der Hüne in den Strafraum eindrang, kippte er über das Bein von Strunz – elegant genug für Referee Weber, der den Strauchler mit einem Strafstoß belohnte. So konnte Heldt Saisontreffer drei bequem den vierten folgen lassen (18.), im Nachschuß erst, doch immerhin.
Am transusigen Gesamtbefinden der Bayern änderte der etwas beunruhigende Rückstand nichts. Als gelte es allein, noch größeres Ungemach zu vermeiden, schob man einander das Leder zu oder drosch es ohne erkennbaren Sinn über die grüne Wiese. Die Löwen hingegen jagten dem nächsten Treffer nach, angetrieben vom überragenden Heldt, von Nowak, Bender und Stevic. Als die glorreichen Vier das Bayern-Mittelfeld restlos entkernt hatten und keiner mehr glaubte, daß sich der Spitzenreiter noch irgendwelchen Hoffnungen hingab, taten sich plötzlich Lücken in der Sechziger-Abwehr auf. Rizzitelli scheiterte per Direktabnahme an Berg (43.). Doch als Klinsmann bei Zieges Eckstoß in die Höhe schnellte, kam keiner mit: Nur noch 1:2, das verdarb Lorants Löwen den Pausentee.
Den Bayern war der Appetit ohnehin längst vergangen. Manager Hoeneß empfand warme Dankbarkeit gegenüber den Löwen, »daß sie uns nicht einfach abgeschlachtet haben«. Präsident Beckenbauer forderte händefuchtelnd »mehr Engagement«.
Und Trapattoni handelte. Er brachte Scholl für Hamann und damit irgendwie einen Umschwung ins Spiel. 57 Minuten waren vorüber, als der Edelreservist am linken Flügel ein Dribbling begann, linksherum und rechtsherum. Und da ihn alle inklusive seines Gegenübers Stevic gewähren ließen und Torwart Berg sorglos am Fünfmeterraum fürbaß schritt, beförderte Scholl den Ball in hohem Bogen ins Netz. Der Ausgleich. Zeit des Erwachens für die Bayern. Matthäus und Ziege sahen Gelb wegen Foulspiels, Lorant brachte Pele für den erschöpften Antreiber Heldt. Auch Trapattoni

Carsten Janckers erstes Bundesligator für den FC Bayern war gleichzeitig eines der wichtigsten

Der begeisterte Löwenanhang verwandelte die Tribünen in ein Meer aus Weiß und Blau

griff in die Trickkiste und brachte – hokuspokus – die Nummern 18 und 19 zum Vorschein: Jancker rein, Klinsmann raus. Kopfschüttelnd trabte der Torjäger, der sein Team nicht nur mit dem vehementen Anschlußtreffer aufgebaut hatte, Richtung Kabine. Fast hätte ihn Ziege noch eingeholt – der sah Sekunden später Gelb-Rot nach einer Attacke an Hamann.

Der Rest war Derby pur, eine offene Feldschlacht ohne jedes taktische Dekor. Lorant brachte Borimirow für Stevic, Trapattoni Münch für Rizzitelli, Lorant Böhme für Schwabl – und das blonde Energiebündel entzückte sogleich die Löwen-Massen: Wie ein Kreisel wirbelte er durch die Bayern-Reihen und schlenzte den Ball per Außenrist hoch ins Toreck. Das 3:2 (81.) für 1860, die Entscheidung? Keinen Zweifel mehr schien Matthäus daran zu lassen, der sich mit einem rüden Foul an Hamann Gelb-Rot einhandelte. Elf gegen neun – und doch nicht genug der Übermacht für die Profis des TSV. Unfähig, Bayerns letztes Aufgebot auf Distanz zu halten, ließen sie Jancker am Strafraum obwalten. Kurze Drehung, schon verschwand der Ball im Netz und der Schütze im Epizentrum jubelnder Kollegen. Fast hätten die geknickten Löwen im phosphorumdampften Tollhaus noch ein Freistoßtor kassiert – doch auch so hatten die Bayern, wie ihr Vize Rummenigge auf der Tribüne japste, »ein moralisches Wunder« vollbracht. Das echte Mirakel aber blieb, daß es am Ende kein blaues Wunder für die Bayern geworden war.

Spruch der Woche

»Ich bin wohl einfach zu nett.«

Jürgen Klinsmann nach seiner erneuten Auswechslung

1. Platz

SPIELTAG 31

SC Freiburg

Zwei verschenkte Punkte und der Zorn des Jürgen Klinsmann

Nach 80 Minuten zückte Trainer Giovanni Trapattoni das Täfelchen mit der Nummer 18. Zum zwölften Mal in dieser Saison. Mit vor Zorn hochrotem Kopf ging Jürgen Klinsmann vom Rasen, kopfschüttelnd reichte er dem Ersatzmann Carsten Lakies die Hand. Dann aber brach der Frust vieler Monate aus ihm heraus. Mit heftigen Bewegungen beider Arme deutete er: Hier ist für mich endgültig Schluß.
Zum Eklat kam es, als Klinsmann wenige Meter an Trapattoni vorbeistapfte und plötzlich mit aller Macht und dem rechten Fußballstiefel in eine Säule aus Hartfaserplatten trat, die zu Werbezwecken neben der Bank der Münchner Bayern plaziert ist. Das Holz barst, und der angriffslustige Stürmer bekam seinen Schuh nur unter Mühen aus der zerborstenen Attrappe heraus, ehe er wüst fluchend den Gang in die Kabine antrat.
Die Einwechslung des Amateurs aus der Bayernliga beim Stand von 0:0 gegen Absteiger SC Freiburg hatte den Welttorjäger des Vorjahres in Weißglut gebracht. Daß ein völlig unerfahrener Mann dem Team mehr helfen sollte als der auf allen Plätzen des Globus bekannte Kapitän der Nationalmannschaft – das empfand Jürgen Klinsmann als eine unerträgliche Demütigung.
Hinterher tat ihm der emotionale Ausbruch schrecklich leid. »Das darf einem Mann wie mir nicht passieren. Eine dumme Überreaktion. Meine Gefühle sind mit mir Gassi gegangen«, erklärte er den Journalisten. Doch der Zwist mit Trapattoni könne ihn nicht daran hindern, auf dem Weg zur Meisterschaft sein Bestes zu geben. »Mein Wunsch ist es, die Schale in Händen zu halten. Danach trennen sich die

In dumpfer Verzweiflung brütet der gesperrte Kapitän Lothar Matthäus angesichts der trostlosen Leistung seiner Mannschaftskameraden beim Stand von 0:0 kurz vor dem Abpfiff vor sich hin

Aufstellung:
FC BAYERN: Kahn; Helmer, Babbel, Kuffour, Zickler (54. Jancker), Hamann (46. Scholl), Basler, Witeczek, Münch, Klinsmann (80. Lakies), Rizzitelli
SC FREIBURG: Schmadtke; Korell, Sundermann, Vogel, Kohl (74. Rath), Buric, Heidenreich (79. Guezmir), Sternkopf (82. Freund), Frontzeck, Spies, Jurcevic
Schiedsrichter: Fleske (Schönau)
Gelbe Karten: Heidenreich, Schmadtke
Zuschauer: 63 000

Wege« – Gott sei Dank, vergaß er hinzuzufügen.
Der Trainer jedenfalls nahm Klinsmanns Entschuldigung an, bestand im übrigen aber darauf, daß er die Befehlsgewalt alleine ausübe: »Ich sitze seit zwanzig Jahren auf der Bank. Und ich habe schon viele andere Spieler ausgewechselt.«
Klinsmanns Krach mit Trapattoni war aus dessen taktischer Anweisung entstanden, Klinsmann solle sich aus der Mitte heraus, weiter nach links orientieren. Im Zentrum aber werden die Tore gemacht, und Klinsmann war zu diesem Zeitpunkt mit 13 Treffern und zehn Torvorlagen der weitaus gefährlichste Bayern-Akteur – auch an diesem sommerlichen Nachmittag im Münchner Olympiastadion, an dem die Mannschaft einen rabenschwarzen Tag erwischte.
Nach dem Prinzip »Sicherheit zuerst« hatte Trapattoni wieder ganz auf Defensive gesetzt – und das gegen den Tabellenletzten, dem schon Wochen zuvor auch rechnerisch der Sturz in die Zweite Liga bestätigt worden war. Im Gegensatz zu den Münchnern, die in dieser entscheidenden Phase der Meisterschaft total verkrampften, spielten die Badener auf, als wären sie von einem großen seelischem Druck befreit.
Lange Zeit diktieren sie die Partie, während die Bayern, wie Präsident Franz Beckenbauer erregt monierte, die erste Hälfte »regelrecht verschliefen«. Aus der Südkurve kamen erboste Sprechchöre: »Wir woll'n euch kämpfen sehen.«
Nach der Pause aber übten sie Druck aus auf die Freiburger Abwehr. Baslers Freistoß prallte gegen

Keine freundlichen Worte hatte Jürgen Klinsmann für seinen Trainer angesichts der erneuten Auswechslung

die Querstange, Klinsmann vergab eine gute Chance, und Lakies, der neue Mann, setzte einen Kopfball aus wenigen Metern über den Balken. »Die Zeit ist ihnen davongelaufen«, stellte Beckenbauer ernüchtert fest.
Keiner ging so hart mit dem Titelaspiranten ins Gericht wie der Präsident. »In dieser Verfassung haben wir keine Chance – null«, giftete Beckenbauer. Manager Uli Hoeneß hingegen führte vorsichtig den an diesem Tag herrschenden Föhn ins Feld. »Solange wir es noch aus eigener Kraft schaffen können, werde ich nicht nervös.«
Andere aber wurden, wie das enttäuschende 0:0 bewies, von größerer Aufregung gepackt. Zumal Bayer Leverkusen tags darauf durch ein 5:0 über den Hamburger SV bis auf ein Pünktchen an die Bayern heranrückte.

Spruch der Woche

»Eine Dummheit, ein Riesenfehler!«
(Klinsmann zu seinem Tritt gegen eine Werbetonne)

1. Platz

SPIELTAG 32

Hansa Rostock

Eine wundersame Wandlung

Offensiv wie noch nie unter Führung Giovanni Trapattonis traten die Bayern im vorletzten Auswärtsspiel an. Dergestalt wundersam verwandelt erstürmten sie ein glattes 3:0 beim kantigen Gegner Hansa Rostock, der zuvor äußerst gern gegen die sensiblen Balltreter aus München gespielt hatte. Uli Hoeneß hatte neue Führungspersönlichkeiten auf dem Feld ausgemacht und namentlich Mehmet Scholl und Mario Basler erwähnt. Es seien 90 Minuten gewesen, erklärte der Manager mit stolzgeschwellter Brust, »wie man sich das vorstellt«. Vor allem aber wurde der Sieg in einer Besetzung erkämpft, »wie man sich das vorstellt«: zwei Stürmer, dazu Basler und Scholl, Kuffour in der Abwehr neben Helmer als Libero für den verletzten Matthäus. Nach den Rückzugsgefechten, in die der Coach seine Truppe mit nicht immer ganz nachvollziehbaren taktischen Auswechselmanövern getrieben hatte, etwa beim 3:3 gegen den Lokalrivalen 1860 München oder beim 0:0 gegen den SC Freiburg, schien Bayer Leverkusen auf dem direkten Weg zum ersten Titelgewinn. Wie sollten die Bayern auch den Titel gewinnen, da doch der Trainer lieber in Rom, der Popstar, Scholl, lieber in Barcelona arbeiten wollten und Torjäger Klinsmann bereits mit dem Umzug nach Genua beschäftigt war?

STATISTIK

Aufstellung: ROSTOCK: Bräutigam, März, Hofschneider, Rehmer (75. Zallmann), Lange, Gansauge, Weilandt (55. Micevski), Beinlich, Studer, Akpobirie, Chalaskiewicz (55. Barbarez)
MÜNCHEN: Kahn, Helmer, Babbel, Kuffour, Basler, Witeczek, Scholl (64. Zickler), Hamann, Nerlinger, Ziege, Klinsmann, Rizzitelli (70. Jancker)
Torfolge: 0:1 Ziege (33.), 0:2 Klinsmann (56.), 0:3 Scholl (62.)
Schiedsrichter: Krug (Gelsenkirchen)
Gelbe Karten: Beinlich, März, Rizzitelli, Helmer, Nerlinger
Zuschauer: 24 200

FACTS & ACTS

Ein neuer Mario Basler?

Mario Basler wurde nicht nur mit einer einzigartigen Schußtechnik gesegnet, sondern auch mit der Gabe, Präsidenten, Trainer und Zuschauer in den Wahnsinn zu treiben. Dieser Profi liebt Weißbier, zockt am Kartentisch, raucht Kette und geht nach Auswechslungen noch vor dem Abpfiff nach Hause. Franz Beckenbauer verfügte trotzdem den Transfer, weil Basler einer sei, der Spiele entscheiden könne.
Beim SV Werder Bremen ist ihm das oft gelungen, meist allein, im Sprint und mit einer traumhaften Präzision beim Abschluß. In München hat es nicht lange gedauert, bis er den Trainer angriff, an der Taktik herumkrittelte, seinen vorzeitigen Ausstieg androhte und die Kollegen kritisierte. Bemerkenswert an diesen Vorfällen war nicht, daß sie sich zutrugen, sondern wie die Klubführung darauf reagierte, nämlich ruhig und gelassen. Dafür hat sich Mario Basler zum Saisonende mit waghalsigem Einsatz bedankt – nicht als Solist, sondern als Malocher. In Rostock beherrschte er die Defensive vor der Abwehr, ganz im Dienst der Mannschaft. Für den Titel »würde ich fast alles machen«. Das war wörtlich zu nehmen. Und mit seiner Vorhersage »Nächsten Samstag sind wir Meister« hat er schließlich recht behalten.

Nach dem »besten Saisonspiel«, wie Manager Hoeneß mit Genugtuung feststellte, hatte sich zwar an dieser Situation nichts geändert, wohl aber an der Gemütslage der streitbaren Bajuwaren. Genau wußte das allerdings keiner, da von Beckenbauer – »Wir sind weiter voll dabei!« bis Zickler – »...« – keiner Erklärungsbedarf verspürte.
Nur der höfliche Herr Trapattoni gab sich auskunftsfreudig. Wie er denn auf die Idee gekommen sei, es überaschend doch mit den Künst-

Alleinunterhalter Basler: Der ehemalige Bremer schlug die schwachen Rostocker fast im Alleingang

lern Basler und Scholl zu versuchen, wurde er gefragt. »Es gibt einen Moment, in dem die Spieler ihre Reaktion zeigen müssen«, erwiderte der »Mister«. Was für ein ausgekochtes Schlitzohr! Monatelang hatte er Nationalspieler wie Basler, Klinsmann und Scholl wie Balltreter aus der Kreisklasse ausgetauscht oder erst gar nicht aufgestellt. Und vor der wichtigsten Begegnung nominierte er sie bereits am Dienstag vor dem Spiel. Nur Klinsmann erfreute sich weiterhin einer speziell auf ihn abgestimmten pädagogischen Betreuung. Erst fünf Stunden vor dem Anpfiff erfuhr er von seinem Einsatz.

»Heute war sehr wichtig für Jürgen«, sagte Trapattoni – vermutlich aber auch für seinen Übungsleiter, dessen striktes Sicherheitsdenken einem Freigeist wie Beckenbauer grundsätzlich nicht gefallen kann. Das Team des FC Bayern ist eben anders als andere Mannschaften. Wieder setzte es extremen Druck in extrem gute Leistungen um. Scholl dribbelte wie 1996 im Mai, Helmer verteidigte europameisterlich, Basler sortierte die Defensive mit geschulter Grätsche, Kahn hielt, was zu halten war. Helmer wollte seinen Torhüter auch vor einem Fernsehinterview bewahren, weil der »wie ich noch unter Strom stand« nach einer Woche, in der »Stimmung für Leverkusen gemacht wurde«. Und Angst und Zweifel, die »bei uns reininterpretiert wurden«, habe er nie verspürt. Klinsmann, der wie Scholl und Ziege zu den Torschützen zählte, kündigte an, daß er »nicht alles, aber viel vergessen« werde, wenn sich sein Traum von der Meisterschaft erfüllte. Eine Woche später konnte er damit beginnen.

Spruch der Woche

»Am nächsten Samstag sind wir Meister.«
(Mario Baslers Prophezeiung)

1. Platz

SPIELTAG 33

VFB Stuttgart

Happy-end zum Abschluß einer verrückten Saison

Aufstellung:
MÜNCHEN: Kahn, Helmer, Babbel, Kuffour, Witeczek (83. Hamann), Basler (66. Zickler), Nerlinger, Scholl, Ziege, Klinsmann, Rizzitelli (71. Jancker).
STUTTGART: Wohlfahrt; Haber, Verlaat, (75. Djordjevic), Schneider, Herzog, Schwarz, Balakow, Poschner, Hagner (75. Posch), Elber, Bobic.
Torfolge: 0:1 Schwarz (17.), 1:1 Ziege (20.), 2:1 Scholl (46.), 2:2 Bobic (51.), 3:2 Rizzitelli (65.), 4:2 Witeczek (78.)
Schiedsrichter: Dr. Merk (Kaiserslautern)
Gelbrote Karte: Balakow wegen Meckems (23.)
Gelbe Karten: Rizzitelli, Hagner, Verlaat (5/1), Elber (5), Herzog (4), Bobic (5/3).
Zuschauer: 63 000

Den fröhlichen Abend leitete ein feuchter Nachmittag ein. Um 17.18 Uhr, als die Entscheidung nach dem 4:2 (2:1) gegen den VfB Stuttgart gefallen war, begann Verteidiger Christian Ziege sämtliche greifbaren Schultern zu nässen. Dem Busfahrer Rudi Egerer fiel er schluchzend an die Brust, Manager Uli Hoeneß gleich darauf und zum Schluß noch einigen Fans. Später machte der scheidende Ziege im Verein mit Mario Basler den ARD-Mann Waldemar Hartmann mit einem weiteren flüssigen Element vertraut: Als das Interview beginnen sollte, gossen sie dem Moderator wortlos eine Flasche Schampus über den Kopf und flohen die feuchte Stätte Richtung Kabine.
Trainer Giovanni Trapattoni verweigerte zwar dem euphorischen Hoeneß beim 2:1 eine Veitstanzeinlage und klammerte sich indigniert an das Nachfolgemodell jener Werbetonne, die einem Tritt des Spielers Klinsmann zum Opfer gefallen war. Dafür aber wässerte er in unregelmäßigen Abständen seine Umgebung. Je nach Spielstand zog er ein Fläschchen aus der Jackentasche und goß ein paar Tröpfchen Weihwasser ins Gras: Madonna, hilf!
Derweil mobilisierte Mario Basler nach seiner Auswechslung letzte Kräfte und dirigierte mit schwingenden Armen die ansonsten La-Ola-resistente Haupttribüne bei der Welle.
Mit dem Schlußpfiff brach kurzfristig das Chaos aus. Nach einer knappen Ehrenrunde mit dem spurtschnellen Witeczek an der Spitze sprangen die Bayern auf das Podium. Angetan mit frisch bedruckten Meister-T-Shirts sangen sie besinnliche Weisen (»Vize-, Vizemeister Daum«), während ein Teil des Anhangs den finalen Sieg über die Ordnungskräfte feierte. Zwei Mann beschützten wehrhaft das Tor in der Südkurve vor Sachbeschädigung, dafür bot sich die gesamte Spielfläche für vandalistische Umtriebe an. Hemmungslos rissen Fans quadratmetergroße Rasenstücke aus dem olympischen Sportterrain, worüber sich am folgenden Mittwoch Juventus Turin und Borussia Dortmund sehr gefreut haben.
Nach wenigen Minuten war's genug, die Fußballfirma FC Bayern, voran Jürgen Klinsmann und Giovanni Trapattoni, zog sich zu Bier und Sekt in die Kabine zurück. Während sich das Stadion schnell

Mit einem Blumenstrauß bedacht wurde Klaus Augenthaler bei seinem letzten Auftritt als Assistenztrainer vor heimischem Publikum – ein sichtlich schwerer Abschied

Das war die endgültige Entscheidung: Marcel Witeczek schoß das 4:2 und wurde dafür von seinen Kollegen Ziege, Kuffour, Jancker und Nerlinger begeistert gefeiert.

leerte, gaben Teile des kickenden Personals einige Pflicht-Interviews, bevor sie sich zum internen Betriebsfest ins Schwabinger »Seehaus« zurückzogen. In geschlossener Gesellschaft, wie Manager Hoeneß betonte, wollten sie den 14. Titel feiern, »ganz unter uns« und gemäß den Richtlinien des neuen Medienkonzepts. In dem zuvor reservierten Schicki-Restaurant warteten neben etwa 500 Fans denn auch kaum mehr als zehn Fernseh-Anstalten mit ihren Kameras auf die Sieger.

Zu diesem Zeitpunkt hatte der Radiosender Gong bereits die Meldung über den Äther geschickt, daß vereinzelte Bayern-Spieler in der Bier-Hochburg auf dem Nockherberg feierten – ganz unter sich.

Es ist ein seltsamer Jubel gewesen, mit dem die Bayern sich selbst hochleben ließen. Fast routiniert, professionell. Aber auch mit allen Zügen, die dieser wetterwendischen Saison ihr Gepräge gegeben haben: von Trapattonis Apathie über Baslers Exaltiertheit bis zu Zieges Weinkrampf. Am Ende stand weniger schrankenlose Freude als tiefe Erleichterung. Der enorme Druck, unter dem das Team zuletzt gestanden hatte, wich erst allmählich.

Der Titel – in diesem Jahr beinahe ein Muß – war für die meisten Akteure völlig überraschend gekommen. Nur Mario Basler hatte kühn das Ende des Zweikampfes mit Bayer Leverkusen schon für diesen Samstag prophezeit.

Auch Franz Beckenbauer war die Erleichterung anzumerken: Im Augenblick des Triumphes löste sich alles in Wohlgefallen auf – alles, was zuvor in Unordnung geraten war. Die gehässigen Streitereien zwischen Matthäus und Klinsmann, Trapattonis umstrittene Auswechselrituale, die Fluchtträume des Trainers – »Schwamm drüber«, wie Klinsmann sagte. Via Fernsehen prostete er dem Präsidenten zu, der wiederum seine Freundschaft zu dem sonnigen Torjäger betonte. Auch dem Trainer, der sich Tage zuvor noch mit Abwanderungsgelüsten getragen hatte, wand Beckenbauer vor laufender Kamera eine Girlande. »Einmalig seine Leidenschaft und Begeisterung. Wenn alle so engagiert gewesen wären wie er, wären wir mit zwanzig Punkten Vorsprung Meister geworden.«

Entscheidend für den Erfolg war die Tatsache, daß sich die Individualisten und Egoisten im kritischsten Moment entschlossen, eine Einheit

Meisterschaftseuphorie auf den Rängen: Bayern-Fans schwenken Attrappen der Meisterschale

zu bilden. Selbst der Solo-Einlagenkünstier Basler ordnete sich unter und bot gegen den VfB 65 Minuten lang ein großes, mannschaftsdienliches Laufspiel. Wie schon gegen Rostock (Beckenbauer: »Das wichtigste Spiel der Saison«) zeigten die Bayern gegen den VfB Stuttgart eine hochkonzentrierte Leistung. Hinzu kam eine satte Portion Glück: Leverkusen spielte ihnen mit einer deprimierenden Leistung in die Hände, und die um Balakow dezimierten und vom Schiedsrichter verärgerten Stuttgarter brachten sich unbeherrscht um den möglichen Sieg. Dennoch leisteten die Schwaben einen verbissenen Beitrag zu einem fulminanten Finale, das letzte Zweifel über den gerechten Ausgang des Titelkampfes beseitigte. Wie die Bayern dem 0:1-Rückstand hinterherliefen, den 2:2-Ausgleich wegsteckten und schließlich die unverhoffte Chance beim Schopf packten – Respekt.

Spruch der Woche

»Männer, jetzt lassen wir die Sau raus!«
(Jürgen Klinsmann nach dem Titelgewinn)

1. Platz

»Eine verrückte Saison«, resümierte der verletzte Kapitän Lothar Matthäus, »da kann ich nur für uns alle sprechen.«
Ungeachtet aller Querelen hatte die deutlich beste Mannschaft der Liga den Titel erobert. Nur dreimal hat der FC Bayern verloren in der 34. Bundesligasaison, weniger als andere und – so oft wie in Italien Juventus. Die Turiner gelten derzeit in Europa als Vorzeigekicker, weil sie 1996 die Champions League dominierten und den italienischen Meistertitel zum zweitenmal in Folge gewannen. Wer also behauptet, die Münchner Fußballcompany sei nicht auf einem guten Wege? Obwohl sich die Mannschaft des renommiertesten deutschen Vereins durch eine spannende Spielzeit zeitweilig gequält hat, konnte sie die 14. Meisterschaft am Ende im großen Stil erkämpfen. Das Finale deckte gebündelt die Qualitäten auf, die eine Klasseelf von allen anderen unterscheidet. Größer konnte der Druck nicht sein unter dem der FC Bayern und Bayer Leverkusen zum Duell antraten. Und die Mün-

chner hielten ihm nicht zufällig stand. Entschieden haben das Kräftemessen Nationalspieler, darunter sechs, die vor einem Jahr in England Europameister wurden. Das so stark kritisierte Rezept, die teuersten und besten Spieler zu kaufen, ist diesmal aufgegangen.
Darauf aber, daß eine zerstrittene, auseinanderfallende Mannschaft zum richtigen Zeitpunkt doch gemeinschaftlich handelt und siegt, können sich die Architekten des Erfolges künftig kaum verlassen.
Schon in der Saison setzte sich die Erkenntnis durch, daß »Hollywood« kein dienlicher Branchenname ist. Die Pronisten des gläsernen Profisports haben ihre Türen für Medienschaffende geschlossen. Das Gute daran ist, daß kein Präsident, kein Manager oder Spieler mehr behaupten darf, Probleme würden von außen nach innen getragen.
Einstweilen wird der FC Bayern in Ruhe leben. Im Erfolg schließen sich die Brüche ohnehin. Der Wunsch von Franz Beckenbauer nach personeller Kontinuität wird sich erfüllen. Giovanni Trapattoni ist der erste Trainer seit Jupp Heynckes (1987–1991), der eine Saison unbeschadet übersteht und für die nächste engagiert ist. Die Umbauten in der Mannschaft waren zu Saisonende fast vollzogen, und vielleicht hat das Dreamteam III weniger Probleme, sich zu definieren als seine Vorgänger. Das allerdings hängt von den Zielen ab. Bei den Bayern sind das stets die höchsten. Diesen Anspruch führen sie im Titel. Sie leiten ihn von ihrer ruhmreichen Vergangenheit ab, aus dem Namen ihres Präsidenten und ihrer gesellschaftlichen Bedeutung. Daran werden sie gemessen, auch wenn sie das nicht immer wahrhaben wollen. Und deshalb sind sie 1997 ein würdiger Meister.

Ein Leben für den Titel

»Wir werden uns zu einer Krisensitzung zusammensetzen, weil wir nur 4:2 gegen den VfB gewonnen haben«, grinste Oliver Kahn auf dem Weg in die Katakomben des Olympiastadions. Schon frühzeitig in dieser Saison hatte sich abgezeichnet, auf wessen Schultern beim FC Bayern die Last der Verantwortung ruhen würde. Als am 21. September vergangenen Jahres die Münchner gerade ihren reichlich glücklichen 1:0-Sieg gegen den Karlsruher SC feierten, war KSC-Kapitän Thomas Häßler mit der heiklen Frage konfrontiert worden, ob diese Bayern den Titel gewinnen könnten. »Mit Glück vielleicht«, hatte Häßler geantwortet, »und mit Olli.«
Mit Glück und Olli, in dieser Kombination hat sich die Mannschaft lange Zeit mühevoll an der Spitze gehalten. Oft ist Kahn zur Witzfigur abgestempelt worden wegen der Verbissenheit, mit der er den Erfolg sucht, doch ohne seinen Ehrgeiz hätten die Bayern nach den spektakulären Niederlagen in Leverkusen (2:5) und Bielefeld (0:2) den Titel wohl verspielt gehabt.
Diese beiden Spiele, findet Kahn, seien der Knackpunkt der Saison gewesen: »Da wurden wir in einer Schärfe kritisiert, wie ich das noch nie erlebt habe.« Die Mannschaft riß sich am Riemen, und Kahn bekam fortan weniger Arbeit.
Noch nie, sagt Oliver Kahn, habe er sich in eine Sache derart verbissen wie in diese Meisterschaft: »Seit Saisonbeginn hatte ich nichts anderes im Kopf als diesen Titel.« Wäre es schiefgegangen, hätte er sich zwar auch nicht umgebracht, wie er ausdrücklich versicherte, aber »es wäre ein ganz schwerer Rückschlag für mich gewesen«.
In Kahns Kopf, darf man vermuten, spuken auch weiterhin vorwiegend Gedanken an Siege und Titel herum. In der Stunde des Triumphes nahm er am Samstag die Vereinsführung in die Pflicht mit seiner Forderung nach einer Ergänzung des Kaders: »Mit Meisterschaft, Champions League und DFB-Pokal haben wir allein in der Vorrunde nahezu dreißig Spiele zu absolvieren.« Da brauche man auch fast dreißig Spieler, auf die man sich verlassen könne. »Schließlich«, sagte er, »sind wir noch lange nicht am Ziel aller Wünsche. Das Ziel des FC Bayern muß die europäische Spitze sein.«
Wie lange Oliver Kahn sich noch mit der Rolle als Nummer zwei in der Nationalmannschaft hinter Andreas Köpke abfinden wird, nun, mit dem Titel eines deutschen Meisters?
Das seien zwei Paar Stiefel, erklärte Kahn am Samstag. Aber man darf sich gefaßt machen: Ruhe geben wird er wohl kaum bis zur Weltmeisterschaft in Frankreich.

Statt hehrer Worte gab's einen klebrig-kalten Guß. Beim Versuch eines Interviews wurde Fernsehreporter Waldemar Hartmann, angetan mit dem Bayern-Meisterschafts-T-Shirt, von Mario Basler und Christian Ziege gnadenlos mit Sekt übergossen

SPIELTAG 34

Borussia Mönchengladbach

Harmonischer Ausklang mit der Salatschüssel

Es ging eigentlich immer schon lustig zu, wenn der FC Bayern im vergangenen Jahrzehnt am letzten Spieltag der Saison deutsche Meisterschaften feierte. 1989, nur zur Erinnerung, schleppte der kleine Olaf Thon die massige Schale im Münchner Dress durch's Olympiastadion. Irgendwann wurde ihm das Elf-Kilo-Ding zu schwer, und er reichte es weiter. An wen? Wußte er leider nicht mehr. Jedenfalls war das teure Sterlingsilber futsch, und eine Spezialeinheit des Bundes-

Bayern und die Presse – eine unendliche Geschichte

Als Jürgen Klinsmann zum Abschied Bilanz zog, machte er die offene Medienpolitik seines Klubs für die verpaßte Meisterschaft des Vorjahres verantwortlich. Schon früh seien detaillierte Inhalte seines Vertrages veröffentlicht worden. Und auch danach sei die Unruhe ständiger Begleiter gewesen und habe manchen Rückschlag verursacht. Solange bis Manager Hoeneß endlich ein neues Konzept im Umgang mit den Reportern verkündete. Der Erfolg der strikten Maßnahme, so Jürgen Klinsmann, war umwerfend: der 14. Meistertitel.

Rechts: Ein lukrativer Treffer! Klinsmanns 15. Saisontor machte Uli Hoeneß reicher. Der Manager hatte damit eine Wette gegen Mannschaftskapitän Matthäus gewonnen
Unten: Endlich am Ziel seiner Wünsche: der überragende Torwart Oliver Kahn mit der ersehnten Meisterschale

Nur siegen ist schöner als fliegen. Jürgen Klinsmann, der das ganze Jahr als Kämpfer überzeugt hatte, bewies auch gegen Borussia Mönchengladbach seinen Einsatzwillen

grenzschutzes brauchte dreißig Minuten, um dem Anhang das Original zu entreißen.
Ein Jahr später stürmte der Fanblock aus Richtung Südkurve den Rasen zehn Minuten zu früh. Ein polizeiliches Putzkommando schwemmte alle fort, auch die Spieler. Die standen bis auf die Hose nackt am Ausgang und tänzelten nach einer halben Stunde in Leihtrikots wie angesäuselt aus der Kabine zurück. 1994 trat Trainerpräsident Franz Beckenbauer immerhin den Ball beim ZDF-Torwandschießen von einem Weißbierglas ins Loch, was Coach Rausch aus Kaiserslautern, Zweiter im Titelkampf, sauertöpfisch zur Kenntnis nahm. Diesmal war's anders. Vermutlich, weil die Bayern die Salatschüssel nicht in München, sondern im Gehege des historischen Erzfeindes aus Mönchengladbach in Empfang nehmen mußten. Gottlob ließ sich Egidius Braun, Chef des Deutschen Fußball-Bundes, nicht vom störrischen Bocksgesang der Niederrhein-Borussen beeindrucken und beehrte den »1.FC Bayern« mannhaft mit der Trophäe. Danach wurde gekickt, daß einem warm ums Herz wurde. Die Mönchengladbacher verzichteten großzügig auf eine Million Mark, die Sponsoren gezahlt hätten für einen einstelligen Tabellenplatz. Sie hätten nur zu gewinnen brauchen, ließen die Saison aber lieber harmonisch ausklingen und gestatteten Nerlinger drei Minuten vor dem Abpfiff das 2:2. Der Glücksschütze wußte hinterher von einem Wunder zu berichten. In der Pause sei ihm Physiotherapeut Gebhardt mit den Worten erschienen: »Ich massier` dir jetzt ein Tor `rein.« Ungewohnt sanft habe der Muskelkneter Nerlingers linken Außenrist gestreichelt. Und mit dem erzielte der Münchner den Treffer.
Zu diesem Zeitpunkt saß Mario Basler schon vergnügt in der Nähe seines Trainers, und die Abwehrexperten Helmer und Kuffour organisierten einen Betriebsausflug in den Strafraum der Borussia. Giovanni Trapattoni, trug Manager Hoeneß bierernst vor, habe seiner Elf aufgetragen, »keine Saufparade« abzuliefern. Nur so ist zu erklären, daß Basler sich trotz nächtlichem Disko-Besuch in der Düsseldorfer Altstadt 45 Minuten völlig verausgabte: Aus dem Stand brachte er geniale Pässe auf den Weg und unterhielt das Pu-

STATISTIK

Aufstellung: MÖNCHENGLADBACH: Kamps, Paßlack (71. Schulz-Winge), Fournier, Klinkert, Neun, Schneider (90. Stadler), Wynhoff (57. Ketelaer), Lupescu, Pflipsen, Petterson, Dahlin
MÜNCHEN: Kahn, Helmer, Babbel, Kuffour, Witeczek, Scholl (67. Hamann), Basler (46. Zickler), Nerlinger, Ziege, Rizzitelli (77. Jancker), Klinsmann
Torfolge: 0:1 Klinsmann (42.), 1:1 Paßlack (45.) 2:1 Pflipsen (47.), 2:2 Nerlinger (87.)
Schiedsrichter: Berg (Konz)
Gelbe Karten: Scholl, Ziege
Zuschauer: 34 500

Mit einer La Ola verabschiedet sich die Mannschaft des neuen Deutschen Meisters von den mitgereisten Fans

blikum mit Schlenzern, die seinen Präsidenten einst berühmt gemacht hatten.
Leider hat Franz Beckenbauer diesen Teil der Show verpaßt. Erst zur Halbzeit schwebte er kaiserlich vom Himmel. Der Bayern-Boss hatte PR-termine in Tokio zu erledigen, ein Hubschrauber setzte ihn spät auf dem Bökelberg ab. Ob er eingeweiht war in die Wette der Saison? Als Jürgen Klinsmann in der 42. Minute den Ball aus wenigen Zentimetern vor der Linie zur Führung ins Netz donnerte, sprang Uli Hoeneß höher in die Luft als Champions-League-Sieger Karlheinz Riedle. Erstaunt nahm seine Umgebung wahr, wie der Manager zu Lothar Matthäus spurtete, alle zehn Finger von sich streckte und nach kurzem Disput an seinen Platz neben Trapattoni zurückeilte. Matthäus suchte umgehend Haupttribünen-Linienrichter Neis auf: Dieser nickte kurz, und Bayerns verletzter Kapitän schlurfte von dannen.

Sollte es wirklich wahr sein, was zwischen Abpfiff, Rückflug und Ankunft erzählt worden war? Winters, beim gemeinsamen Skifahren in Zürs, habe Hoeneß verkündet: Klinsmann trifft in der Rückrunde noch zehn Mal. Matthäus hielt mit 10 000 Mark dagegen. der scheidende Stürmer gab zu, von der Wette gewußt zu haben.

Was für ein Spielführer Lothar Matthäus doch ist! Nichts ließ er in den vergangenen Monaten unversucht, um seinem Team Beine zu machen. Der Erfolg gibt ihm Recht. Wahrscheinlich hat er bereits die Quoten für die neue Meisterschaftsrunde auszuhandeln. Wieviele Rote Karten erhält Thorsten Fink? Wie oft wird Michael Tarnat eingesetzt?

Spruch der Woche

»Wir haben manchmal sogar schönen Fußball gespielt.«
(Vizepräsident Karl-Heinz Rummenigge)

Deutscher Meister

BLICK ZURÜCK

1965/66
Tschiks junge Hüpfer landen auf Rang drei

Erst im dritten Anlauf waren die Bayern in die Bundesliga gekommen. 1963, bei der Gründung der Eliteklasse, hatte das zuständige Gremium den Münchner Rivalen 1860 vorgezogen, im Jahr darauf waren die jugendlichen Kicker in der Aufstiegsrunde schmählich an Tasmania Berlin gescheitert (0:3). Dann endlich ging's los – mit krachendem Theaterdonner. Der Spielplan führte sie ausgerechnet mit 1860 zusammen, im 150. Lokalderby. Das Debüt der »Rothosen« war bereits nach 80 Sekunden entschieden. Zu ihren Ungunsten. Der neue Stopper Dieter Danzberg aus Duisburg lag, an der Kinnspitze getroffen, nach einem gewaltigen Schuß des Sechzigers Timo Konietzka kurzzeitig k.o. am Boden. Das unfreiwillige Nickerchen des Abwehrchefs nutzte Konietzka und erzielte das am Ende siegbringende 1:0. Danzberg verlor darauf die Nerven und flog vom Platz, ein 19jähriger rückte in die Deckung. Der unselige Danzberg machte nie wieder ein Spiel, dafür aber erlebte die Fußballwelt die sportliche Geburt des Libero Franz Beckenbauer. Die jungen Hüpfer aus dem Stall von Tschik Cajkovski begeisterten die Fußballfans. Fast ohne Taktik, aber immer voll offensiv rauschten die Debütanten am Ende der Spielzeit auf Rang drei, punktgleich mit Borussia Dortmund. Und nur drei Zähler hinter dem Meister, der 1860 München hieß.

Der brillanteste Aufsteiger der Bundesliga-Geschichte stützte sich auf wenige Routiniers, den Kapitän Werner Olk, den Regisseur Dieter Koulmann und den fixen Stürmer Rainer Ohlhauser. Aber den Pfeffer brachten die jugendlichen Talente ins Spiel: der reaktionsschnelle Torwart Sepp Maier (21), Libero Beckenbauer, schon damals auf dem Weg in die Weltklasse, der rundliche Torjäger Gerd Müller (20), der pfeilschnelle Rechtsaußen Rudi Nafziger (20) und dessen Pendant Dieter Brenninger (21) von der linken Seite. Bis auf den Schwaben Gerd Müller (aus Nördlingen) entstammten sie allesamt dem eigenen Talentreservoir – ein Triumph gezielter Nachwuchsarbeit. Niemand hat damals ahnen können, daß jeder von ihnen Nationalspieler werden sollte. Und das Trio Maier-Beckenbauer-Müller schrieb später bekanntlich die schönsten Kapitel im Buch des deutschen Fußballs.

Hänfling und Kugelblitz: ein noch sehr jugendlicher Franz Beckenbauer an der Seite seines ersten Trainers Tschik Cajkovski

Spielzeit 1965/66

		Spiele	Siege	Remis	Niederl.	Tore	Punkte
1	TSV 1860 München	34	20	10	4	80:40	50:18
2	Borussia Dortmund	34	19	9	6	70:36	47:21
3	Bayern München	34	20	7	7	71:38	47:21
4	Werder Bremen	34	21	3	10	76:40	45:23
5	1. FC Köln	34	19	6	9	74:41	44:24
6	1. FC Nürnberg	34	14	11	9	54:43	39:29
7	Eintracht Frankfurt	34	16	6	12	64:46	38:30
8	MSV Duisburg	34	14	8	13	70:48	36:32
9	Hamburger SV	34	13	8	13	64:52	34:34
10	Eintracht Braunschweig	34	11	12	11	49:49	34:34
11	VfB Stuttgart	34	13	6	15	42:48	32:36
12	Hannover 96	34	11	8	15	59:57	30:38
13	Borussia Mönchengladbach	34	9	11	14	57:68	29:39
14	Schalke 04	34	10	7	17	33:55	27:41
15	1. FC Kaiserslautern	34	8	10	16	42:65	26:42
16	Karlsruher SC	34	9	6	19	35:71	24:44
17	Borussia Neunkirchen	34	9	4	21	32:82	22:46
18	Tasmania 1900 Berlin	34	2	4	28	15:108	8:60

Facts & Acts

Typisch Beckenbauer! Wehrt im eigenen Strafraum mit dem Kopf ab, spurtet über das ganze Feld bis vors gegnerische Tor und drischt die von Rainer Ohlhauser aufgelegte Kugel hinter Schlußmann Manfred Manglitz ins Netz: 4:2 für Bayern München gegen den Meidericher SV (später MSV Duisburg). Damit hatten die Münchner den DFB-Pokal gewonnen – Grundstein einer unvergleichlichen Trophäensammmlung.

Folgende Spieler triumphierten an jenem 4. Juni 1966 in Frankfurt: Maier, Nowak, Olk, Rigotti, Beckenbauer, Kupferschmidt, Nafziger, Müller, Ohlhauser, Koulmann, Brenninger.

1966/67
Keine Meisterschaft, aber Cupsieger

Vielleicht war alles ein bißchen viel für die Bayern in ihrer zweiten Saison im Oberhaus des deutschen Fußballs. »Euch gehört die Zukunft«, hatte ihnen der verschmitzte Trainer Zlatko Cajkovski immer wieder eingeimpft. Natürlich hat er damit Recht gehabt und auch behalten. Aber auf drei Hochzeiten gleichzeitig zu tanzen, das schafften nicht einmal die Himmelstürmer von der Säbener Straße. In der Meisterschaft ließen sie es deshalb wohl etwas lockerer angehen, am Ende schaute ein durchaus respektabler sechster Platz heraus, sechs Punkte hinter Überraschungssieger Eintracht Braunschweig. Ihr wahres Interesse konzentrierte sich auf die Wettbewerbe um den DFB-Pokal und den Europapokal der Cupsieger. Beide gingen nach München. Damit hatten sich Franz Beckenbauer und seine Kollegen auch international einen vielbeachteten Namen gemacht. Zunächst eroberten sie den silbernen Pott des Europäischen Verbandes UEFA. Über Taran Presov (1:1, 3:2), Shamrock Rovers (1:1, 3:2), Rapid Wien (0:1, 2:0) und Standard Lüttich (2:0, 3:1) erreichten sie das Endspiel in Nürnberg gegen die Schotten von Glasgow Rangers.
Die Partie war an Spannung kaum zu übertreffen, hin und her wogte das Geschehen ohne erkennbaren Vorteil für eines der beiden Teams. Erst Franz Roth erlöste

31. Mai 1967: Franz Roth schießt das erlösende 1:0 – und die Bayern holen den Europapokal. Ein Erfolg, der sich nicht so leicht wiederholen ließ

Spielzeit 1966/67

		Spiele	Siege	Remis	Niederl.	Tore	Punkte
1	Eintracht Braunschweig	34	17	9	8	49:27	43:25
2	TSV 1860 München	34	17	7	10	60:47	41:27
3	Borussia Dortmund	34	15	9	10	70:41	39:29
4	Eintracht Frankfurt	34	15	9	10	66:49	39:29
5	1. FC Kaiserslautern	34	13	12	9	43:42	38:30
6	Bayern München	34	16	5	13	62:47	37:31
7	1. FC Köln	34	14	9	11	48:48	37:31
8	Borussia Mönchengladbach	34	12	10	12	70:49	34:34
9	Hannover 96	34	13	8	13	40:46	34:34
10	1. FC Nürnberg	34	12	10	12	43:50	34:34
11	MSV Duisburg	34	10	13	11	40:42	33:35
12	VfB Stuttgart	34	10	13	11	48:54	33:35
13	Karlsruhe SC	34	11	9	14	54:62	31:37
14	Hamburger SV	34	10	10	14	37:53	30:38
15	Schalke 04	34	12	6	16	37:63	30:38
16	Werder Bremen	34	10	9	15	49:56	29:39
17	Fortuna Düsseldorf	34	9	7	18	44:66	25:43
18	Rot-Weiß Essen	34	6	13	15	35:53	25:43

die Münchner sechs Minuten vor Schluß der Verlängerung und machte seinen Verein zum würdigen Nachfolger von Borussia Dortmund, das im Jahr zuvor gegen den FC Liverpool gewonnen hatte.
Etwas einfacher war die Aufgabe im Finale um den DFB-Pokal gegen den Hamburger SV, den 14. der soeben abgelaufenen Bundesliga-Saison. Bei den Hanseaten präsentierte sich Uwe Seeler, Konkurrent von Gerd Müller um den Mittelstürmerposten in der Nationalmannschaft, als gefährlicher Alleinunterhalter in einem ansonsten eher harmlosen Team.
Doch mit zunehmender Spielzeit engte Bayern-Kapitän Werner Olk Seelers Kreise immer mehr ein. Nach der frühen Führung durch Gerd Müller (23.) drehten die Münchner am Ende gewaltig auf: 2:0 Brenninger (72.), 3:0 Müller (76.) und 4:0 wieder Brenninger (84.) per Elfmeter – der FC Bayern war zum zweitenmal hintereinander Pokalsieger. Und somit schon jetzt die erfolgreichste Mannschaft Deutschlands.

Facts & Acts

Sie nannten ihn »Bulle«, weil er Kraft hatte wie ein Stier. Mittelfeldberserker Franz Roth war am Aufstieg des FC Bayern maßgeblich beteiligt. Durch einen artistischen Fallrückzieher bescherte er der jungen Elf den ersten internationalen Triumph: den Europacup der Pokalsieger. Der Allgäuer war alles andere als ein Filigrantechniker, aber als unermüdlicher Antreiber fast ein Jahrzehnt lang unersetzlich. Noch zweimal tat sich Franz Roth als Matchwinner wichtiger Spiele hervor: 1975 und 1976 entschieden seine Tore jeweils das Europapokal-Endspiel der Landesmeister.

Jagdszenen aus dem Europapokal. Der Maier Sepp wird mit Mühe am Randalieren gehindert, der Beckenbauer Franzl kann vor soviel Unrecht nur die Augen schließen

1967/68 Das Jahr der langen Gesichter

Tschik Cajkovski war der beste Trainer, den sich die FC Bayern-Jungspunde hatten wünschen können: Voller Witz und Verständnis für Nöte und Bedürfnisse junger Leute ließ er seine Buben anfangs spielen, wie sie lustig waren – immer nach vorne. Dann aber nutzten sich die Späße und das drollige Deutsch des einstigen jugoslawischen Weltklassespielers ab. Beckenbauer & Cie. wurden erwachsen. Mit ihrem Hurrastil kamen sie in der Bundesliga nicht mehr recht voran; schnelle, zielgenaue Konter legten ihre Schwächen bloß. Am übelsten spielte ihnen der Nürnberger Franz Brungs (»Goldköpfchen«) beim 3:7 mit. Gleich fünf Treffer setzte der blonde Kopfballspezialist Torhüter Sepp Maier ins Netz – Platz fünf in der Meisterschaft war eine bittere Enttäuschung für die aufstrebenden Münchner.
Die Kehrseite der Bundesliga-Medaille sahen sie auch im DFB-Pokal, beim VfL Bochum (1:2) war im Halbfinale Endstation.
Und auch die Verteidigung des Europapokals der Cupsieger mißlang – gegen die ganz Großen Europas mangelte es noch an Cleverness. Panathinaikos Athen erledigten die Bayern noch problemlos, 5:0 im Stadion an der Grünwalder Straße und 2:1 in der griechischen Hauptstadt. Auch Vitoria Setubal aus Portugal bereitete keine Mühen. Nach 6:2 im Hinspiel reichte auswärts ein 1:1. Im Halbfinale aber ging es gegen den AC Mailand mit dem brillanten Spielmacher Gianni Rivera (heute im italienischen Parlament). Die Entscheidung fiel schon in Mailand. Als Sepp Maier den Ball zum Abschlag aus der Hand fallen ließ, spritzte Stürmer Sormani mit gestrecktem Bein dazwischen und bugsierte die Kugel zum 1:0 über die Linie.
Ein Foul, doch der Schiedsrichter ließ den Treffer gelten. Gegen die entnervten Münchner gelang den Italienern noch das 2:0, das sie im Rückspiel (0:0) zäh verteidigten.
Kein Erfolg in drei Bewerben – das mochte Präsident Wilhelm Neudecker nicht dulden. Tschik Cajkovski, der »Vater« der Bayern, mußte die Familie unfreiwillig verlassen.

Spielzeit 1967/68

		Spiele	Siege	Remis	Niederl.	Tore	Punkte
1	1. FC Nürnberg	34	19	9	6	71:37	47:21
2	Werder Bremen	34	18	8	8	68:51	44:24
3	Borussia Mönchengladbach	34	15	12	7	77:45	42:26
4	1.FC Köln	34	17	4	13	68:52	38:30
5	Bayern München	34	16	6	12	68:58	38:30
6	Eintracht Frankfurt	34	15	8	11	58:51	38:30
7	MSV Duisburg	34	13	10	11	69:58	36:32
8	VfB Stuttgart	34	14	7	13	65:54	35:33
9	Eintracht Braunschweig	34	15	5	14	37:39	35:33
10	Hannover 96	34	12	10	12	48:52	34:34
11	Alemannia Aachen	34	13	8	13	52:66	34:34
12	TSV 1860 München	34	11	11	12	55:39	33:35
13	Hamburger SV	34	11	11	12	51:54	33:35
14	Borussia Dortmund	34	12	7	15	60:59	31:37
15	Schalke 04	34	11	8	15	42:48	30:38
16	1. FC Kaiserslautern	34	8	12	14	39:67	28:40
17	Borussia Neunkirchen	34	7	5	22	33:93	19:49
18	Karlsruher SC	34	6	5	23	32:70	17:51

Facts & Acts

58 Tore kassierte die Abwehr um Sepp Maier und Franz Beckenbauer in dieser Saison, zuviel, um in der Meisterschaft mitzureden. Dem neuen Vorstopper Hans-Georg »Katsche« Schwarzenbeck fehlte noch die Erfahrung. Gleich dreimal brachen die Bayern regelrecht ein: das 3:7 gegen den späteren Meister 1. FC Nürnberg, das 3:6 gegen Borussia Dortmund (jeweils auswärts) sowie das 0:4 zuhause gegen den MSV Duisburg zählen zu den höchsten Niederlagen der Vereinsgeschichte. Das konnte auch der brillante Sturm mit Gerd Müller und Rainer Ohlhauser, die es jeweils auf 19 Tore brachten, nicht wettmachen.

1968/69
Endlich deutscher Meister!

Für den sinnenfrohen Cajkovski hatte Manager Schwan bald Ersatz gefunden, einen Landsmann zwar, aber ein völlig konträres Naturell. Branko Zebec war ein verschlossener, humorloser Mann, streng bis zur Ungerechtigkeit. Er jagte die Spieler gnadenlos über den Trainingsplatz. Das Grundnahrungsmittel Bier wurde untersagt. Selbst »kleines, dickes Müller« (Cajkovski) ging spargeldünn in die Saison. Von Spieltag eins an, als Otto Rehhagel mit einem Eigentor zur 0:2-Niederlage des 1. FC Kaiserslautern beitrug, lagen die Bayern auf Rang eins der Tabelle. Und dort blieben sie bis zum Schluß, obwohl vier Spiele ohne den verletzten Gerd Müller zu überstehen waren. Vier Tage vor Schluß feierten sie mit dem 2:0 bei Titelverteidiger und Absteiger 1. FC Nürnberg ihre erste Meisterschaft der Nachkriegszeit.
Die frechen, ungestümen Bayern waren eine andere Mannschaft geworden: kühl bis berechnend, mit starker Betonung der Defensive. Mit 61 Toren hatten sie in dieser Triumphsaison weniger Treffer erzielt als in den Jahren zuvor. Zebecs Erfolgshunger übertrug sich aufs gesamte Team. Das »Double« mußte her, höchste Ehre im deutschen Vereinsfußball. Und die Bayern servierten ihre Gegner ab: 1:0 gegen Kickers Offenbach im Wiederholungsspiel, 1:0 gegen Arminia Hannover, 2:0 gegen den HSV, 2:0 auch gegen den 1. FC Nürnberg. Im Finale stand ihnen am 14. Juni 1969 bei brütender Hitze in Frankfurt Altmeister Schalke 04 gegenüber. Der war anfangs gleichwertig, hatte aber keinen Gerd Müller. Nach 13 Minuten wickelte sich »der Bomber der Nation« um Libero Fichtel herum und hämmerte den Ball zum 1:0 unter die Latte. Dem Ausgleich setzte Müller noch vor der Pause das 2:1 entgegen, als ganz Gelsenkirchen das Strafraumgespenst im Abseits wähnte. In der zweiten Hälfte schaukelte der neue FC Bayern die Partie in aller Ruhe nach Hause.

Spielzeit 1968/69

		Spiele	Siege	Remis	Niederl.	Tore	Punkte
1	Bayern München	34	18	10	6	61:31	46:22
2	Alemannia Aachen	34	16	6	12	57:51	38:30
3	Borussia Mönchengladbach	34	13	11	10	61:46	37:31
4	Eintracht Braunschweig	34	13	11	10	46:43	37:31
5	VfB Stuttgart	34	14	8	12	60:54	36:32
6	Hamburger SV	34	13	10	11	55:55	36:32
7	Schalke 04	34	14	7	13	45:40	35:33
8	Eintracht Frankfurt	34	13	8	13	46:43	34:34
9	Werder Bremen	34	14	6	14	59:59	34:34
10	TSV 1860 München	34	15	4	15	44:59	34:34
11	Hannover 96	34	9	14	11	47:45	32:36
12	MSV Duisburg	34	8	16	10	33:37	32:36
13	1. FC Köln	34	13	6	15	47:56	32:36
14	Hertha BSC Berlin	34	12	8	14	31:39	32:36
15	1. FC Kaiserslautern	34	12	6	16	45:47	30:38
16	Borussia Dortmund	34	11	8	15	49:54	30:38
17	1. FC Nürnberg	34	9	11	14	45:55	29:39
18	Kickers Offenbach	34	10	8	16	42:59	28:40

Endlich Meister – nach einer strapaziösen Saison scheinen sich die Bayern über die Schale nicht so richtig freuen zu können

Facts & Acts

Der Torjäger des FC Bayern schlechthin ist Gerd Müller. Auch in der Spielzeit 1968/69 wurde er Bundesligaschützenkönig mit 30 Treffern – bei weitem nicht sein bestes Ergebnis. Treffsicherster Spieler der Liga wurde er weitere sechs Mal: 1967 (28 Tore), 1970 (38), 1972 (40), 1973 (36), 1974 (30) und auch in seiner letzten Bayern-Saison 1978 (24). Weitere Bestleistungen? Jede Menge: 19mal schoß er drei Tore in einem Bundesligaspiel, neunmal vier und dreimal brachte er es sogar auf fünf Treffer innerhalb von 90 Minuten – Rekorde für die Ewigkeit.

1969/70
Vom heimlichen zum offenen Zweikampf

Ein heimlicher Zweikampf deutete sich an – Bayern München gegen Borussia Mönchengladbach, auch wenn die Rheinländer bislang noch nicht über Rang drei hinausgekommen waren. Hier Maier, Beckenbauer, Müller – dort Netzer, Vogts und Heynckes. Dabei ging es auch um unterschiedliche Philosophien. Während die Münchner dank Zebec rationalen, ergebnisorientierten Fußball ablieferten, spielte der Konkurrent unter Hennes Weisweiler meistens schwungvoll-offensiv auf.
Die Bayern gingen favorisiert und mit einem standesgemäßen 4:0 gegen Rot-Weiß Essen in diese Saison. Aber herbe Rückschläge warteten auf sie.

Günter Netzer dirigierte seine »Fohlen« auf dem Bökelberg zu einem 2:1 gegen den Münchner Erzrivalen. Den zweiten Dämpfer erhielten die Bayern kurz darauf im Europacup, wo sie erstmals bei den Landesmeistern mitkicken durften. Im Heimspiel gegen AS St. Etienne sorgten Brenninger und »Bulle« Roth für einen 2:0-Vorsprung. Der Sieger stand bereits vor dem Rückspiel fest, jedenfalls nach Meinung der Münchner. Doch die bezogen in der französischen Kohlestadt eine Lektion in modernem Fußball. Selbst der große Beckenbauer ging unter im Angriffswirbel von AS, wie Genickschläge kamen die Tore. Drei Stück waren es am Ende, zu viel, weil den Bayern keines gelang. Am 1. Oktober 1969 war das Abenteuer Landesmeister-Pokal, das am 17. September begonnen hatte, schon wieder vorbei. Auch in der Meisterschaft lief es nicht ganz rund, drei 1:2-Heimniederlagen (gegen Hertha BSC, VfB Stuttgart und den 1. FC Köln) verdarben die Saison. Im März 1970 nahm Branko Zebec Abschied. Präsident Wilhelm Neudecker ging das Risiko ein, Udo Lattek, den Assistenten von Bundestrainer Helmut Schön, zu verpflichten. Unter ihm rafften sich die Bayern zu einem bemerkenswerten Schlußspurt auf, am Ende aber ging Borussia Mönchengladbach mit vier Punkten Vorsprung als Erster durchs Ziel.

Spielzeit 1969/70

		Spiele	Siege	Remis	Niederl.	Tore	Punkte
1	Borussia Mönchengladbach	34	23	5	6	71:29	51:17
2	Bayern München	34	21	5	8	88:37	47:21
3	Hertha BSC Berlin	34	20	5	9	67:41	45:23
4	1. FC Köln	34	20	3	11	83:38	43:25
5	Borussia Dortmund	34	14	8	12	60:67	36:32
6	Hamburger SV	34	12	11	11	57:54	35:33
7	VfB Stuttgart	34	14	7	13	59:62	35:33
8	Eintracht Frankfurt	34	12	10	12	54:54	34:34
9	Schalke 04	34	11	12	11	43:54	34:34
10	1. FC Kaiserslautern	34	10	12	12	44:55	32:36
11	Werder Bremen	34	10	11	13	38:47	31:37
12	Rot-Weiß Essen	34	8	15	11	41:54	31:37
13	Hannover 96	34	11	8	15	49:61	30:38
14	Rot-Weiß Oberhausen	34	11	7	16	50:62	29:39
15	MSV Duisburg	34	9	11	14	35:48	29:39
16	Eintracht Braunschweig	34	9	10	15	40:49	28:40
17	TSV 1860 München	34	9	7	18	41:56	25:43
18	Alemannia Aachen	34	5	7	22	31:83	17:51

Plötzlich müllerts vor dem Kasten – der HSV hat das Nachsehen

Facts & Acts

Einmal, 1961 noch zu Oberligazeiten, stellte sich Werner Olk für den verletzten Schlußmann sogar ins Tor. Der gebürtige Ostpreuße war ein technisch limitierter, aber ungemein kampfkräftiger und ausdauernder Allround-Abwehrspieler. Als besonnener und intelligenter Kopf war der »Adler von Giesing«, wie ihn Manager Robert Schwan getauft hatte, der ideale Kapitän und Stabilisator der aufstrebenden Bayern-Mannschaft. Am Ende dieser Saison beendete Werner Olk, der gelernte Ingenieur, nach fast zehn Jahren beim FC Bayern und 144 Bundesligaspielen (zwei Tore) seine Spielerlaufbahn.

1970/71 Pech in der Meisterschaft, Glück im Pokal

Der Umbau war dringend notwendig, ältere Spieler wie Werner Olk, Rainer Ohlhauser oder der österrichische Spielmacher Gustl Starek hatten ihr Engagement bei den Bayern beendet. Mit Udo Lattek kamen interessante neue Leute nach München. Aus der DFB-Jugend, die er einige Zeit betreut hatte, fischte er die beiden stärksten Akteure heraus: den Offensivverteidiger Paul Breitner aus Freilassing und den Stürmer Uli Hoeneß aus Ulm. Aus Hannover holte er den Dauerläufer Rainer Zobel und aus Dänemark den starken Verteidiger Johnny Hansen. Sie alle wurden zu sportlichen Volltreffern, auch wenn die beiden 18jährigen Breitner und Hoeneß naturgemäß ein wenig Eingewöhnungszeit brauchten. Doch am letzten Spieltag der Vorrunde rückten die Bayern auf Rang eins.
Entscheidend für den Ausgang der Saison sollte der Direktvergleich mit Borussia Mönchengladbach werden. Nach einem 2:2 daheim unterlagen die Bayern auf dem Bökelberg mit 1:3 Toren. Vor dem 34. und letzten Spieltag lagen die Konkurrenten noch gleich – nach Punkten (je 48:18) wie nach Toren (je 73:34). Doch der Terminplan war den Münchnern nicht hold. Gegen den MSV Duisburg hatten sie noch nie gewonnen, und auch diesmal zogen sie beim 0:2 den kürzeren. Horst Köppel und zweimal Jupp Heynckes aber schossen die Borussia zum 3:0 in Frankfurt – Gladbach war wieder Meister.
Überschattet war die Saison von den Enthüllungen des Offenbacher Präsidenten Horst-Gregorio Canellas. Daraus entstand der »Bundesligaskandal«, der den deutschen Fußball erschütterte. Die Gladbacher und die Bayern waren freilich sauber geblieben.
Letztere hielten sich zum Abschluß im DFB-Pokal doch noch schadlos. Durch ein 2:1 über den 1. FC Köln gewannen sie erneut den Cup. Franz Beckenbauer (52.) hatte den frühen Führungstreffer von Bernd Rupp (14.) ausgeglichen. Als der Verteidiger Koppenhöfer vom Platz flog, schien alles verloren. Doch mit einer unglaublichen Energieleistung überstanden zehn Bayern die Verlängerung. Zwei Minuten vor dem Abpfiff fiel die Entscheidung: Eine abgewehrte Ecke drosch der Einwechselspieler Edgar Schneider aus 20 Metern ins Tor, zum insgesamt fünften Pokal-Erfolg des FC Bayern.

Facts & Acts

Im Profifußball war der damals 35jährige Udo Lattek ein unbeschriebenes Blatt. Doch der Trainer, der vor allem auf Betreiben von Franz Beckenbauer vom Deutschen Fußball-Bund geholt worden war, verschaffte sich schnell Respekt. Bis heute ist er der erfolgreichste Fußball-Lehrer, den die Bayern hatten: sechsmal wurde er Deutscher Meister (1972 bis 1974, 1986 und 1987), dreimal DFB-Pokalsieger (1971, 1984, 1986) sowie einmal Europacup-Sieger der Landesmeister 1974. Lattek stand zweimal beim FC Bayern unter Vertrag: vom März 1970 bis Januar 1975 und vom Juli 1983 bis Juni 1986.

Spielzeit 1970/71

		Spiele	Siege	Remis	Niederl.	Tore	Punkte
1	Borussia Mönchengladbach	34	20	10	4	77:35	50:18
2	Bayern München	34	19	10	5	74:36	48:20
3	Hertha BSC Berlin	34	16	9	9	61:43	41:27
4	Eintracht Braunschweig	34	16	7	11	52:40	39:29
5	Hamburger SV	34	13	11	10	54:63	37:31
6	Schalke 04	34	15	6	13	44:40	36:32
7	MSV Duisburg	34	12	11	11	43:47	35:33
8	1. FC Kaiserslautern	34	15	4	15	54:57	34:34
9	Hannover 96	34	12	9	13	53:49	33:35
10	Werder Bremen	34	11	11	12	41:40	33:35
11	1. FC Köln	34	11	11	12	46:56	33:35
12	VfB Stuttgart	34	11	8	15	49:49	30:38
13	Borussia Dortmund	34	10	9	15	54:60	29:39
14	Arminia Bielefeld	34	12	5	17	34:53	29:39
15	Eintracht Frankfurt	34	11	6	17	39:56	28:40
16	Rot-Weiß Oberhausen	34	9	9	16	54:69	27:41
17	Kickers Offenbach	34	9	9	16	49:65	27:41
18	Rot-Weiß Essen	34	7	9	18	48:68	23:45

DFB-Pokal-Endspiel am 19. Juni 1971 vor 71 000 Zuschauern in Stuttgart: Beckenbauer gleicht aus – in der Verlängerung holen die Bayern die Trophäe

1971/72
Geld macht doch glücklich – Triumph über Schalke

	Spielzeit 1971/72	Spiele	Siege	Remis	Niederl.	Tore	Punkte
1	Bayern München	34	24	7	3	101:38	55:13
2	Schalke 04	34	24	4	6	76:35	52:16
3	Borussia Mönchengladbach	34	18	7	9	82:40	43:25
4	1. FC Köln	34	15	13	6	64:44	43:25
5	Eintracht Frankfurt	34	16	7	11	71:61	39:29
6	Hertha BSC Berlin	34	14	9	11	46:55	37:31
7	1. FC Kaiserslautern	34	14	7	13	59:53	35:33
8	VfB Stuttgart	34	13	9	12	52:56	35:33
9	VfL Bochum	34	14	6	14	59:69	34:34
10	Hamburger SV	34	13	7	14	52:52	33:35
11	Werder Bremen	34	11	9	14	63:58	31:37
12	Eintracht Braunschweig	34	8	15	11	43:48	31:37
13	Fortuna Düsseldor	34	10	10	14	40:53	30:38
14	MSV Duisburg	34	10	7	17	36:51	27:41
15	Rot-Weiß Oberhausen	34	7	11	16	33:66	25:43
16	Hannover 96	34	10	3	21	54:69	23:45
17	Borussia Dortmund	34	6	8	20	34:83	20:48
18	Arminia Bielefeld	34	6	7	21	0:0	0:0

Ein Jahr wie ein Rausch für die Bayern! Zwar lagen sie zur Winterpause noch drei Punkte hinter Schalke 04 zurück, doch in der Rückrunde spielten sie die gesamte Konkurrenz an die Wand. Am letzten Spieltag lagen sie einen Punkt vor den Schalkern, dem einzigen ernsthaften Rivalen. Präsident Neudecker hatte die Verantwortlichen listig davon überzeugt, das neugebaute Münchner Olympiastadion schon vor dem Beginn der Sommerspiele für dieses Bundesliga-Finale zur Verfügung zu stellen. Die seinerzeit noch 80 000 Zuschauer fassende Arena befreite ihn von allen finanziellen Sorgen und begründete das wirtschaftliche Wohlergehen des Klubs und damit seine Sonderstellung. Wilhelm Neudecker durfte sich über die erste Millionen-Einnahme der Vereinsgeschichte freuen. Und anschließend über den Meistertitel. Lange Zeit hielten die Blauweißen respektabel mit, nachdem Klaus Fischer den Anschlußtreffer zum 1:2 (Tore von Hansen und Müller) erzielt hatte. Doch in der letzten Viertelstunde überrannten die Bayern den Gegner: Linksaußen Willi Hoffmann, Uli Hoeneß und Franz Beckenbauer persönlich komplettierten den 5:1-Triumph. Nie haben die Bayern attraktiver gespielt als in diesem Jahr, selbst wenn sie im Europacup-Halbfinale der Pokalsieger gegen die Glasgow Rangers ausschieden und auch im DFB-Pokal nicht vom Glück begünstigt waren. In der dritten Runde mußten sie gegen den 1. FC Köln (1:5) die Segel streichen, die schmerzhafteste Niederlage der Saison und eine Folge des neuen Offensiv-Stils von Trainer Lattek. Er war in erster Linie für die Abkehr vom Zweckfußball hin zu mitreißender Angriffs-Show verantwortlich. Unter seiner Regie erreichten die Talente den Gipfel ihres Könnens. Davon profitierte der gesamte deutsche Fußball Mit sechs Bayern-Assen (Maier, Beckenbauer, Schwarzenbeck, Breitner, Hoeneß und Müller) wurde die Nationalmannschaft von Bundestrainer Helmut Schön souverän Europameister durch einen 3:0-Endspielsieg über die Sowjetunion.

Der Meistertitel ist fast perfekt: Uli Hoeneß erzielt das 4:1 gegen Schalke

Facts & Acts

Das Jahr der Rekorde: Niemals zuvor und niemals danach ist eine Mannschaft glanzvoller Meister geworden als der FC Bayern in dieser Saison. Nur 13 Verlustpunkten (sieben Unentschieden, drei Niederlagen) stehen 24 Siege gegenüber. 101 Treffer in 34 Spielen sind bis heute unerreicht, wobei die Münchner beim 11:1 über Borussia Dortmund den höchsten Sieg ihrer Bundesligageschichte erzielten. Gerd Müller kam mit 40 Toren auf ein einmaliges Resultat in der Torjägerliste. Und Kapitän Franz Beckenbauer wurde am Ende von Europas Sportjournalisten zu »Fußballer des Jahres« gewählt.

1972/73 Ungeliebter Meister Bayern

Drei Tore von Gerd Müller und 5:0 bei Rot-Weiß Oberhausen: So meisterlich begann der Titelverteidiger die Saison. Die Überlegenheit der Bayern begann aggressive Fußballgemüter allmählich zu nerven. Besonders im Westen und Norden der Republik trafen die Spieler auf eine aufgeheizte Atmosphäre, Schmähungen des Publikums gehörten zur Tagesordnung. Einmal flog ein Messer und des öfteren Steine gegen den Mannschaftsbus. Der Haß vielerorts machte die Münchner jedoch noch stärker. Mit einem Vorsprung von 13 Punkten, dem größten der Bundesliga-Historie, wurden sie am Saisonende wiederum Meister.

Vier Spieltage vor Schluß fehlte nur noch ein Punkt zum Titel, als der 1. FC Kaiserslautern im Olympiastadion aufkreuzte, der den Bayern im Hinspiel (1:3) eine der wenigen Niederlagen des Jahres beigebracht hatte. Diesmal wurden die Pfälzer jedoch regelrecht niedergewalzt. In einer nahezu perfekt kombinierenden Mannschaft war der pfeilschnelle Uli Hoeneß einer der beiden überragenden Spieler. Er erzielte das 1:0 und lieferte exzellente Flanken und Vorlagen. Von denen profitierte Bomber Gerd Müller, der dem Lauterer Torwart Sepp Stabel das Debakel seiner Laufbahn bereitete. Fünfmal mußte Stabel noch hinter sich greifen, denn fünfmal traf Gerd Müller. Nicht nur dieses 6:0 zeigte, daß die Bayern sich auf dem Weg zur Weltklasse befanden. Angelangt waren sie dort freilich noch nicht, wie ihr Auftreten im Europapokal der Landesmeister verdeutlichte. Im Viertelfinale bekamen sie es mit Ajax Amsterdam zu tun, der wohl besten Vereinsmannschaft dieser Tage. 52 Minuten lang hielt Keeper Sepp Maier seinen Kasten sauber – dann brachen alle Dämme, Johan Cruyff zelebrierte große Fußballkunst. 0:4 ging die Partie aus, und Sepp Maier feuerte aus Frust seine Fußballschuhe durch das geschlossene Kabinenfenster.

Das endgültige Ausscheiden war schon nach acht Minuten des Rückspiels besiegelt: ein dummer Rückpaß-Fehler von Breitner, Keizer geht dazwischen und macht das 0:1. Trotz des 2:1-Sieges mußten die Männer von Trainer Lattek erkennen, daß ihnen international noch das gewisse Quentchen Cleverness fehlte. Das aber war erforderlich, um die Klub-Bilanz zu vervollkommnen. Einen Titel nämlich hatten sie noch nicht erreicht: den Europokal der Landesmeister, die Visitenkarte der ganz Großen.

21. Mai 1973, der Gegner heißt Ajax Amsterdam: Verteidiger Paul Breitner staunt der Kugel hinterher, die ihm Keizer abgenommen hat

Facts & Acts

Ein Torwart namens Fred Bockholt beendete eine der stolzesten Serien des FC Bayern München. In 67 Heimspielen – Meisterschaft, DFB-Pokal und Europacup – waren Franz Beckenbauer und seine Leute unbesiegt geblieben; bis der Schlußmann der Offenbacher Kickers Gerd Müller, Uli Hoeneß und die anderen glatt zur Verzweiflung trieb. Nationalspieler Siggi Held (2 Tore) und der heutige KSC-Trainer Winfried Schäfer hatten ein 3:0 vorgelegt, die Aufholjagd der Bayern führte lediglich zu einem 2:4, das vorzeitige Aus im deutschen Pokalwettbewerb.

Spielzeit 1972/73

		Spiele	Siege	Remis	Niederl.	Tore	Punkte
1	Bayern München	34	25	4	5	93:29	54:14
2	1. FC Köln	34	16	11	7	66:51	43:25
3	Fortuna Düsseldorf	34	15	12	7	62:45	42:26
4	Wuppertaler SV	34	15	10	9	62:49	40:28
5	Borussia Mönchengladbach	34	17	5	12	82:61	39:29
6	VfB Stuttgart	34	17	3	14	71:65	37:31
7	Kickers Offenbach	34	14	7	13	61:60	35:33
8	Eintracht Frankfurt	34	15	4	15	58:54	34:34
9	1. FC Kaiserslautern	34	12	10	13	58:68	34:34
10	MSV Duisburg	34	12	9	13	53:54	33:35
11	Werder Bremen	34	12	7	15	50:52	31:37
12	VfL Bochum	34	11	9	14	50:68	31:37
13	Hertha BSC Berlin	34	11	8	15	53:64	30:38
14	Hamburger SV	34	10	8	16	53:59	28:40
15	Schalke 04	34	10	8	16	46:61	28:40
16	Hannover 96	34	9	8	17	49:65	26:42
17	Eintracht Braunschweig	34	9	7	18	33:56	25:43
18	Rot-Weiß Oberhausen	34	9	4	21	45:84	22:46

1973/74
Am Ziel aller Wünsche

Allmählich wurden die Meistertitel zur Gewohnheit für den FC Bayern. Doch was so leicht wirkte, war in Wahrheit harte Arbeit. Der Erfolg machte manchen Spieler leichtfertig und überheblich.
Die Älteren warfen den Jungen Egoismus vor, die wiederum den Routiniers deren Privilegien. Erste Brüche innerhalb des Teamgefüges waren die Folge, auch die vielen aus finanzieller Notwendigkeit absolvierten Freundschaftsspiele hinterließen ihre Spuren. Doch dank der individuellen Extraklasse reichte es mit einem Punkt Vorsprung zum Titel. Neben Beckenbauer hatten vor allem Gerd Müller (30 Tore) und Uli Hoeneß (18) zum Gelingen beigetragen. Ein Meilenstein war ausgerechnet die herbe 4:7-Niederlage beim 1. FC Kaiserslautern. Danach schlug Präsident Neudecker auf den Tisch und forderte die Aufmüpfigen auf, sich einen neuen Verein zu suchen.
Die Standpauke half, schon vor der letzten Partie war das Rennen entschieden. Daß die Begegnung auf dem Bökelberg 0:5 gegen die Gladbacher verloren ging, lag am Blutalkohol der Bayern. Die hatten Grund zum Feiern gehabt. Endlich nämlich waren sie ins Finale des Landesmeister-Pokals vorgestoßen: Atvidaberg FF (3:1, 1:3, weiter im Elfmeterschießen), Dynamo Dresden (4:3, 3:3), ZSKA Sofia (4:1, 1:2), Dosza Ujpest Budapest (1:1, 3:0) wurden bezwungen.
90 Endspiel-Minuten gegen Atletico Madrid und kein Treffer: Sechs Minuten vor Ablauf der Verlängerung schlug ein Freistoß von Luis hinter Sepp Maier ein. 0:1, das Ende eines Traums? Sekunden vor Schluß schnappt sich »Katsche« Schwarzenbeck die Kugel und rannte weit in die gegnerische Hälfte. Weil alle Mitspieler gedeckt waren, entschloß er sich zum Schuß: wie ferngesteuert schlüpfte der Ball zum 1:1 ins Netz.
Zwei Tage später fand in derselben Arena das Wiederholungsspiel statt, das den wahren Leistungsunterschied offenbarte. Vor 25 000 mitgereisten Fans trumpften die Bayern auf wie nie zuvor. Der überragende Hoeneß und Gerd Müller trafen jeweils zweimal zum 4:0 ins spanische Tor. »Weltklasse«, stammelte Trainer Lattek: Die Bayern waren am Ziel.

Endlich Weltklasse: Paul Breitner und Gerd Müller drehen eine Ehrenrunde mit Europapokal

Spielzeit 1973/74

		Spiele	Siege	Remis	Niederl.	Tore	Punkte
1	Bayern München	34	20	9	5	95:53	49:19
2	Borussia Mönchengladbach	34	21	6	7	93:52	48:20
3	Fortuna Düsseldorf	34	16	9	9	61:47	41:27
4	Eintracht Frankfurt	34	15	11	8	63:50	41:27
5	1. FC Köln	34	16	7	11	69:56	39:29
6	1. FC Kaiserslautern	34	15	8	11	80:69	38:30
7	Schalke 04	34	16	5	13	72:68	37:31
8	Hertha BSC Berlin	34	11	11	12	56:60	33:35
9	VfB Stuttgart	34	12	7	15	58:57	31:37
10	Kickers Offenbach	34	11	9	14	56:62	31:37
11	Werder Bremen	34	9	13	12	48:56	31:37
12	Hamburger SV	34	13	5	16	53:62	31:37
13	Rot-Weiß Essen	34	10	11	13	56:70	31:37
14	VfL Bochum	34	9	12	13	45:57	30:38
15	MSV Duisburg	34	11	7	16	42:56	29:39
16	Wuppertaler SV	34	8	9	17	42:65	25:43
17	Fortuna Köln	34	8	9	17	46:79	25:43
18	Hannover 96	34	6	10	18	50:66	22:46

Facts & Acts

Die Bilanz klingt nüchtern: 416 Bundesligaspiele mit 21 Toren – so lauten die statistischen Daten von Hans-Georg Schwarzenbeck. Doch der bescheidene Vorstopper war als »Putzer des Kaisers« einer der wichtigsten Akteure der großen Bayern-Ära. Stets zuverlässig und kompromißlos brachte er es auf 44 Länderspiele. Und auch in der Nationalmannschaft hielt er Franz Beckenbauer den Rücken frei für dessen gefährliche Ausflüge in des Gegners Hälfte. Schwarzenbecks Ausgleichstreffer im Europacup-Finale gegen Atletico Madrid ist der wahre Ursprung des bis heute andauernden Erfolgs des FC Bayern.

1974/75
Ein »Professor« gegen die Bequemlichkeit

Nur Paul Breitner (zu Real Madrid) hatte den FC Bayern verlassen; in der Elf, die zum Bundesliga-Beginn gegen Kickers Offenbach antrat, standen immer noch fünf Weltmeister: Maier, Beckenbauer, Schwarzenbeck, Hoeneß und Müller galt nach dem 2:1 im WM-Finale gegen die Niederlande die Sympathie des deutschen Fußballvolks. Nur die Offenbacher erwiesen den Stars nicht einmal einen Hauch von Respekt: 6:0 fertigten sie die Münchner ab, die sich wehrlos in die Niederlage fügten. Bis auf einen: den 19jährigen Neuzugang Karl-Heinz Rummenigge, den Trainer Lattek verächtlich »Rummelfliege« nannte.
Dem Auftakt-Debakel folgten weitere Pleiten, die Mannschaftsstützen waren müde und ausgelaugt. Zu viele Spiele in den vergangenen Jahren hatten Spuren hinterlassen. Und nach den immensen Erfolgen der Vergangenheit wurde es für die Asse immer schwerer, im grauen Bundesliga-Alltag zur Höchstleistung zu finden. Der zehnte Rang am Ende der Saison war die Quittung. Erstes Opfer des Nachlassens wurde Udo Lattek, den Präsident Neudecker zur Winterpause wegen zunehmender Bequemlichkeit entließ. Für ihn kam Dettmar Cramer, der »Fußball-Professor«.
Cramer erkannte, daß die Mannschaft den Zenit überschritten hatte und nur noch gelegentlich zu motivieren war. Doch im Europacup raffte sie sich noch zu außergewöhnlichen Anstrengungen auf. Nach hartem Kampf boxte sie zunächst den FC Magdeburg (3:2, 2:1) aus dem Wettbewerb, danach beendete sie die Hoffnungen von Ararat Eriwan (2:0, 0:0). Und im Halb-finale nahmen die Münchner Revanche an AS St. Etienne (0:0, 2:0). Im Endspiel in Paris wartete Leeds United, eines der härtesten Teams von der britischen Insel. Diesmal steigerten die Engländer ihren Kampfeswillen bis zur Unfairness: Verteidiger Björn Andersson und Uli Hoeneß schieden nach bösen Attacken frühzeitig mit schweren Knieverletzungen aus – beide erreichten nie wieder die alte Klasse. Der Rest der Mannschaft hielt sich mit dem Mut der Verzweiflung, Franz Beckenbauer bot als Abwehrchef eine grandiose Partie. Mitten in die Verteidigungsschlacht hinein führte einer der wenigen Konter zum 1:0 durch Franz Roth. Gegen die entsetzten Engländer gelang Gerd Müller auf genaue Vorarbeit von Mittelfeldspieler Jupp Kapellmann dann noch das entscheidende 2:0: Die Bayern waren versöhnt mit einer ansonsten verkorksten Saison.

Das Endspiel im Europapokal gegen Leeds United in Paris bestanden die Bayern mit 2:0 – und zahlreichen Verletzten

Spielzeit 1974/75

		Spiele	Siege	Remis	Niederl.	Tore	Punkte
1	Borussia Mönchengladbach	34	21	8	5	86:40	50:18
2	Hertha BSC Berlin	34	19	6	9	61:43	44:24
3	Eintracht Frankfurt	34	18	7	9	89:49	43:25
4	Hamburger SV	34	18	7	9	55:38	43:25
5	1. FC Köln	34	17	7	10	77:51	41:27
6	Fortuna Düsseldorf	34	16	9	9	65:55	41:27
7	Schalke 04	34	16	7	11	52:37	39:29
8	Kickers Offenbach	34	17	4	13	72:62	38:30
9	Eintracht Braunschweig	34	14	8	12	52:42	36:32
10	Bayern München	34	14	6	14	57:63	34:34
11	VfL 11 Bochum	34	14	5	15	53:53	33:35
12	Rot-Weiß Essen	34	10	12	12	56:68	32:36
13	1. FC Kaiserslautern	34	13	5	16	56:55	31:37
14	MSV Duisburg	34	12	6	16	59:77	30:38
15	Werder Bremen	34	9	7	18	45:69	25:43
16	VfB Stuttgart	34	8	8	18	50:79	24:44
17	Tennis Borussia Berlin	34	5	6	23	38:89	16:52
18	Wuppertaler SV	34	2	8	24	32:86	12:56

Facts & Acts

Mit 103 Länderspielen war Franz Beckenbauer bis zu seiner Überrundung durch Lothar Matthäus (122) Rekordnationalspieler. Spitze ist der »Kaiser« aber auch in der Zahl seiner Eigentore: Kein anderer Bayern-Spieler hat es auf vier gebracht. In dieser Saison gleich zweimal hintereinander: beim 2:3 daheim gegen Kickers Offenbach und die Woche darauf beim 1:4 in Berlin gegen Hertha BSC. Ihm am nächsten in der Schadensliste kommt sein engster Mitarbeiter, Vorstopper Hans-Georg Schwarzenbeck, mit drei Treffern ins eigene Netz.

1975/76
Rummenige hat weiche Knie

Das Abschneiden in der Vorsaison hatte die Maßstäbe beim FC Bayern zurechtgerückt. Man gab sich bescheiden: Nun galt als Ziel ein Rang unter den ersten Fünf – um wenigstens im UEFA-Pokal dabei zu sein. Selbst dies schien nach der Hinrunde illusorisch, mit ausgeglichenem Punktekonto belegten die Münchner lediglich Rang zehn.
Doch in der Rückrunde drehte die altgediente Garde um Beckenbauer, Müller und den von schwerer Verletzung halbwegs genesenen Hoeneß mächtig auf. Herausragend war der 4:0-Heimsieg (Tore: Hoeneß 2, Schwarzenbeck, Müller) gegen den späteren Meister Borussia Mönchengladbach – ein Beweis, daß die Bayern die große Fußballkunst noch nicht verlernt hatten. Platz drei am Saisonende entsprach den Erwartungen.
Im DFB-Pokal wurden die Münchner schließlich im Halbfinale vom Hamburger SV ausgebremst, als Schlußmann Sepp Maier in einer wahren Wasserschlacht im Olympiastadion zeitgleich mit dem Schlußpfiff den einzigen Treffer kassierte.
Wie schon in der Saison zuvor setzten die Bayern alles auf die Karte Europacup. Anfangs trafen sie auf relativ leichte Gegner (Jeunesse Esch 5:0, 3:1/ Malmö FF 0:1, 2:0). Dann aber kam es knüppeldick. Viertelfinal-Konkurrent Benfica Lissabon, wie die Münchner zweimaliger Cupgewinner, war eine international renommierte Mannschaft. Bis zur Halbzeit des Rückspiels (Hinspiel 0:0) gelang den Münchner kein Treffer gegen die Portugiesen. Nach der Pause aber legten die Bayern richtig los: der junge Dürnberger mit zwei Toren, Rummenigge und zweimal Gerd Müller besorgten den Endstand von 5:1.
Das Halbfinale gegen Real Madrid mit Günter Netzer und dem »verlorenen Sohn« Paul Breitner war ein Knüller. Vor allem für die Münchner: Nach einem 1:1 im Bernabeu-Stadion gewannen sie im Rückspiel 2:0 (beide Tore Müller).
Im Endspiel von Glasgow trafen sie auf die alten Bekannten von AS St. Etienne. Dem 20jährigen Rummenigge war vor dem Anpfiff so mulmig zumute, daß man ihn mit zwei Glas Cognac aufmöbelte. Auch während der Partie hatten die Bayern wenig zu lachen, die Franzosen waren deutlich überlegen. Nach 56 Minuten aber wurde ein Entlastungsangriff der Münchner kurz vor dem Strafraum durch ein Foul an Müller gestoppt. Den Freistoß schob Beckenbauer kurz zu Roth, und dessen Geschoß fand durch die Abwehr hindurch den Weg ins Netz. Das 1:0 reichte zum dritten Pokaltriumph, nun ging der Landesmeistercup in den endgültigen Besitz des Klubs über.

Einsatz Kapellmann: Der kleine Mittelfeldspieler stand immer ein wenig im Schatten von Müller und Breitner

Spielzeit 1975/76

		Spiele	Siege	Remis	Niederl.	Tore	Punkte
1	Borussia Mönchengladbach	34	16	13	5	66:37	45:23
2	Hamburger SV	34	17	7	10	59:32	41:27
3	Bayern München	34	15	10	9	72:50	40:28
4	1. FC Köln	34	14	11	9	62:45	39:29
5	Eintracht Braunschweig	34	14	11	9	52:48	39:29
6	Schalke 04	34	13	11	10	76:55	37:31
7	1. FC Kaiserslautern	34	15	7	12	66:60	37:31
8	Rot-Weiß Essen	34	13	11	10	61:67	37:31
9	Eintracht Frankfurt	34	13	10	11	79:58	36:32
10	MSV Duisburg	34	13	7	14	55:62	33:35
11	Hertha BSC Berlin	34	11	10	13	59:61	32:36
12	Fortuna Düsseldorf	34	10	10	14	47:57	30:38
13	Werder Bremen	34	11	8	15	44:55	30:38
14	VfL Bochum	34	12	6	16	49:62	30:38
15	Karlsruher SC	34	12	6	16	46:59	30:38
16	Hannover 96	34	9	9	16	48:60	27:41
17	Kickers Offenbach	34	9	9	16	40:72	27:41
18	Bayer Uerdingen	34	6	10	18	28:69	22:46

Facts & Acts

Als Beauftragter des Weltverbandes FIFA hat Dettmar Cramer angeblich in 140 Ländern Entwicklungshilfe geleistet. Seine schwierigste Aufgabe aber hatte er wohl bei Bayern München zu bewältigen, einer alternden, allmählich satten Mannschaft. Cramer erkannte, daß sein Team nicht mehr kontinuierlich zu Höchstleistung fähig war. Mit taktischer Raffinesse und dem Gefühl für die verbliebenen Stärken führte der intellektuelle »Fußballprofessor« den Klub zu zwei Europacup-Siegen und zum Weltpokal – eine famose Bilanz.

1976/77
Der Kaiser geht, der Bomber schwächelt

Wer nach bedeutenden Erfolgen des deutschen Renommierklubs sucht, mußte in dieser Saison schon bis nach Brasilien blicken. Denn weder in der Bundesliga noch auf europäischer Ebene gab es für die Bayern viel zu erben. Im Europapokal der Landesmeister mußte der Titelverteidiger schon im Viertelfinale den Preis dafür zahlen, daß die Mannschaft noch mitten im Umbruch steckte. Dynamo Kiew hieß der Gegner, genauer gesagt, Oleg Blochin. Der pfeilschnelle Linksaußen war im Hinspiel (1:0) noch einigermaßen zu bremsen, doch in Kiew lief er der Abwehr immer wieder davon. Mit dem 0:2 war die große internationale Karriere des FC Bayern erst einmal beendet.

Auch in der Bundesliga mehrten sich die Mißerfolge – und die Verletzungen wichtiger Spieler. Björn Andersson, gerade erst von einem Kreuzbandriß einigermaßen wiederhergestellt, tat sich erneut weh – das Karriere-Ende ließ nicht mehr lange auf sich warten. Gerd Müller litt unter unerträglichen Rückenschmerzen – eine komplizierte Bandscheibenoperation warf ihn sportlich aus der Bahn. (Dennoch erzielte er 25 Saisontore). Berechenbar waren die Bayern in dieser Spielzeit nur durch ihre Unberechenbarkeit: einem 9:0 gegen Tennis Borussia etwa stand ein 1:6 beim 1. FC Saarbrücken gegenüber. Resultat: Rang sieben.

Blieb noch der sogenannte Weltcup, das Aufeinandertreffen der erfolgreichsten Teams aus Europa und Südamerika. Darauf hatten die Bayern in den beiden Vorjahren dankend verzichtet, weil sie die Reisestrapazen scheuten und die häufig gezeigte Brutalität argentinischer Mannschaften in derlei Begegnungen. Belo Horizonte aus Brasilien aber war ein annehmbarer Gegner. Der überdies das Pech hatte, im deutschen Winter, also mitten im südamerikanischen Sommer, im Olympiastadion antreten zu müssen. Die Ballakrobaten erhielten trotz dicker Vermummung eine kalte Dusche: Müller und Kapellmann trafen zum 2:0.

Der Kaiser geht am Ende einer nicht ganz so brillanten Saison von Bord: Franz Beckenbauer nach seinem letzten Spiel für den FC Bayern

Im Rückspiel sahen sich die Münchner vollständig in die Defensive gedrängt. Allerletzter Mann in der Abwehr war Sepp Maier, der Torwart, der alles fing, was sich seinem Tor näherte. Ihm vor allem war das 0:0 zu danken. Seitdem ziert den Briefkopf des FC Bayern die hübsche Zeile: Weltpokalsieger 1976.

Facts & Acts

Der »Kaiser« verließ sein Volk, Franz Beckenbauer ging am Ende der Saison zu Cosmos New York – ein Schlag, der die Bayern lange Zeit schmerzte. Beckenbauer ist bis heute der eindrucksvollste Spieler des Klubs: 396 Bundesligaspiele, 44 Tore – so lautet die nüchterne Bilanz. Dahinter verbergen sich einmalige Erfolge: viermal Deutscher Meister, zweimal DFB-Pokalsieger, Europacup-Gewinner bei den Landesmeistern (dreimal) und Pokalsiegern (einmal), Weltcupsieger. Zweimal wurde Franz Beckenbauer »Europas Fußballer des Jahres« (1972, 1976). Seit 1993 ist er Vereinspräsident.

Spielzeit 1976/77

		Spiele	Siege	Remis	Niederl.	Tore	Punkte
1	Borussia Mönchengladbach	34	17	10	7	58:34	44:24
2	Schalke 04	34	17	9	8	77:52	43:25
3	Eintracht Braunschweig	34	15	13	6	56:38	43:25
4	Eintracht Frankfurt	34	17	8	9	86:57	42:26
5	1. FC Köln	34	17	6	11	83:61	40:28
6	Hamburger SV	34	14	10	10	67:56	38:30
7	Bayern München	34	14	9	11	74:65	37:31
8	Borussia Dortmund	34	12	10	12	73:64	34:34
9	MSV Duisburg	34	11	12	11	60:51	34:34
10	Hertha BSC Berlin	34	13	8	13	55:54	34:34
11	Werder Bremen	34	13	7	14	51:59	33:35
12	Fortuna Düsseldorf	34	11	9	14	52:54	31:37
13	1. FC Kaiserslautern	34	12	5	17	53:59	29:39
14	1. FC Saarbrücken	34	9	11	14	43:55	29:39
15	VfL Bochum	34	11	7	16	47:62	29:39
16	Karlsruher SC	34	9	10	15	53:75	28:40
17	Tennis Borussia Berlin	34	6	10	18	47:85	22:46
18	Rot-Weiß Essen	34	7	8	19	49:103	22:46

1977/78
Totalrenovierung mit Schönheitsfehlern

Im Jahr eins nach Beckenbauer wurde ernst gemacht mit dem Face-lifting des FC Bayern. Nur noch fünf Spieler der alten Garde standen im Kader: Maier, Schwarzenbeck, Kapellmann, Hoeneß und Müller. Dafür wurde eingekauft wie im Supermarkt, lauter neue Gesichter an der Säbener Straße. Als Libero und Nachfolger des »Kaisers« kam der solide Wolfgang Rausch, als Mittelfeldstratege der jugoslawische Star Branko Oblak. Weitere Neulinge waren Norbert Janzon, Kurt Niedermayer und Ersatzkeeper Walter Junghans, und aus der eigenen Jugend stieß Klaus Augenthaler zu den Profis. Doch die erste große Ära des FC Bayern war unwiderruflich zu Ende. Dies wurde an der Person Dettmar Cramers deutlich. Als seine Bayern innerhalb weniger Tage zweimal mit 0:4 Toren gegen Eintracht Frankfurt (Bundesliga und UEFA-Cup) unterlagen, mußte das Präsidium handeln. Zunächst wurde Cramer der verwaiste Managerposten angeboten, den Beckenbauer-Intimus Robert Schwan freigemacht hatte, dann ein Tauschgeschäft mit Eintracht Frankfurt eingefädelt. Cramer ging zur Eintracht, deren ungarischer Trainer Guyla Lorant wechselte mit seinem Assistenten Pal Csernai im Gefolge kurz vor der Winterpause nach München. Lorant revolutionierte die Spielweise. Statt der strikten Manndeckung, auf die vor allem Katsche Schwarzenbeck spezialisiert war, übte er die Raumdeckung – und demonstrierte sie anhand von Limonadenflaschen. Gerd Müller, dem besten Torjäger aller Zeiten, versuchte er neue Techniken beizubringen: »Muß du schießen aus der Knie!« Im übrigen baute er das Team beinahe komplett um. Schwarzenbeck wurde Libero, Rausch rückte ins ungewohnte Mittelfeld und der junge Augenthaler übernahm den Stopperposten auf dringendes Anraten von Gerd Müller. Der hatte sich im Training schon des öfteren mit dem 19jährigen Niederbayern herumgeschlagen.
Fortschritte stellten sich nur zögernd ein, noch fehlte der Mannschaft der spielerische Kopf. So verzeichnete der FC Bayern am Saisonende lediglich individuelle Erfolge: Gerd Müller wurde mit 24 Toren wieder einmal Torschützenkönig, und Sepp Maier bekam derart viele Bälle aufs Tor, daß er zum zweiten Mal die Ehre als Deutschlands »Fußballer des Jahres« hatte.

Spielzeit 1977/78

		Spiele	Siege	Remis	Niederl.	Tore	Punkte
1	1. FC Köln	34	22	4	8	86:41	48:20
2	Borussia Mönchengladbach	34	20	8	6	86:44	48:20
3	Hertha BSC Berlin	34	15	10	9	59:48	40:28
4	VfB Stuttgart	34	17	5	12	58:40	39:29
5	Fortuna Düsseldorf	34	15	9	10	49:36	39:29
6	MSV Duisburg	34	15	7	12	62:59	37:31
7	Eintracht Frankfurt	34	16	4	14	59:52	36:32
8	1. FC Kaiserslautern	34	16	4	14	64:63	36:32
9	Schalke 04	34	14	6	14	47:52	34:34
10	Hamburger SV	34	14	6	14	61:67	34:34
11	Borussia Dortmund	34	14	5	15	57:71	33:35
12	Bayern München	34	11	10	13	62:64	32:36
13	Eintracht Braunschweig	34	14	4	16	43:53	32:36
14	VfL Bochum	34	11	9	14	49:51	31:37
15	Werder Bremen	34	13	5	16	48:57	31:37
16	TSV 1860 München	34	7	8	19	41:60	22:46
17	1. FC Saarbrücken	34	6	10	18	39:70	22:46
18	FC St. Pauli	34	6	6	22	44:86	18:50

Wo laufen sie denn, wo laufen sie denn hin? Trainer Cramer zählt die Miesen auf dem Punktekonto

Facts & Acts

Rang zwölf mit 32:36 Punkten in dieser Saison ist die schlechteste Bundesliga-Plazierung des FC Bayern überhaupt. Nur noch einmal, 1992 mit 36:40 Zählern und Rang zehn, hat der Klub ein negatives Punktekonto aufzuweisen. Folgende Plätze belegten die Münchner in 31 Jahren Erstliga-Zugehörigkeit: Rang eins (12 Mal), Zweiter (6), Dritter (3), Vierter (3), Fünfter (1), Sechster (2), Siebter (1), Zehnter (2) und Zwölfter (1). Keine andere Mannschaft hat auch nur annähernd eine solche Erfolgsbilanz aufzuweisen.

1978/79
Der Präsident weicht der Revolution, Müller geht ins Exil

Gleich ein paar Mal in dieser Saison wurde die Revolution ausgerufen. Die Rückkehr von Paul Breitner, der nach seiner Zeit bei Real Madrid einen kleinen Abstecher nach Braunschweig gemacht hatte, sollte ein Zeichen setzen: Der FC Bayern wollte auf professionellem Weg wieder an die Glanzzeiten anknüpfen. Mit Breitner ging es aufwärts, nach 22 erfolglosen Monaten gelang sogar wieder ein Auswärtssieg (2:0 in Bielefeld). An der Seite des Regisseurs lief vor allem Karl-Heinz Rummenigge wiederholt zu großer Form auf. Besonders zwei Freundschaftsspiele fanden großes Echo: das 7:1 gegen Franz Beckenbauers New Yorker Cosmos-Truppe und das 8:0 in Amsterdam gegen Ajax, beim Abschied der Fußball-Legende Johan Cruyff.
Doch gab es auch herbe Rückschläge, wie das 1:7 bei Fortuna Düsseldorf, das letzte Spiel, bei dem der autoritäre Trainer Lorant auf der Bank saß. Zum Nachfolger bestimmte der nicht weniger autoritäre Präsident Neudecker dessen Assistenten Pal Csernai. Der Ungar bezog vor allem Breitner und Rummenigge in seine taktischen Überlegungen und Fragen der Aufstellung ein – ein Rezept, das mittelfristig aufgehen sollte.
Zunächst überwog der Ärger. Nach der ersten unfreiwilligen Auswechslung seiner Karriere verließ Gerd Müller wutentbrannt den Klub Richtung Florida. Wilhelm Neudecker verpflichtete ohne Wissen der Mannschaft den alten Trainer-Haudegen Max Merkel, worauf die Spieler den Aufstand probten. In einer internen Abstimmung votierten sie mit 16:0 Stimmen für Csernai. Als der Präsident davon erfuhr, beschimpfte er Paul Breitner als »Revoluzzer«, beugte sich aber dem Willen des Teams. Csernai behielt den Job, Neudecker aber trat nach 17 erfolgreichen Jahren zurück und machte den Präsidentenposten frei für Schatzmeister Willi O. Hoffmann. Mitten in diesem Wirrwarr mußten die Bayern-Spieler ihren geschlossenen Protest durch Leistung legitimieren – ausgerechnet im Auswärtsspiel bei Borussia Mönchengladbach. Sie demonstrierten Fußball wie aus dem Lehrbuch, Rummenigge (3), Janzon (2), Niedermayer und Schwarzenbeck trafen zum 7:1-Kantersieg. »Wenn wir hier verloren hätten«, sagte Breitner aufatmend, »wäre alles auseinandergebrochen.« So aber wuchs alles zusammen, die Bayern erreichten am Ende noch Rang vier.

Facts & Acts

Das Jahr bitterer Abschiede: Trainer Lorant ekelte Uli Hoeneß aus dem Verein, Nachfolger Pal Csernai vergraulte Gerd Müller. Damit war die Erfolgstory des besten Sturmduos der Liga beendet. Gerd Müller hatte in 427 Spielen 365 Tore (Schnitt pro Spiel: 0,85 Tore) erzielt, Hoeneß in 239 Begegnung 86 (Schnitt: 0,35). Gerd Müller kickte anschließend eine Zeitlang bei den Fort Lauderdale Strikers, Hoeneß kurz beim 1. FC Nürnberg. Müller ist heute als Jugendtrainer beim FC Bayern tätig, Hoeneß seit 1979 als Manager.

Es hat sich ausgemüllert – Csernai vergrätzt den Torschützenkönig der Bayern

Spielzeit 1978/79

		Spiele	Siege	Remis	Niederl.	Tore	Punkte
1	Hamburger SV	34	21	7	6	78:32	49:19
2	VfB Stuttgart	34	20	8	6	73:34	48:20
3	1. FC Kaiserslautern	34	16	11	7	62:47	43:25
4	Bayern München	34	16	8	10	69:46	40:28
5	Eintracht Frankfurt	34	16	7	11	50:49	39:29
6	1. FC Köln	34	13	12	9	55:47	38:30
7	Fortuna Düsseldorf	34	13	11	10	70:59	37:31
8	VfL Bochum	34	10	13	11	47:46	33:35
9	Eintracht Braunschweig	34	10	13	11	50:55	33:35
10	Borussia Mönchengladbach	34	12	8	14	50:53	32:36
11	Werder Bremen	34	10	11	13	48:60	31:37
12	Borussia Dortmund	34	10	11	13	54:70	31:37
13	MSV Duisburg	34	12	6	16	43:56	30:38
14	Hertha BSC Berlin	34	9	11	14	40:50	29:39
15	Schalke 04	34	9	10	15	55:61	28:40
16	Arminia Bielefeld	34	9	8	17	43:56	26:42
17	1. FC Nürnberg	34	8	8	18	36:67	24:44
18	Darmstadt 98	34	7	7	20	40:75	21:47

1979/80
Neue Köpfe, neues Spiel, neues Glück

	Spielzeit 1979/80	Spiele	Siege	Remis	Niederl.	Tore	Punkte
1	Bayern München	34	22	6	6	84:33	50:18
2	Hamburger SV	34	20	8	6	86:35	48:20
3	VfB Stuttgart	34	17	7	10	75:53	41:27
4	1. FC Kaiserslautern	34	18	5	11	75:53	41:27
5	1. FC Köln	34	14	9	11	72:55	37:31
6	Borussia Dortmund	34	14	8	12	64:56	36:32
7	Borussia Mönchengladbach	34	12	12	10	61:60	36:32
8	Schalke 04	34	12	9	13	40:51	33:35
9	Eintracht Frankfurt	34	15	2	17	65:61	32:36
10	VfL Bochum	34	13	6	15	41:44	32:36
11	Fortuna Düsseldorf	34	13	6	15	62:72	32:36
12	Bayer Leverkusen	34	12	8	14	45:61	32:36
13	TSV 1860 München	34	10	10	14	42:53	30:38
14	MSV Duisburg	34	11	7	16	43:57	29:39
15	Bayer Uerdingen	34	12	5	17	43:61	29:39
16	Hertha BSC Berlin	34	11	7	16	41:61	29:39
17	Werder Bremen	34	11	3	20	52:93	25:43
18	Eintracht Braunschweig	34	6	8	20	32:64	20:48

Aus dem ewigen Duell Bayern gegen Borussia Mönchengladbach wurde zu Beginn der achtziger Jahre der Zweikampf HSV gegen Bayern. Die Hamburger um den Engländer Kevin Keegan hatten im Vorjahr triumphiert, diesmal wurden sie von den Münchnern gejagt. Die sahen sich erneut zum Umbau gezwungen, Sepp Maier und Katsche Schwarzenbeck mußten ihre Karriere beenden, neue Leute wurden verpflichtet.
Wolfgang Dremmler kam von Eintracht Braunschweig, Wolfgang Kraus aus Frankfurt, Hans Weiner von Hertha BSC und Dieter Hoeneß aus Stuttgart, vom VfB. Zwischen den Pfosten stand der unerfahrene Hamburger Walter Junghans. Doch zur Überraschung der Fußballfans belegten die jungen Bayern zur Halbzeit Rang eins der Tabelle. Die »Pole position« wurde ihnen jedoch schon bald wieder vom Rivalen HSV entrissen, der das bessere Torverhältnis auf seiner Seite hatte.
Toreschießen war also erste Bayern-Pflicht. Angetrieben vom mitreißenden Regisseur Breitner machten sie Furore: 7:0 gegen Werder Bremen, 6:1 gegen 1860 im Lokalderby und 6:0 gegen Fortuna Düsseldorf. Vor dem letzten Saisonspiel fehlte ihnen noch ein Punkt zum ersten Titel nach sechs Jahren Meisterschaftsabstinenz. Mehr als Eintracht Braunschweig setzte den Bayern-Stars die eigene Nervosität zu. Selbst als Rummenigge das 1:0 besorgt hatte, legte sich die Angst nicht. Dann aber kam der Auftritt des neuen Traumduos: ein weiter, genauer Paß Breitners, ein Solo Rummenigges – 2:1, der FC Bayern war am Ziel.
In den europäischen Bewerben hatten sich die Münchner zwei Jahre nur als Zuschauer profiliert. Den eklatanten Nachholbedarf stillten sie gleich in den ersten Runden des UEFA-Cups. Bohemians Prag (2:0, 2:2) und AGF Aarhus (2:1, 3:1) wurden zum Aufgalopp leicht bezwungen, dann allerdings wuchsen die Hürden.
Roter Stern Belgrad ließ sich im Münchner Hinspiel zwar mit 2:0 niederhalten, führte aber vor eigenem Publikum nach 50 Minuten bereits 3:0. Als Retter in der Not empfahl sich Dieter Hoeneß, dessen zwei Tore ein 2:3 und den Aufstieg ins Viertelfinale sicherten. Dabei kam es zum innerdeutschen Duell mit dem 1. FC Kaiserslautern, der seine Hoffnungen nach einem 1:0 durch ein 1:4 im Rückspiel begraben mußte. Nun zweifelte kaum noch jemand daran, daß die Bayern durch einen Sieg über Eintracht Frankfurt das Finale erreichen würden. Pech gehabt: Einem 2:0-Heimsieg folgte im Waldstadion ein bitteres 1:5 nach Verlängerung.

Hoch die Tasse, das Ende der Durststrecke ist da: Eine (ziemlich) verjüngte Mannschaft um Karl-Heinz Rummenigge bricht zu neuen Ufern auf

Facts & Acts

Eigentlich hatte er Bestleistungen für die Ewigkeit aufstellen wollen, aber ein schlimmer Autounfall beendete Sepp Maiers Karriere abrupt. Mit 473 Spielen ist er bis heute Rekordspieler des FC Bayern. In 13 Bundesliga-Jahren (1966 bis 1979) bestritt die »Katze von Anzing« 442 Begegnungen ohne jede Unterbrechung, lediglich in der ersten Saison mußte er dreimal pausieren. 95 Länderspiele, ein Weltmeister- und ein Europameistertitel runden seine persönliche Bilanz ab. Maier ist heute als Torwarttrainer beim FC Bayern in Aktion.

1980/81
Der FC kommt langsam, aber gewaltig

Ein glänzender Start und eine Serie von 18:0 Punkten brachte die Bayern sofort wieder auf Rang eins. Bis der alte Angstgegner 1. FC Kaiserslautern auf dem Plan stand. Das 2:4 löste einen längeren Schwächeanfall aus. Paul Breitner kämpfte mehr mit Muskelproblemen, als mit seinen Bewachern. Der vorübergehende Ausfall des Spielmotors brachte auch Karl-Heinz Rummenigge ins Stottern, weil nun die Vorlagen ausblieben. Als die Bayern am 23. Spieltag bei Bayer Leverkusen mit 0:3 Toren eingingen, war an die Titelverteidigung kaum mehr zu denken. Der Hamburger SV spielte Traumfußball und hatte drei Punkte Vorsprung.

Kurz nach der Pause der Spitzenbegnung im Volksparkstadion am 25. Spieltag waren es fünf. Magath hatte das 1:0 erzielt, Hrubesch das 2:0, auf Paul Breitners Rückpaß-Fehler hin. Auf den Rängen feierten die Hanseaten ihren HSV, ein verhängnisvoller Irrtum, wie sich zeigen sollte. Denn das ließ Breitner nicht auf sich sitzen. Sichtlich verärgert krempelte er die Ärmel auf – und drehte das Spiel um. Sein millimetergenaues Zuspiel auf Rummenigge ergab den Anschlußtreffer, zwei Minuten vor dem Abpfiff bezwang er persönlich Torhüter Kargus zum 2:2.

Es war das Startsignal zu einem der faszinierendsten Schlußspurts der Liga. Nur 1860 knöpfte den Bayern beim 1:1 noch ein Pünktchen ab; ansonsten wurde besiegt, wer sich ihnen in den Weg stellte: Bochum 3:1, Duisburg 5:1, Nürnberg 1:0,

	Spielzeit 1980/81	Spiele	Siege	Remis	Niederl.	Tore	Punkte
1	Bayern München	34	22	9	3	89:41	53:15
2	Hamburger SV	34	21	7	6	73:43	49:19
3	VfB Stuttgart	34	19	8	7	70:44	46:22
4	1. FC Kaiserslautern	34	17	10	7	60:37	44:24
5	Eintracht Frankfurt	34	13	12	9	61:57	38:30
6	Borussia Mönchengladbach	34	15	7	12	68:64	37:31
7	Borussia Dortmund	34	13	9	12	69:59	35:33
8	1. FC Köln	34	12	10	12	54:55	34:34
9	VfL Bochum	34	9	15	10	53:45	33:35
10	Karlsruher SC	34	9	14	11	56:83	32:36
11	Bayer Leverkusen	34	10	10	14	52:53	30:38
12	MSV Duisburg	34	10	9	15	45:58	29:30
13	Fortuna Düsseldorf	34	10	8	16	57:64	28:40
14	1. FC Nürnberg	34	11	6	17	47:57	28:40
15	Arminia Bielefeld	34	10	6	18	46:65	26:42
16	TSV 1860 München	34	9	7	18	49:67	25:43
17	Schalke 04	34	8	7	19	43:88	23:45
18	Bayer Uerdingen	34	8	6	20	47:79	22:46

Facts & Acts

29 Treffer erzielte Karl-Heinz Rummenigge in dieser Saison und wurde damit überlegener Torschützenkönig der Bundesliga. Dieses Kunststück gelang ihm insgesamt drei Mal: 1980 (26), 1981 und ein weiteres Mal 1984 (26). Als der Westfale 1984 zu Inter Mailand wechselte, galt er als bester Stürmer der Welt. In zehn Jahren mit 310 Bundesligapartien war er auf 162 Tore gekommen. Als wichtigste Ehrung seiner Karriere hat er selbst die zweimalige Wahl zu »Europas Fußballer des Jahres« (1980, 1981) empfunden.

Das entscheidende Tor in dieser Saison kam am 25. Spieltag gegen den HSV – von Paul Breitner persönlich: Von da an lief alles wie geschmiert

Kaiserslautern 3:0, Köln 3:0, Frankfurt 7:2, Mönchengladbach 4:1, womit die Sache gegen den HSV entschieden war. Als Reinhold Mathy im bedeutungslos gewordenen Finale in der 89. Minute das 4:0 gegen Uerdingen schoß, stürmten die Zuschauer außer Rand und Band den Rasen des Olympiastadions und zwangen den Referee zum vorzeitigen Abpfiff. Der Freude tat dies keinen Abbruch.

Die Enttäuschung des Jahres hingegen brachte der Europapokal der Landesmeister. Nicht, weil die Münchner schwach gespielt hätten, sondern weil sie ausschieden, ohne auch nur einmal verloren zu haben. Die Stationen: Olympiakos Piräus (4:2, 3:0), Ajax Amsterdam (5:1, 1:2), Banik Ostrau (2:0, 4:2). Auch nach dem 0:0-Hinspiel beim FC Liverpool wogen sich die Bayern in Siegesgewißheit. Eine trügerische Hoffnung, das 1:1 im Olympiastadion brachte Liverpool dank des erzielten Auswärtstores ins Finale und anschließend zum Cupsieg.

1981/82
Frust statt Freude im Bayern-Lager

Blutend, aber nicht geschlagen: Dieter Hoeneß

Das Photo ist in allen Bildarchiven vorhanden, es hat beinahe legendären Charakter: der große Mann im knallroten Trikot und dem weißen Turban mit ebenso roten Blutflecken um die Stirn – ein Symbol, das Dieter Hoeneß ewigen Fußballruhm als wackerer Kämpfer und eiserner Kerl einhandelte. Es war am 1. Mai 1982 im Frankfurter Waldstadion, das DFB-Pokalfinale gegen den 1. FC Nürnberg dauerte gerade zwölf Minuten, als Hoeneß und sein Kontrahent Alois Reinhardt beim Kopfballduell mit den Schädeln aneinanderkrachten. Mit einer klaffenden Platzwunde blieb der Bayern-Mittelstürmer liegen.

Doch statt sich auswechseln zu lassen, nahm der blonde Hüne den Kampf wieder auf, nachdem ihm ein großer Verband um den Kopf gewickelt worden war. Der risikoreiche Einsatz schien sich zunächst nicht auszuzahlen, zur Halbzeit führten die Franken 2:0.

Doch nach der Pause verlängerte Hoeneß – per Kopf – eine Flanke Dremmlers zu Rummenigge: 1:2. Wolfgang Kraus erzielte den Ausgleich, Breitner per Elfmeter den Führungstreffer. Zwei Minuten vor dem Abpfiff erwischte der Schmerzensmann eine Vorlage Breitners wiederum mit der blutverschmierten Stirn und jagte die Kugel zum 4:2 ins Netz. Dank Hoeneß hatte der FC Bayern mit dem DFB-Pokal wenigstens ein Erfolgserlebnis in diesem Jahr.

Denn diesmal hatte der Hamburger SV in der Bundesliga wieder die Führungsrolle übernommen und war vor dem 1. FC Köln zum Titel gekommen. Mit fünf Punkten Rückstand belegten die Münchner Rang drei. Und auch im europäischen Landesmeisterpokal, in dem sie nach sechs Jahren Abstinenz wieder einmal standen, gab es zum Schluß tiefen Frust. Und wieder stand Dieter Hoeneß im Mittelpunkt. Im Halbfinale bei ZSKA Sofia setzte ihn Trainer Csernai zuächst auf die Bank – mit dem Resultat, daß die Bulgaren nach 18 Minuten bereits 3:0 führten. Dann kam Hoeneß und mit ihm der Umschwung. Die Bayern holten noch auf 3:4 auf und zogen durch einen 4:0-Heimsieg ins Endspiel gegen Aston Villa ein. 90 Minuten lang rannten sie gegen das britische Tor an, doch Ersatzkeeper Spink machte sämtlich Chancen zunichte. Einen Villa-Konter, an diesem Abend in Rotterdam eine Rarität, nutzte Withe zum 1:0. In der 87. Minute endlich schüttelte Hoeneß seine Bewacher ab und bezwang den jungen Spink. Doch der Schiedsrichter erkannte auf abseits – die bessere Mannschaft hatte verloren.

Facts & Acts

Ein Hattrick liegt bekanntlich dann vor, wenn ein Spieler in einer Halbzeit drei Tore erzielt, ohne daß zwischendurch ein anderer erfolgreich ist. Gerd Müller ist das allein fünfmal gelungen. Viermal hat er sogar fünf Treffer in einem Spiel geschossen. Einmalig ist dennoch der Rekord von Dieter Hoeneß, den dieser am 15. Februar 1982 in der Bundesligapartie gegen Braunschweig aufstellte. Spät eingewechselt, glückten dem großen Langen fünf Tore – in der unglaublich kurzen Spanne von nur 21 Minuten. Am Ende der Saison hatte er 21mal getroffen.

Spielzeit 1981/82

		Spiele	Siege	Remis	Niederl.	Tore	Punkte
1	Hamburger SV	34	18	12	4	95:45	48:20
2	1. FC Köln	34	18	9	7	72:38	45:23
3	Bayern München	34	20	3	11	77:56	43:25
4	1. FC Kaiserslautern	34	16	10	8	70:61	42:26
5	Werder Bremen	34	17	8	9	61:52	42:26
6	Borussia Dortmund	34	18	5	11	59:40	41:27
7	Borussia Mönchengladbach	34	15	10	9	61:51	40:28
8	Eintracht Frankfurt	34	17	3	14	83:72	37:31
9	VfB Stuttgart	34	13	9	12	62:55	35:33
10	VfL Bochum	34	12	8	14	52:51	32:36
11	Eintracht Braunschweig	34	14	4	16	61:66	32:36
12	Arminia Bielefeld	34	12	6	16	46:50	30:38
13	1. FC Nürnberg	34	11	6	17	53:72	28:40
14	Karlsruher SC	34	9	9	16	50:68	27:41
15	Fortuna Düsseldorf	34	6	13	15	48:73	25:43
16	Bayer Leverkusen	34	9	7	18	45:72	25:43
17	Darmstadt 98	34	5	11	18	46:82	21:47
18	MSV Duisburg	34	8	3	23	40:77	19:49

1982/83
Nicht nur im Cup: Die Bayern stochern im Nebel

Das kurioseste Debüt in der Bundesliga lieferte der neue Torwart Jean-Marie Pfaff aus Belgien. Einen verblüffend weiten Einwurf des Bremers Uwe Reinders berührte der beste europäische Schlußmann mit den Fingerspitzen und lenkte den Ball ins eigene Netz: 0:1 gegen Werder, ein klassischer Fehlstart, den Trainer Csernai mit einem gleichermaßen lakonischen wie einleuchtenden Satz kommentierte: »Es ist schwer zu gewinnen, wenn man kein Tor schießt.« Chancen in Hülle und Fülle hatten sich vor allem Paul Breitner geboten.

Facts & Acts

Bänderriß, Kapselriß, Sprunggelenksabsplitterung, Oberschenkelzerrung – es war ein schmerzhaftes Jahr für Paul Breitner, der als Kapitän der Nationalmannschaft als WM-Zweiter aus Spanien heimgekehrt war. Die Erschwernisse dieser Saison verleideten dem unbequemen Mittelfeldregisseur das Fußballspielen, Paul Breitner beendete seine Karriere dort, wo sie begonnen hatte. Der »Fußballer des Jahres 1981« ist eine der ganz großen Persönlichkeiten in der Geschichte des FC Bayern, in 255 Bundesligaspielen kam der 46malige Nationalspieler auf 83 Tore.

Den Zwei-Punkte-Rückstand vom ersten Spieltag auf den Hamburger SV schleppten die Bayern bis zur Rückrunde mit. Zu diesem Zeitpunkt konnte der neue Präsident Willi O. Hofmann wenigstens erfreuliche finanzielle Tatsachen vermelden: mit einem Durchschnittsbesuch von gut 42 000 Zuschauern und einer Reduzierung des Schuldenstands auf 1,5 Millionen Mark war der FC Bayern endgültig gesundet.
Darüber hinaus gestaltete sich die Saison eher unauffällig. Große Siege, wie das 4:1 im Europapokal der Cupsieger im undurchdringlichen Nebel des Olympiastadions gegen Englands Vertreter Tottenham Hotspur, wechselten mit unglücklichen Niederlagen wie gegen den 1. FC Köln (0:1) oder den 1. FC Kaiserslautern (1:2) ab.
Auch die Geschichte des Europapokals konnten die Bayern nicht um ein buntes Kapitel bereichern. Schon im Viertelfinale kam das Aus: Nach einem glanzlosen 0:0 daheim führten die Münchner beim FC Aberdeen nach 77 Minuten mit 2:1. Ein Doppelschlag der Schotten innerhalb von 40 Sekunden machte sämtliche Hoffnungen zunichte, nach 1967 die Pokalsiegertrophäe wieder einmal zu erobern.
Auch die Bundesliga bot wenig Tröstliches: 17 Siege, zehn Unentschieden und sieben Niederlagen ergaben eine mittelmäßige Bilanz und Rang vier in der Tabelle.
Meister wurde punktgleich vor Werder Bremen der Hamburger SV, und auch der erstarkende VfB Stuttgart plazierte sich vor dem Rivalen aus dem Süden. Trainer Pal Csernai mußte gehen, an seine Stelle trat ein alter Bekannter: Mit Udo Lattek, der inzwischen mit dem FC Barcelona Europacupsieger der Pokalsieger geworden war, wollten die Bayern den verblaßten Glanz wieder auffrischen.

Spielzeit 1982/83

		Spiele	Siege	Remis	Niederl.	Tore	Punkte
1	Hamburger SV	34	20	12	2	79:33	52:16
2	Werder Bremen	34	23	6	5	76:38	52:16
3	VfB Stuttgart	34	20	8	6	80:47	48:20
4	B ayern München	34	17	10	7	74:33	44:24
5	1. FC Köln	34	17	9	8	69:42	43:25
6	1. FC Kaiserslautern	34	14	13	7	57:44	41:27
7	Borussia Dortmund	34	16	7	11	78:62	39:29
8	Arminia Bielefeld	34	12	7	15	46:71	31:37
9	Fortuna Düsseldorf	34	11	8	15	63:75	30:38
10	Eintracht Frankfurt	34	12	5	17	48:57	29:39
11	Bayer Leverkusen	34	10	9	15	43:66	29:39
12	Borussia Mönchengladbach	34	12	4	18	64:63	28:40
13	VfL Bochum	34	8	12	14	43:49	28:40
14	1. FC Nürnberg	34	11	6	17	44:70	28:40
15	Eintracht Braunschweig	34	8	11	15	42:65	27:41
16	Schalke 04	34	8	6	20	48:68	22:46
17	Karlsruher SC	34	7	7	20	39:86	21:47
18	Hertha BSC Berlin	34	5	10	19	43:67	20:48

FC Bayern-Trainer haben schon einmal glücklicher dreingeschaut: Pal Csernai mußte gehen

1983/84
Die Macht des Tormanns beim Elfmeter

Das unglaublichste Spiel dieser Saison fand am 2. November 1983 im Münchner Olympiastadion statt. Die zweite Runde des UEFA-Pokals hatte die Bayern mit ihrem alten Trainer Pal Csernai zusammengebracht, der inzwischen PAOK Saloniki betreute. Mit betonter Defensive trotzten die Griechen dem favorisierten Gegner daheim ein 0:0 ab. Kein Problem, dachten sich die Bayern, aber Csernai hatte seine Elf im Rückspiel auf Beton eingestellt. Wieder 0:0, auch nach der Verlängerung: Im Elfmeterschießen trifft zunächst Augenthaler nur den Torwart, aber Torwart Pfaff macht den Fehler wieder wett. Beim Stand von 8:8 scheitert der griechische Schütze erneut an Pfaff. Den glücklichen Schlußmann holt Trainer Lattek kurz zu sich – und schickt ihn zum Elfmeterpunkt. Persönlich krönt Pfaff den triumphalsten Abend seiner glanzvollen Münchner Zeit: Auf den Schultern der Fans wird er nach gelungenem Elfmeterschuß vom Feld getragen. Doch auch seine Paraden können am Ausscheiden in der folgenden Runde gegen die Tottenham Hotspurs (1:0, 0:2) nichts ändern.
Die Bundesliga-Tabelle wies am Saisonende das knappste Ergebnis der Geschichte aus. Den Ersten, den VfB Stuttgart, trennte vom Vierten, dem FC Bayern, lediglich ein Punkt. Vor den Münchnern, nur aufgrund des schlechteren Torverhältnisses hinter den Schwaben rangierend, plazierten sich noch der Hamburger SV und Borussia Mönchengladbach.
Um das Team vom Niederrhein hatte es erheblichen Ärger gegeben, weil dessen bester Spieler, Lothar Matthäus, abgeworben worden war. Sein neuer Klub: Bayern München. Auf den trafen Matthäus mit seinen Kumpels im letzten Spiel für den alten Verein beim DFB-Pokalfinale im Frankfurter Waldstadion.
Frank Mill und Wolfgang Dremmler hatten die Treffer zum 1:1 nach der regulären Spielzeit geschossen. Das zweite spannende Elfmeterschießen des Jahres sah wiederum die Münchner im Glück. Während bei ihnen nur Augenthaler verschoß, zogen bei den Gladbachern gleich zwei Akteure eine Niete: Ringels und – Matthäus. Der wurde von Borussen-Fans als Alleinschuldiger am 7:6-Erfolg der Bayern angeprangert.

Verhülle dein Antlitz, Spieler... Bald-Bayer Lothar Matthäus nach dem 7:6

Spielzeit 1983/84

		Spiele	Siege	Remis	Niederl.	Tore	Punkte
1	VfB Stuttgart	34	19	10	5	79:33	48:20
2	Hamburger SV	34	21	6	7	75:36	48:20
3	Borussia Mönchengladbach	34	21	6	7	81:48	48:20
4	Bayern München	34	20	7	7	84:41	47:21
5	Werder Bremen	34	19	7	8	79:46	45:23
6	1. FC Köln	34	16	6	12	70:57	38:30
7	Bayer Leverkusen	34	13	8	13	50:50	34:34
8	Arminia Bielefeld	34	12	9	13	40:49	33:35
9	Eintracht Braunschweig	34	13	6	15	54:69	32:36
10	Bayer Uerdingen	34	12	7	15	66:79	31:37
11	Waldhof Mannheim	34	10	11	13	45:58	31:37
12	1. FC Kaiserslautern	34	12	6	16	68:69	30:38
13	Borussia Dortmund	34	11	8	15	54:65	30:38
14	Fortuna Düsseldorf	34	11	7	16	63:75	29:39
15	VfL Bochum	34	10	8	16	58:70	28:40
16	Eintracht Frankfurt	34	7	13	14	45:61	27:41
17	Kickers Offenbach	34	7	5	22	48:106	19:49
18	1. FC Nürnberg	34	6	2	26	38:85	14:54

Facts & Acts

Am Ende der Saison verließ Karl-Heinz Rummenigge den FC Bayern und wechselte nach 310 Bundesligaspielen zu Inter Mailand. Der Weltstar liegt mit dieser Anzahl jedoch nur auf Rang acht der Bayern-Statistik. Vor ihm rangieren Sepp Maier (473), Gerd Müller (427), Hans-Georg Schwarzenbeck (416), Klaus Augenthaler (404), Franz Beckenbauer (396), Bernd Dürnberger (375) und Franz Roth (322). In der »ewigen« Torjäger-Statistik liegt Rummenigge (162 Treffer) deutlich hinter Gerd Müller (365), aber klar vor Roland Wohlfarth (119) und den beiden Hoeneß-Brüdern Dieter (102) und Uli (86).

1984/85
Zufrieden mit dem Meistertitel

Der Verlust von Superstar Rummenigge, behaupteten die Experten, sei nicht zu verschmerzen, auch der selbstbewußte Manager Uli Heoeneß schraubte die Erwartungen herunter. Doch sein »Aufbaujahr« begann mit einer astreinen Serie von 12:0 Punkten. Alle Einkäufe hatten bestens eingeschlagen, Lothar Matthäus, der neue Torjäger Roland Wohlfarth, Stopper Norbert Eder und ein 18jähriger Dribbelkünstler vom Lokalrivalen 1860 namens Ludwig »Wiggerl« Kögl. Und Sören Lerby wurde in seinem zweiten Jahr zur erhofften Verstärkung, zum kämpferischen Vorbild und umsichtigen Spielgestalter. Das junge Team (Durchschnittsalter 25,7 Jahre) stützte sich auf viele Kräfte, statt wie in der Vergangenheit meistens nur auf Breitner und Rummenigge.

Am letzten Spieltag hatten die Bayern zwei Punkte Vorsprung vor Werder Bremen. Doch beim Auswärtsspiel in Braunschweig schien sich alles gegen sie verschworen zu haben: Wohlfarth traf den Pfosten, Hoeneß traf den Pfosten, Lerby zur Abwechslung die Latte. Dann endlich verwandelt Dieter Hoeneß einen Abpraller zum meisterschaftsentscheidenden 1:0. Gleichzeitig unterlag Otto Rehhagels Werder-Team in Dortmund mit 0:2 – die Bayern feierten ihre achte Meisterschaft. Weniger zu bejubeln hatten sie im Europacup der Pokalsieger. Zwar triumphierten sich dank eines der überaus seltenen Tore von Ludwig Kögl bei AS Rom mit 2:1 Toren, aber der FC Everton ließ nach einem 0:0 im Hinspiel daheim nicht mehr mit sich spaßen. Gegen die britischen Kopfballkünstler unterlagen die Münchner im Halbfinale mit 1:3 Toren.

Wie in den beiden Vorjahren stießen sie dagegen ins Endspiel um den DFB-Pokal vor. Ein vermeintlich leichtes Unterfangen gegen Bayer Uerdingen, den Siebten der Liga. Schon nach acht Minuten schwenkte der Münchner Anhang im Berliner Olympiastadion seine roten Fahnen, Dieter Hoeneß hatte den FC Bayern in Führung gebracht. Doch eine Minute später erzielten die Bayer-Kicker den Ausgleich, und Schäfer (67.) vollendete den Triumph des krassen Außenseiters. Sieben Endspiele um den Pokal des Deutschen Fußball-Bundes hatten die Bayern hintereinander gewonnen, im achten riß die glückliche Serie. Angesichts des Meistertitels jedoch war dieses Ergebnis durchaus zu akzeptieren.

Spielzeit 1984/85

		Spiele	Siege	Remis	Niederl.	Tore	Punkte
1	Bayern München	34	21	8	5	79:38	50:18
2	Werder Bremen	34	18	10	6	87:51	46:22
3	1. FC Köln	34	18	4	12	69:66	40:28
4	Borussia Mönchengladbach	34	15	9	10	77:53	39:29
5	Hamburger SV	34	14	9	11	58:49	37:31
6	Waldhof Mannheim	34	13	11	10	47:50	37:31
7	Bayer Uerdingen	34	14	8	12	57:52	36:32
8	Schalke 04	34	13	8	13	63:62	34:34
9	VfL Bochum	34	12	10	12	52:54	34:34
10	VfB Stuttgart	34	14	5	15	79:59	33:35
11	1. FC Kaiserslautern	34	11	11	12	56:60	33:35
12	Eintracht Frankfurt	34	10	12	12	62:67	32:36
13	Bayer Leverkusen	34	9	13	12	52:54	31:37
14	Borussia Dortmund	34	13	4	17	51:65	30:38
15	Fortuna Düsseldorf	34	10	9	15	53:66	29:39
16	Arminia Bielefeld	34	8	13	13	46:61	29:39
17	Karlsruher SC	34	5	12	17	47:88	22:46
18	Eintracht Braunschweig	34	9	2	23	39:70	20:48

Gut geht's den Dänen, und denen, denen Dänen nahesteh'n: Sören Lerby verstärkt die Bayern

Facts & Acts

In Karl-Heinz Rummenigge hatten die Bayern nicht nur den überragenden Spieler des vergangenen Jahrzehnts verloren, sondern auch ihren Kapitän. Rummenigge bekleidete diesen Job jedoch nur in der Saison 1983/84. Die weiteren Mannschaftsführer des FC Bayern in der Bundesliga: Werner Olk (1965–1970), Franz Beckenbauer (1970–1977), Sepp Maier (1977–1979), Gerd Müller (1979), Katsche Schwarzenbeck (1979–1980), Paul Breitner (1980–1983), Klaus Augenthaler (1984–1991), Raimond Aumann (1991–1994) und Lothar Matthäus (seit 1994).

1985/86
Latteks Ehrgeiz zahlt sich aus

Niemand verstand so recht, was Udo Lattek vor Beginn der Saison mit diesen Sätzen meinte: »Ich möchte nur an einem einzigen Spieltag Erster sein. Und zwar am letzten Spieltag.« Der Wunsch sollte dem Meistertrainer erfüllt werden. Mit einem 0:1 in Uerdingen startete der Titelfavorit und schleppte den Rückstand (fast) bis zum Ende mit sich herum. Werder Bremen, mit dem exzellenten Rudi Völler im Sturm, zog souverän seine Kreise, stets mit einer Differenz von drei, vier Punkten vor den Münchnern. Gegen jede Vernunft aber redete Lattek sich und den Seinen immer wieder ein: »Wir holen sie noch ein.« Am 12. April dämmerte Fachleuten und Fans erstmals, was er gemeint haben könnte. Lattek saß in Uerdingen auf der Tribüne und freute sich diebisch über das 1:0 von Bayer über den Tabellenersten. Fortan tauchte er auf, wo Werder spielte – und in seinem Beisein Punkte abgab: in Dortmund und Mönchengladbach. Am vorletzten Spieltag lagen seine Bayern nur noch zwei Pünktchen zurück, als sie an die Weser reisten. In der 88. Minute schien die Titelkampf entschieden zu sein, nachdem Schiedsrichter Roth einen unberechtigten Handelfmeter für Werder pfiff. Michael Kutzop, sonst ein absolut sicherer Strafstoßschütze, schnippelte den Ball gegen den Pfosten, und es blieb beim 0:0.
Bayern zuhause gegen Mönchengladbach, Bremen auswärts in Stuttgart – das Fernduell um den Titel. Die Münchner hatten kein Problem und fertigten die Borussen mit 6:0 ab. Auf der Bank saßen Lattek und Manager Hoeneß und achteten weniger auf das Treiben auf dem Rasen, als auf die Übertragung im Transistorradio: Zweimal sprangen sie jubelnd in die Höhe, 2:0 für den VfB. Doch dann traf Burgsmüller zum 1:2-Anschluß. Zehn lange Minuten mußten die Münchner noch zittern, bis ein gewaltiger Freundenschrei das Olympiastadion erschütterte: Lattek hatte die erträumte Meisterschaft erreicht. Während seine Männer im Landesmeistercup über das Halbfinale gegen Anderlecht (2:1, 0:2) nicht hinauskamen, tanzten sie sich, wie in jenen Jahren üblich, ins DFB-Pokalfinale. Selten ist eine Mannschaft chancenloser gewesen als damals der VfB aus Stuttgart. Bitterlich weinend mußte der junge Jürgen Klinsmann ansehen, wie die Münchner nach ihrem 5:2-Sieg (Tore für Bayern: Wohlfarth 3, Michael Rummenigge 2) die Trophäe erneut in Empfang nahmen.

Echte Trainerpersönlichkeiten strahlen in jeder Spielsituation gelassene Ruhe aus und geben ihren Spielern ein Beispiel an Optimismus

Facts & Acts

Selten in der Geschichte des FC Bayern hat sich ein Spieler so intensiv mit dem Klub und der Mannschaft identifiziert wie der Däne Sören Lerby. Von Ajax Amsterdam gekommen, entwickelte er sich zum gnadenlosen Antreiber auf dem Platz; abseits des Rasens jedoch war er Lebenskünstler und Genußmensch. Zusammen mit Augenthaler und Hoeneß schuf er ein Team, das vor allem durch seine Harmonie hervorstach. Nach 89 Bundesligaspielen und 22 Toren wechselte Lerby zum AS Monaco. 1992 kehrte er an die Säbener Straße zurück – als Trainer. Nach nur fünf Monaten war dieses Gastspiel leider beendet.

Spielzeit 1985/86

		Spiele	Siege	Remis	Niederl.	Tore	Punkte
1	Bayern München	34	21	7	6	82:31	49:19
2	Werder Bremen	34	20	9	5	83:41	49:19
3	Bayer Uerdingen	34	19	7	8	63:60	45:23
4	Borussia Mönchengladbach	34	15	12	7	65:51	42:26
5	VfB Stuttgart	34	17	7	10	69:45	41:27
6	Bayer Leverkusen	34	15	10	9	63:51	40:28
7	Hamburger SV	34	17	5	12	52:35	39:29
8	Waldhof Mannheim	34	11	11	12	41:44	33:35
9	VfL Bochum	34	14	4	16	55:57	32:36
10	Schalke 04	34	11	8	15	53:58	30:38
11	1. FC Kaiserslautern	34	10	10	14	49:54	30:38
12	1. FC Nürnberg	34	12	5	17	51:54	29:39
13	1. FC Köln	34	9	11	14	46:59	29:39
14	Fortuna Düsseldorf	34	11	7	16	54:78	29:39
15	Eintracht Frankfurt	34	7	14	13	35:49	28:40
16	Borussia Dortmund	34	10	8	16	49:65	28:40
17	1. FC Saarbrücken	34	6	9	19	39:68	21:47
18	Hannover 96	34	5	8	21	43:92	18:50

1986/87
Ab jetzt heißt der FC Bayern Rekordmeister

Wie im Rausch fegte der FC Bayern durch den Europacup der Landesmeister, elf Jahre nach dem letzten Triumph in diesem Wettbewerb wollte das Team sich wieder einmal als beste Vereinsmannschaft Europas beweisen. Zum Auftakt war der PSV Eindhoven nach dem 2:0 in den Niederlanden ein leichter Aufgalopp (Rückspiel 0:0). Austria Wien (2:0, 1:1) konnte die Bayern ebenso wenig stoppen wie Vorjahres-Bezwinger RSC Anderlecht. Bei 15 Grad minus wurden die Belgier im Olympiastadion mit 5:0 Toren demontiert und konnten sich auch durch ein 2:2 im Rückspiel nicht rehabilitieren. Halbfinal-Gegner Real Madrid schien die schwerste Hürde auf dem Weg zum Triumph zu sein. Doch die Bayern zeigten sich in glänzender Verfassung, Augenthaler, Wohlfarth und Matthäus durch zwei Elfmeter sicherten einen beruhigenden 4:1-Vorsprung. Im Bernabeu-Stadion aber ging es von Anfang an unglaublich hektisch zu. Augenthaler schoß die Madrilenen nach 27 Minuten durch ein Eigentor 1:0 in Front. Drei Minuten später verlor er die Nerven und bekam die Rote Karte gezeigt. Seine Kollegen aber hielten das Ergebnis und zogen ohne den Kapitän ins Finale am 27. Mai 1987 ein. Portugals Vertreter FC Porto war im Wiener Praterstadion klarer Außenseiter. Nach dem 1:0 durch einen Kopfball des Kleinsten, »Wiggerl« Kögl, war die Sache in den Augen einiger Bayern-Stars bereits erledigt. Nicht aber für den algerischen Stürmer Rabah Madjer, der mit einem Hackentrick den Ausgleich erzielte und seine Elf zum 2:1 trieb. Selten hat man die Münchner so verzweifelt gesehen wie in der Nacht dieser Schlappe.
Trost spendete immerhin die dritte Meisterschaft in Folge und der Gewinn des deutschen Supercups gegen DFB-Pokalsieger Hamburger SV (2:1). In der Bundesliga offenbarte sich zunächst der Kräfteverlust, den die WM-Teilnehmer Eder, Hoeneß, Matthäus und Neuzugang Brehme in Mexiko erlitten hatten. Erst in der Rückrunde erlebten die Fans den wahren FC Bayern. Schon zwei Spieltage vor Schluß fuhren sie nach einem 2:2 gegen Uerdingen den dritten Titel in Folge ein: der zehnte der Vereinsgeschichte, womit sie den 1. FC Nürnberg als Rekordmeister verdrängten. Von rund 200 000 Fans wurde Trainer Udo Lattek bei der Meisterfeier auf dem Münchner Marienplatz begeistert verabschiedet.

Facts & Acts

Als Udo Lattek die Bayern am Ende der Saison verließ, war er der erfolgreichste Bundesliga-Trainer des Klubs. Nicht nur wegen der zahlreichen Titel, sondern auch wegen der insgesamt fast neunjährigen Vertragsdauer. Ihm am nächsten kommt Jupp Heynckes, der vier Jahre und drei Monate an der Säbener Straße üben ließ. Auf die kürzeste Verweildauer brachten es Sören Lerby (1991 fünf Monate) und Otto Rehhagel (1995/96 zehn Monate). Wie Lattek nahm der FC Bayern zwei weitere Trainer gleich zwei Mal in Anspruch: Franz Beckenbauer und Giovanni Trapattoni.

Spielzeit 1986/87

		Spiele	Siege	Remis	Niederl.	Tore	Punkte
1	Bayern München	34	20	13	1	67:31	53:15
2	Hamburger SV	34	19	9	6	69:37	47:21
3	Borussia Mönchengladbach	34	18	7	9	74:44	43:25
4	Borussia Dortmund	34	15	10	9	70:50	40:28
5	Werder Bremen	34	17	6	11	65:54	40:28
6	Bayer Leverkusen	34	16	7	11	56:38	39:29
7	1. FC Kaiserslautern	34	15	7	12	64:51	37:31
8	Bayer Uerdingen	34	12	11	11	51:49	35:33
9	1. FC Nürnberg	34	12	11	11	62:62	35:33
10	1. FC Köln	34	13	9	12	50:53	35:33
11	VfL Bochum	34	9	14	11	52:44	32:36
12	VfB Stuttgart	34	13	6	15	55:49	32:36
13	Schalke 04	34	12	8	14	50:58	32:36
14	Waldhof Mannheim	34	10	8	16	52:71	28:40
15	Eintracht Frankfurt	34	8	9	17	42:53	25:43
16	FC Homburg	34	6	9	19	33:79	21:47
17	Fortuna Düsseldorf	34	7	6	21	42:91	20:48
18	Blau-Weiß 90 Berlin	34	3	12	19	36:76	18:50

Aus der Traum: Michael Rummenigge nach dem 1:2 gegen FC Porto

1987/88
Unterm Strich nur Verluste

	Spielzeit 1987/88	Spiele	Siege	Remis	Niederl.	Tore	Punkte
1	Werder Bremen	34	22	8	4	61:22	52:16
2	Bayern München	34	22	4	8	83:45	48:20
3	1. FC Köln	34	18	12	4	57:28	48:20
4	VfB Stuttgart	34	16	8	10	69:49	40:28
5	1. FC Nürnberg	34	13	11	10	44:40	37:31
6	Hamburger SV	34	13	11	10	63:68	37:31
7	Borussia Mönchengladbach	34	14	5	15	55:53	33:35
8	Bayer Leverkusen	34	10	12	12	53:60	32:36
9	Eintracht Frankfurt	34	10	11	13	51:50	31:37
10	Hannover 96	34	12	7	15	59:60	31:37
11	Bayer Uerdingen	34	11	9	14	59:61	31:37
12	VfL Bochum	34	10	10	14	47:51	30:38
13	Borussia Dortmund	34	9	11	14	51:54	29:39
14	1. FC Kaiserslautern	34	11	7	16	53:62	29:39
15	Karlsruher SC	34	9	11	14	37:55	29:39
16	Waldhof Mannheim	34	7	14	13	35:50	28:40
17	FC Homburg	34	7	10	17	37:70	24:44
18	Schalke 04	34	8	7	19	48:84	23:45

Udo Lattek war gegangen und mit ihm zunächst der Erfolg. Unter dem neuen Trainer Jupp Heynckes taten sich die Bayern schwer. Anlaufschwierigkeiten zeigten sich nach leichten Siegen über ZSKA Sofia (4:0, 1:0) schon in der zweiten Runde des Landesmeisterpokals gegen Xamax Neuchatel. Nach einer 1:2-Niederlage beim Schweizer Meister rannten die Münchner lange Zeit vergeblich dem Rückstand hinterher. Lothar Matthäus verschoß sogar einen Elfmeter, ehe Eisenfuß Hans Pflügler und Stürmer Jürgen Wegmann in den letzten beiden Minuten doch noch den 2:1-Sieg herausschossen. Im Viertelfinale stand die Neuauflage des alten Schlagers gegen Real Madrid auf dem Programm. Die erste Partie im Olympiastadion wurde vom FC Bayern weitgehend allein geprägt, bei bitterer Kälte heizten Pflügler, Eder und Wohlfarth den Spaniern mit drei Treffern gehörig ein. In den Schlußminuten aber brachten sich die Münchner um den Lohn der eigenen Leistung und erlaubten Real noch zwei Tore. Das 3:2 war zur Halbzeit des Rückspiels bereits Makulatur, nach der Pause blieb es beim 2:0 für Madrid und beim Ausscheiden der Bayern. Auch im DFB-Pokal war mit dem Viertelfinale das Ende der Fahnenstange erreicht. Nach Siegen über Rot-Weiß Essen, Borussia Mönchengladbach und den 1. FC Nürnberg wurden Matthäus und Co. vom Hamburger SV (1:2) unsanft gestoppt. Letzte Hoffnung Meisterschaft. Zweimal in den vergangenen Jahren hatten sie gegen Werder Bremen einen Rückstand aufholen können, schon galt der hanseatische Trainer Ottor Rehhagel als »ewiger Zweiter«. Nachdem sie die Belastung aus Europacup und DFB-Pokal unfreiwillig hinter sich gelassen hatten, konnten sich die Kicker von Trainer Heynckes ganz auf den Kampf um den Titel konzentrieren. Doch vier Spieltage vor Schluß mußten sie ihre Hoffnungen begraben. In Kaiserslautern, wo »wir die Punkte gleich mit der Post hinschicken können«, wie Paul Breitner einmal gesagt hatte, waren sie beim 1:3 erneut hoffnungslos unterlegen. Eine starke Serie zum Ende mit Siegen über den VfL Bochum (5:0), den VfB Stuttgart (2:1) und Bayer Leverkusen (4:3) bei einem 0:0-Remis gegen Bayer Uerdingen änderte nichts mehr daran, daß die Bremer mit einem opulenten Vier-Punkte-Vorsprung endlich Meister wurden.

25. April 1987: Der 5:0-Sieg gegen die Bochumer verhalf den Bayern trotz aller Mühe nicht zum Titel

Facts & Acts

Mit 17 Toren war Lothar Matthäus der torhungrigste Bayern-Akteur dieser Saison. Schon im Vorjahr war er auf die beachtliche Trefferquote von 16 gekommen – und damit als erster Mittelfeldspieler zum Schützenkönig des FC Bayern geworden. Der dynamische Kämpfer repräsentierte den Typ des Spielmachers, der sich vor allem auf eine hervorragende Physis stützt. Matthäus wechselte am Ende der Saison für eine Ablösesumme von 7,5 Millionen Mark zu Inter Mailand, kehrte aber vier Jahre später nach München zurück.

1988/89
Heynckes, zum zweiten: der Erfolg kommt zurück

Eine halbe Mannschaft (Brehme, Eder, Hughes, Matthäus, Pfaff und Michael Rummenigge) hatte vor der Saison einen neuen Arbeitgeber gefunden, der Generationswechsel wurde mit den Verpflichtungen von Olaf Thon, Stefan Reuter, Roland Grahammer und dem Schweden Johnny Ekström vollzogen. »Keine Chance«, brummelte Kapitän Augenthaler, als er vor dem Bundesligastart nach den Aussichten gefragt wurde. Doch Heynckes gelang es, die Neuen schnell zu integrieren. 24 Spieltage lang sausten die Bayern wie ein D-Zug durch die Liga, niemandem gelang es, sie zu stoppen. Bei 13 Siegen erlaubten sie sich lediglich zehn Unentschieden. Erst auf dem Bökelberg riß die unheimliche Serie ab, Borussia Mönchengladbach fügte den Münchnern beim 2:1 die erste Saisonniederlage zu. Als aus Köln immer lautere Sprüche von Trainer Christoph Daum ertönten, wurden Heynckes und seine Männer nervös und unterlagen sogar dem späteren Absteiger Stuttgarter Kickers (0:2). Erst eine Fernsehsendung, bei der Daum den Kollegen Heynckes beleidigte, weckte die Angriffslust der Bayern wieder. Zum »Showdown« der Kontrahenten kam es am 25. Mai im Müngersdorfer Stadion. Die aggressive Stimmung wich bald einer tiefen Depression unter den FCK-Fans. Roland Wohlfarth, zuvor in elf Spielen erfolglos, schoß alle drei Treffer zum 3:1. Der Rest war eine Triumphreise durch die Bundesliga, die neue Ära Heynckes wurde mit einem Fünf-Punkte-Vorsprung und dem elften Titel gefeiert.
Auch der UEFA-Pokal bot eine Reihe fußballerischer Leckerbissen. Legia Warschau (3:1, 7:3) und Dunajska Strada (3:1, 2:0) erwiesen sich als Leichtgewichte. Inter Mailand freilich setzte den Bayern arg zu. Nach einer 0:2-Niederlage im Olympiastadion gab niemand mehr einen Pfifferling auf die Münchner. In einem ihrer brillantesten Spiele überhaupt aber revanchierte sich der FC im San-Siro-Stadion. Tore von Wohlfarth, Augenthaler und Wegmann und eine grandiose Keeperleistung von Raimond Aumann verhalfen dem FC Bayern zum Weiterkommen durch ein 3:1. Im Halbfinale jedoch wurde er durch Diego Armando Maradona, dem besten Fußballer der Welt, entzaubert. Maradonas SSC Neapel gewann zuhause 2:0 und erspielte sich in München ein 2:2. In den Finals übrigens bezwangen die Italiener den VfB Stuttgart.

Facts & Acts

Eigentlich war Roland Wohlfahrt nur eingekauft worden, um im Notfall verletzte Stürmer zu ersetzen. Aber der frühere Duisburger setzte sich von Anfang an durch. In dieser Saison wurde er mit 17 Treffern sogar Bundesliga-Torschützenkönig. Zwei Jahre später gelang ihm dieses Kunststück erneut (21 Tore). Vor Wohlfarth, der es im Dress der Bayern in 254 Bundesligaspielen auf 119 Tore brachte, waren Gerd Müller (sieben Mal) und Karl-Heinz Rummenigge (drei Mal) treffsicherste Stürmer der Liga für die Bayern gewesen.

Manchmal muß man die Töne wieder schlucken, die man gespuckt hat: Daum gratuliert Heynckes zum 1:3

Spielzeit 1988/89

		Spiele	Siege	Remis	Niederl.	Tore	Punkte
1	Bayern München	34	19	12	3	67:26	50:18
2	1. FC Köln	34	18	9	7	58:30	45:23
3	Werder Bremen	34	18	8	8	55:32	44:24
4	Hamburger SV	34	17	9	8	60:36	43:25
5	VfB Stuttgart	34	16	7	11	58:49	39:29
6	Borussia Mönchengladbach	34	12	14	8	44:43	38:30
7	Borussia Dortmund	34	12	13	9	56:40	37:31
8	Bayer Leverkusen	34	10	14	10	45:44	34:34
9	1. FC Kaiserslautern	34	10	13	11	47:44	33:35
10	FC St. Pauli	34	9	14	11	41:42	32:36
11	Karlsruher SC	34	12	8	14	48:51	32:36
12	Waldhof Mannheim	34	10	11	13	43:52	31:37
13	Bayer Uerdingen	34	10	11	13	50:60	31:37
14	1. FC Nürnberg	34	8	10	16	36:54	26:42
15	VfL Bochum	34	9	8	17	37:57	26:42
16	Eintracht Frankfurt	34	8	10	16	30:53	26:42
17	Stuttgarter Kickers	34	10	6	18	41:68	26:42
18	Hannover 96	34	4	11	19	36:71	19:49

1989/90
Mit Kabinettstückchen wird das Dutzend voll gemacht

Teamchef Franz Beckenbauer bezeichnete ihn als »die Spielerpersönlichkeit« dieser Jahre. Und Klaus Augenthaler wurde diesem Ruf niemals gerechter als in der Saison vor der Weltmeisterschaft. Zu Beginn der Spielzeit erzielte er im DFB-Pokal gegen Eintracht Frankfurt einen Treffer, der später »Tor des Jahrzehnts« werden sollte: Aus genau 49,80 Metern jagte er die Plastikkugel von der Mittellinie über den weit vor seinem Kasten stehenden Torhüter Uli Stein ins Netz.

Auch sonst geizten die Münchner nicht mit Kabinettstücken. Zum Beispiel im Europacup der Landesmeister. Zunächst wurden die Glasgow Rangers ausgeschaltet (3:1, 0:0), dann kam Nentori Tirana aus Albanien (3:1, 3:0) an die Reihe. Auch PSV Eindhoven biß sich an den Münchnern die Zähne aus (2:1, 1:0). Dann aber kreuzte die beste Vereinsmannschaft der Welt ihren Weg, der AC Mailand. Im San-Siro-Stadion sahen sich die Bayern einem einzigen Sturmlauf gegenüber, doch Torwart Raimond Aumann glänzte mit seiner gewohnten Mailand-Form. Nur einen Treffer ließ er zu, einen Elfmeter von Marco van Basten. Im Rückspiel erzielte Neuling Thomas Strunz nach feinem Solo den Gleichstand – Verlängerung. Borgonovo überraschte die Münchner in der 101. Minute, Alan McInallys 2:1-Siegtreffer nutzte nichts mehr. Durch die höhere Anzahl der Auswärtstore kam Milan weiter (und letztlich zum Pokalgewinn).

In der Bundesliga aber gab es kein Team wie die Italiener, selbst eine schwarze Serie von 14 Operationen konnte den FC Bayern nicht bremsen. Bezeichnend zwar, daß kein Akteur auf die Höchstzahl von 34 Spielen kam, aber Trainer Heynckes stand eine hervorragende Ersatzbank zur Verfügung. Drei Spieltage vor dem Ende sicherte ein Treffer von Hans Pflügler die zwölfte Meisterschaft. Die restlichen beiden Partien betrachteten die Kicker mehr als Feier denn als ernsthafte Prüfung. Dennoch besiegten sie nach einem 2:2 in Bremen zum Abschluß das aufstrebende Team von Borussia Dortmund zum Jubel des enthusiastischen Publikums mit 3:0 Toren.

Für sechs Spieler aber war damit die Saison noch nicht zu Ende. Raimond Aumann, Jürgen Kohler, Stefan Reuter, Hans Pflügler und Olaf Thon reisten im DFB-Kader mit zur WM nach Italien. Ach ja, nicht zu vergessen natürlich der Star des Jahres: Klaus Augenthaler.

Zum zwölften Mal Meister: Klaus Augenthaler sonnt sich verdientermaßen im Glanz der Meisterschale

Spielzeit 1989/90

		Spiele	Siege	Remis	Niederl.	Tore	Punkte
1	Bayern München	34	19	11	4	64:28	49:19
2	1. FC Köln	34	17	9	8	54:44	43:25
3	Eintracht Frankfurt	34	15	11	8	61:40	41:27
4	Borussia Dortmund	34	15	11	8	51:35	41:27
5	Bayer Leverkusen	34	12	15	7	40:32	39:29
6	VfB Stuttgart	34	15	6	13	53:47	36:32
7	Werder Bremen	34	10	14	10	49:41	34:34
8	1. FC Nürnberg	34	11	11	12	42:46	33:35
9	Fortuna Düsseldorf	34	10	12	12	41:41	32:36
10	Karlsruher SC	34	10	12	12	32:39	32:36
11	Hamburger SV	34	13	5	16	39:46	31:37
12	1. FC Kaiserslautern	34	10	11	13	42:55	31:37
13	FC St. Pauli	34	9	13	12	31:46	31:37
14	Bayer Uerdingen	34	10	10	14	41:48	30:38
15	Borussia Mönchengladbach	34	11	8	15	37:45	30:38
16	VfL Bochum	34	11	7	16	44:53	29:39
17	Waldhof Mannheim	34	10	6	18	36:53	26:42
18	FC Homburg	34	8	8	18	33:51	24:44

Facts & Acts

Bei den Rangers aus Glasgow erzielte Klaus Augenthaler in seinem 75. Europacupspiel zum Jubiläum ein Tor. Der Libero ist mit 89 Partien (14 Tore) in europäischen Vereinswettbewerben der Bayern-Spieler mit den meisten Einsätzen. Hinter ihm in der Statistik rangieren Sepp Maier (79/0), Bernd Dürnberger (77/9), Gerd Müller (77/66), Franz Beckenbauer (71/6), Hans-Georg Schwarzenbeck (70/1), Karl-Heinz Rummenigge (64/29) und Franz Roth (62/11). Bis zum Beginn der Saison 1997/98 hat der FC Bayern München 210 Europacup-Partien (119 Siege, 46 Unentschieden, 45 Niederlagen) bestritten.

1990/91
So a saudumme Saison

Der Giesinger Manfred Bender versteht es, die Dinge auf den Punkt zu bringen. Als er nach der 2:3-Niederlage gegen die SG Wattenscheid am drittletzten Spieltag um einen Kommentar über die Saison 1990/91 gebeten wurde, fiel ihm nur ein Wort ein: saudumm. »Insgesamt«, sagte Bender, »war es eine saudumme Saison.«
So konnte man das sehen. Verstärkt mit den jungen Himmelsstürmern Michael Sternkopf (Karlsruhe), Brian Laudrup (Uerdingen) und Stefan Effenberg (Mönchengladbach) hatten die Bayern zur Saisoneröffnung im Supercup-Finale als Meister dem Pokalsieger 1. FC Kaiserslautern eine Lektion erteilt. Sie schienen unschlagbar zu sein und verloren vier Tage später im DFB-Pokal bei den Weinheimer Amateuren. Es war nicht der einzige Rückschlag. »Ich verspreche euch den Europapokal«, hatte Trainer Jupp Heynckes nach dem Titelgewinn 1990 vom Rathausbalkon getönt.
Tatsächlich stießen sie ins Halbfinale vor, führten nach der 1:2-Hinspielniederlage gegen Roter Stern Belgrad im Rückspiel auswärts schon 2:1 – und brachten sich in der letzten Spielminute mit einem kuriosen Eigentor – eine Coproduktion von Torwart Aumann und Libero Augenthaler – um die Früchte eines grandiosen Sturmlaufs.
Und dann die Achterbahnfahrt in der Bundesliga. Sie feierten Kantersiege – 7:0 gegen Wattenscheid, 6:1 gegen den HSV, 7:3 gegen Hertha Berlin – die Roland Wohlfarth den Titel eines Torschützenkönigs (21 Treffer) einbrachten, doch machten sie ihre Arbeit mit Heimniederlagen gegen St. Pauli und Düsseldorf zunichte. Zudem bahnte sich ein Generationenkonflikt an. Pflügler und Augenthaler verloren an Autorität, Jüngere wie Thon, Effenberg oder Laudrup vermochten nicht in die Bresche zu springen. Und der Hoffnungsvollste, Stefan Reuter, hatte bereits seinen Abschied bekanntgegeben: Ihn zog es zu Juventus Turin.
Nach jenem 2:3 in Wattenscheid gratulierte Heynckes dem 1. FC Kaiserslautern zum Titelgewinn, doch das Schicksal hatte weitere Grausamkeiten parat. Plötzlich schwächelten die Lauterer, am letzten Spieltag ging es im ausverkauften Olympiastadion wieder um den Titel – und die Bayern verabschiedeten sich mit einem grausamen 2:2 gegen Uerdingen von ihren Fans. Eine wirklich saudumme Saison.

Spielzeit 1990/91

		Spiele	Siege	Remis	Niederl.	Tore	Punkte
1	1. FC Kaiserslautern	34	19	10	5	72:45	48:20
2	Bayern München	34	18	9	7	74:41	45:23
3	Werder Bremen	34	14	14	6	46:29	42:26
4	Eintracht Frankfurt	34	15	10	9	63:40	40:28
5	Hamburger SV	34	16	8	10	60:38	40:28
6	VfB Stuttgart	34	14	10	10	57:44	38:30
7	1. FC Köln	34	13	11	10	50:43	37:31
8	Bayer Leverkusen	34	11	13	10	47:46	35:33
9	Borussia Mönchengladbach	34	9	17	8	49:54	35:33
10	Borussia Dortmund	34	10	14	10	46:57	34:34
11	Wattenscheid 09	34	9	15	10	42:51	33:35
12	Fortuna Düsseldorf	34	11	10	13	40:49	32:36
13	Karlsruher SC	34	8	15	11	46:52	31:37
14	VfL Bochum	34	9	11	14	50:52	29:39
15	1. FC Nürnberg	34	10	9	15	40:54	29:39
16	FC St. Pauli	34	6	15	13	33:53	27:41
17	Bayer Uerdingen	34	5	13	16	34:54	23:45
18	Hertha BSC Berlin	34	3	8	23	37:84	14:54

Blamage bei Weinheims Amateuren – die Bayern gehen im DFB-Pokal 1:0 unter

Facts & Acts

Der Feinblechner Thomas Schwechheimer aus Weinheim an der Bergstraße schrieb am 4. August 1990 Fußball-Geschichte. Vermutlich konnte er so etwas nur schaffen an einem Ort, wo Sepp Herbergers Geist noch lebendig ist. In Weinheim, Ortsteil Sachsenhausen, hat der frühere Reichs- und Bundestrainer gelebt, dort liegt er begraben, und auch das Stadion des Oberligisten FV 09 Weinheim ist nach ihm benannt. Den Ball, der bekanntlich rund ist, trat Schwechheimer nach 27 Spielminuten des DFB-Pokal-Erstrundenspiels gegen den FC Bayern vom Elfmeter-Punkt zum 1:0 ins Netz. Und die Münchner machten schlapp bei 40 Grad im Schatten. Sie kehrten heim mit einer der größten Blamagen der Vereinsgeschichte – und einem Bildband »Weinheim einst und jetzt«. Ein schwacher Trost.

1991/92
Bayern fährt auf Reserve und kriegt eben die Kurve

Die Saison 91/92 bleibt unvergessen in der Geschichte des FC Bayern. Es waren Monate eines tosenden Umbruchs, dessen Nachbeben im Verein immer noch zu spüren sind. Kurz vor Saisonstart hatte Jürgen Kohler den Verein überredet, ihn gemeinsam mit Stefan Reuter endlich zu Juventus Turin ziehen lassen. Der FC Bayern wurde zur italienischen Filiale, der Lire-Segen spukte auch den Zurückgebliebenen in den Köpfen herum. Effenberg und Laudrup kickten, als würden sie bereits auf das nächste Angebot warten. und die Bayern alter Prägung ließ man ziehen: Nach Ludwig Kögl ging auch Hans Dorfner, Hans Pflügler kam nur sporadisch zum Einsatz, Augenthaler beendete seine Laufbahn, und als Ersatz für ihn verpflichtete man ausgerechnet Thomas Berthold, Mister Cool. So taumelte die leblose Mannschaft durch die Saison, geschmückt mit den Brasilianern Mazinho und Bernardo, aber ohne Herz und ohne Kopf. Es setzte eine Heimpleite gegen Aufsteiger Rostock, im Pokal ein 2:4-Debakel gegen den FC Homburg, ein 1:4 gegen Kickers Stuttgart, und Jupp Heynckes, bis dahin fachlich ohne Fehl und Tadel, wurde entlassen. Ein Schritt, den viele noch heute bereuen. Seither hat der FC Bayern keine dauerhafte Trainer-Lösung mehr gefunden. Auf Wunsch von Manager Uli Hoeneß kam Sören Lerby – als Spieler im Bayern-Trikot ein ausgebuffter Profi, machte er hinterher auch als Fleischhändler eine gute Figur, aber als Trainer war er ein Greenhorn. Lerby verantwortete das niederschmetternde 2:6 im UEFA-Pokal bei Bröndby Kopenhagen und führte die Bayern in den Abstiegskampf. Franz Beckenbauer und Karl-Heinz Rummenigge, die alte Bayern-Größe verkörperten, kehrten als Vizepräsidenten zurück, fast eine Entmachtung von Präsident Scherer und Manager Hoeneß. Und endlich zog man die Notbremse: Lerby mußte nach einer 0:4-Niederlage in Kaiserslautern wieder gehen. Beckenbauer überredete Erich Ribbeck, der dem Trainerberuf zugunsten einer Opel-Repräsentanz ade gesagt hatte, zur Rückkehr auf die Bank. Torwart-Legende Harald Schumacher hütete den Kasten für den verletzten Aumann, dazu kamen kurzfristig gestandene Profis wie Jan Wouters und Alois Reinhardt. Man kratzte die Kurve: Platz zehn. Doch der Schreck saß allen in den Knochen.

Diesmal ging's dem Dänen nicht so gut: Lerby kehrt nach München zurück – als glückloser Trainer

Facts & Acts

455 Bundesligaspiele hatte Harald Schumacher für Köln bestritten, verdiente danach – geschaßt wegen Doping-Vorwürfen in seinem Buch »Anpfiff« – drei Jahre gutes Geld in der Türkei und kehrte als Geschäftsmann in die Heimat zurück. Doch der rheinische Gefühlsmensch nahm die Handschuhe vom Nagel, als ihn des Kaisers Ruf aus München ereilte. Torwart Aumann hatte sich verletzt, man holte Schumacher seiner Erfahrung wegen als Ersatz und gab ihm die Nummer eins, als Gerald Hillringhaus in Kopenhagen sechs Stück eingefangen hatte. So kam der Kölsche Jung' mit 37 Jahren als Bayer zu seinen Bundesligaspielen 456 bis 463.

Spielzeit 1991/92

		Spiele	Siege	Remis	Niederl.	Tore	Punkte
1	VfB Stuttgart	38	21	10	7	62:32	52:24
2	Borussia Dortmund	38	20	12	6	66:47	52:24
3	Eintracht Frankfurt	38	18	14	6	76:41	50:26
4	1. FC Köln	38	13	18	7	58:41	44:32
5	1. FC Kaiserslautern	38	17	10	11	58:42	44:32
6	Bayer Leverkusen	38	15	13	10	53:39	43:33
7	1. FC Nürnberg	38	18	7	13	54:51	43:33
8	Karlsruher SC	38	16	9	13	48:50	41:35
9	Werder Bremen	38	11	16	11	44:45	38:38
10	Bayern München	38	13	10	15	59:61	36:40
11	Schalke 04	38	11	12	15	45:45	34:42
12	Hamburger SV	38	9	16	13	32:43	34:42
13	Borussia Mönchengladbach	38	10	14	14	37:49	34:42
14	1. FC Dynamo Dresden	38	12	10	16	34:50	34:42
15	VfL Bochum	38	10	13	15	38:55	33:43
16	Wattenscheid 09	38	9	14	15	50:60	32:44
17	Stuttgarter Kickers	38	10	11	17	53:64	31:45
18	Hansa Rostock	38	10	11	17	43:55	31:45
19	MSV Duisburg	38	7	16	15	43:55	30:46
20	Fortuna Düsseldorf	38	6	12	20	41:69	24:52

1992/93
Durch Eitelkeiten den Meistertitel vergeigt

	Spielzeit 1992/93	Spiele	Siege	Remis	Niederl.	Tore	Punkte
1	Werder Bremen	34	19	10	5	63:30	48:20
2	Bayern München	34	18	11	5	74:45	47:21
3	Eintracht Frankfurt	34	15	12	7	56:39	42:26
4	Borussia Dortmund	34	18	5	11	61:43	41:27
5	Bayer Leverkusen	34	14	12	8	64:45	40:28
6	Karlsruher SC	34	14	11	9	60:54	39:29
7	VfB Stuttgart	34	12	12	10	56:50	36:32
8	1. FC Kaiserslautern	34	13	9	12	50:40	35:33
9	Borussia Mönchengladbach	34	13	9	12	59:59	35:33
10	Schalke 04	34	11	12	11	42:43	34:34
11	Hamburger SV	34	8	15	11	42:44	31:37
12.	1. FC Köln	34	12	4	18	41:51	28:40
13	1. FC Nürnberg	34	10	8	16	30:47	28:40
14	Wattenscheid 09	34	10	8	16	46:67	28:40
15	1. FC Dynamo Dresden	34	7	13	14	32:49	27:41
16	VfL Bochum	34	8	10	16	45:52	26:42
17	Bayer Uerdingen	34	7	10	17	35:64	24:44
18	1. FC Saarbrücken	34	5	13	16	37:71	23:45

In Erinnerung bleibt das Schlußbild aus dem Gelsenkirchener Parkstadion: Bayern-Trainer Erich Ribbeck, hilfos die Arme ausgebreitet, eingekeilt in eine Meute von Kameraleuten. Nichts lag mehr in seiner Macht. Konkurrent Werder Bremen, vor dem letzten Spieltag punktgleich und nur um ein Tor besser, führte in Stuttgart 4:0, Ribbecks Mannschaft rannte ebenso wütend wie hilflos gegen die Schalker an. Am Ende stand es 3:3, und verspielt war die Meisterschaft, die man doch fast schon sicher hatte. Ribbeck hatte die Mannschaft in der Vorsaison aus dem Abstiegskampf geführt, schien als graumelierter »Sir« die Idealbesetzung für den Job des Bayern-Trainers zu sein – und mußte sich nun die Frage gefallen lassen: War er zu anspruchslos gewesen? Ribbeck hatte die lustlosen Effenberg, Laudrup, Strunz und Bender gehen lassen, es kamen Helmer, Jorginho, Scholl und sogar Weltfußballer Matthäus. Alles klappte vorzüglich. So führte man bis zum 32. Spieltag die Tabelle an, es war wie ein Wunder nach der traumatischen Vorsaison. Doch dann gingen die Bayern in Karlsruhe 2:4 ein, Schlußpunkt einer Serie von sieben sieglosen Auswärtsspielen. Und Ribbeck sprach davon, es sei »kein Weltuntergang«, sollte der Titel noch verlorengehen. Kein Weltuntergang? Beim FC Bayern? Der Smalltalker wucherte mit Nettigkeiten in dem Moment, als eine harte Hand gefragt war. Die Mannschaft, die gehobenen Salonfußball bot und 74 Tore schoß, war selbstgefällig und launisch geworden, Eitelkeiten schlichen sich ein, exemplarisch an der Frage, wer die Regie im Mittelfeld führen sollte: der knochenharte, schweigsame Jan Wouters oder der fidele Heimkehrer Lothar Matthäus. So verlor man den Titel und die Prämie von 100 000 Mark, und am miserabelsten fühlte sich Thomas Helmer: Das Jahr zuvor war er Zweiter mit Borussia Dortmund geworden, dann Zweiter mit der Nationalmannschaft bei der EM in Dänemark, nun wieder der undankbare zweite Platz. Erich Ribbeck, der jecke Rheinländer, sprach, als alles vorbei war, zu später Stunde die Worte: »Laßt den Kopf nicht hängen, es war eine gute Saison.« Und Manager Uli Hoeneß kündigte an, er werde »mit Travellerschecks« auf Reisen gehen: kaufen, kaufen, kaufen, wie gehabt.

Erich Ribbeck kam, um die Mannschaft zu Erfolgen zu führen – heraus kam immerhin die Vizemeisterschaft

Facts & Acts

Am 19. 9. 92 um 15.02 Uhr betrat er das Olympiastadion. Erste Ballberührung 15:08 Uhr, erster Torschuß 15.23 Uhr. Laufleistung 7,4 km, 64 Ballkontakte, Zweikampfbilanz 14:8, 22 Sprints, Tore: 0. Ergebnis gegen Wattenscheid: 1:1. Die Heimkehr von Lothar Matthäus (31) nach vier Jahren Italien war ein gigantisches Medienspektakel. Jeder Schritt wurde genau beobachtet. Gattin Lolita Morena und Sohn Loris rundeten auf der Tribüne die Show ab: der erste Schritt des FC Bayern Richtung FC Hollywood. Für 4 Millionen Mark zurückgeholt von Inter, wo er wegen eines Kreuzbandrisses ausgemustert worden war, verzichtete er bescheiden auf die Rückennummer 10 und spielte mit der 3. In 28 Spielen schoß Matthäus acht Tore, doch das Happy-end blieb aus. Am letzten Spieltag ärgerten ihn Schalker Fans: »Lolita, Lolita, hahaha!«

1993/94
Des Kaisers Zigarren werden nicht nur geraucht

Mit der 14. deutschen Meisterschaft endeten fünf Monate einer ganz, ganz großen Show. Zur Winterpause war Erich Ribbeck (»Im Prinzip läuft alls bestens, bis auf die Ergebnisse«) als Laumann enttarnt worden, der die Mannschaft mit seinem Viererkettenexperiment angeblich verunsichert hatte. Ein prall gefülltes Geldköfferchen erleichterte ihm den freiwilligen Rücktritt als Trainer des Tabellendritten (!), an seine Stelle trat: der Kaiser. Der FC Bayern warf sein Allerheiligstes in die Waagschale, um endlich wieder einen Titel zu holen. Nach seinem Motto: »Und ist der Hang auch noch so steil, a bisserl was geht allerweil« trat Franz Beckenbauer am 7. Januar 1994 das Amt an. 3000 Zuschauer verfolgten die erste Übungsstunde, Legende geworden ist die Livereportage eines Rundfunkreporters mit dem Satz: »...und jetzt verläßt der Kaiser den Mittelkreis.« Ein gewaltiges Medienaufgebot verfolgte Beckenbauers Weg zum Titel. Doch es war kein Triumph des Charismas, sondern ein hartes Stück Arbeit. Beckenbauer vertraute lieber jungen Kämpfern wie Christian Nerlinger und Dieter Frey als Schönspielern und brachte den zur Witzfigur verkommenen Kolumbianer Valencia (»Entlauber«) dazu, entscheidende Tore zu schießen. Er tobte wie Rumpelstilzchen am Spielfeldrand aus Wut über die Unzulänglichkeiten seiner Mannschaft und wurde doch als Vaterfigur akzeptiert. Er legte sich mit Bundestrainer Vogts an, weil der eine kräftezehrende Testspielreise in die Vereinigten Arabischen Emirate anberaumt hatte und auch mit dem DFB, nachdem der den 2:1-Sieg gegen Nürnberg wegen eines unkorrekten Tores von Thomas Helmer annullierte. Für den Spruch »hirnlose Juristen« zahlte er 10 000 Mark Strafe, doch man gewann das Wiederholungsspiel 5:0. Und auch, daß DFB-Präsident Braun sich weigerte, den Bayern die Scheibe zu überreichen und stattdessen Vizepräsident Knoesel ins Olympiastadion schickte, störte Beckenbauer nicht: die Bayern gegen den Rest der Welt, daraus schöpfte seine Mannschaft Kraft. Am Abend nach dem finalen 2:0 gegen Schalke (Tore: Matthäus, Jorginho) schoß Beckenbauer im ZDF-Sportstudio den Ball von einem Weißbierglas herunter ins Loch der Torwand. Dann steckte er sich eine Zigarre an.

Facts & Acts

Ein neuer Begriff fand am 23. April 1994 Eingang die Sprache des Fußballs: »Phantomtor«. In der 24. Minute des Spiels gegen den 1. FC Nürnberg flog ein Flankenball vors Nürnberger Tor. Dem heranstürmenden Thomas Helmer geriet die Kugel einen halben Meter vor der Torlinie zwischen die Beine, in einem Reflex bugsierte er sie mit dem rechten Fuß hinter seinem linken Fuß vorbei ins Aus. Doch siehe da: Der Schiedsrichter entschied auf Tor – das »Phantomtor«. Helmer, der den Schiedsrichter nicht korrigiert hatte, geriet in die Schlagzeilen als kalter Profi, der DFB ließ das von den Bayern 2:1 gewonnene Spiel wiederholen, ein Glück letztlich für die Bayern: Die Wiederholung gewannen sie 5:0.

Ist der Verein gesund, freut sich der Sponsor: die Familie präsentiert ihre neue Geschirrkollektion

Spielzeit 1993/94

		Spiele	Siege	Remis	Niederl.	Tore	Punkte
1	Bayern München	34	17	10	7	68:37	44:24
2	1. FC Kaiserslautern	34	18	7	9	64:36	43:25
3	Bayer Leverkusen	34	14	11	9	60:47	39:29
4	Borussia Dortmund	34	15	9	10	49:45	39:29
5	Eintracht Frankfurt	34	15	8	11	57:41	38:30
6	Karlsruher SC	34	14	10	10	46:43	38:30
7	VfB Stuttgart	34	13	11	10	51:43	37:31
8	Werder Bremen	34	13	10	11	51:44	36:32
9	MSV Duisburg	34	14	8	12	41:52	36:32
10	Borussia Mönchengladbach	34	14	7	13	65:59	35:33
11	1. FC Köln	34	14	6	14	49:51	34:34
12	Hamburger SV	34	13	8	13	48:52	34:34
13	1. FC Dynamo Dresden	34	10	14	10	33:44	30:34
14	Schalke 04	34	10	9	15	38:50	29:39
15	SC Freiburg	34	10	8	16	54:57	28:40
16	1. FC Nürnberg	34	10	8	16	41:55	28:40
17	Wattenscheid 09	34	6	11	17	48:70	23:45
18	VfB Leipzig	34	3	11	20	32:69	17:51

1994/95
Auftritt und Abgang von »il tedesco«

Franz Beckenbauer hatte, so glaubte er zumindest, endgültig Abschied genommen vom Traineramt. Man hatte den erfolgreichsten Trainer der Welt (17 Titel) verpflichtet, den 56jährigen Italiener Giovanni Trapattoni, dazu für das Tor das Karlsruher Supertalent Oliver Kahn, fürs Mittelfeld den Schweizer Zauberer Alain Sutter und für den Sturm den französischen Superstar Jean-Pierre Papin vom AC Mailand sowie den bulgarischen WM-Helden Emile Kostadinov. Die Bayern, endlich unschlagbar? Als Beckenbauer am 14. November 1994 die Präsidentschaft übernahm, um dem Verein einen Wahlkampf zwischen Amtsinhaber Scherer und Karl-Heinz Rummenigge zu ersparen, brannte es schon wieder an der Trainerfront. Trapattoni erlebte gleich ein 0:1 im DFB-Pokal gegen Amateure aus einem für Italiener unaussprechlichen Ort namens Vestenbergsgreuth, hatte eine 1:5-Schlappe beim SC Freiburg zu verkraften, und in die Champions League startete man mit einem 0:2 bei Paris St. Germain. In Italien nannte man ihn wegen seiner Ordnungsliebe »il tedesco«, den Deutschen, doch machten ihm Sprachprobleme zu schaffen. Die Zuschauer waren wenig begeistert von seiner Defensivtaktik, und seine Frau wurde von Heimweh geplagt. Schon in der Winterpause war klar, daß er nach einem Jahr wieder gehen würde. So trudelte der FC Bayern mit wenig Führung durch den Rest der Saison, zudem geplagt von einer fast unheimlichen Verletzungsserie (Achillessehnenriß Matthäus, Kreuzbandriß Kahn, Kniebeschwerden Papin etc.) und einer frappierenden Sturmschwäche, so daß Linksverteidiger Ziege mit zwölf Treffern bester Schütze war. Streit mit Beckenbauer bekam Trapattoni, weil er alles auf die Champions League setzte und dafür in der Meisterschaft die Qualifikation für den UEFA-Cup riskierte. Eine unter Kapitän Helmer aufopferungsvoll kämpfende Mannschaft scheiterte erst im Halbfinale am Wunderteam von Ajax Amsterdam (0:0, 2:5). In der Meisterschaft reichte es nur zu Platz sechs. Erst das Ende stimmte versöhnlich: Die Bayern gewannen das letzte Saisonspiel gegen Bremen 3:1 und vermasselten so ihrem neuen Trainer Otto Rehhagel die Meistertour. Und dank des Pokalsieges von Mönchengladbach rückten die Bayern noch in den UEFA-Cup.

Facts & Acts

Giovanni Trapattoni war ganz Gentleman und übernahm die Verantwortung. Die Schuld traf aber doch eher Cotrainer Klaus Augenthaler oder Manager Uli Hoeneß – die hätten Paragraph 22 der DFB-Spielordnung kennen müssen, derzufolge der Einsatz von nur drei Amateuren in einer Profimannschaft gestattet ist (um Wettbewerbsverzerrung zu vermeiden). Trapattoni, von einer Verletzungsmisere gebeutelt, wechselte jedoch am 15. April 1995 bei Eintracht Frankfurt in der 72. Minute auch noch den Amateur Hamann ein, obwohl schon Scheuer, Kuffour und Grimm auf dem Feld waren. Der DFB wertete die vom FC Bayern 5:2 gewonnene Begegnung 2:0 für Frankfurt.

Spielzeit 1994/95

		Spiele	Siege	Remis	Niederl.	Tore	Punkte
1	Borussia Dortmund	34	20	9	5	67:33	49:19
2	Werder Bremen	34	20	8	6	70:39	48:20
3	SC Freiburg	34	20	6	8	66:44	46:22
4	1. FC Kaiserslautern	34	17	12	5	58:41	46:22
5	Borussia Mönchengladbach	34	17	9	8	66:41	43:25
6	Bayern München	34	15	13	6	55:41	43:25
7	Bayer Leverkusen	34	13	10	11	62:51	36:32
8	Karlsruher SC	34	11	14	9	51:47	36:32
9	Eintracht Frankfurt	34	12	9	13	41:49	33:35
10	1. FC Köln	34	11	10	13	54:54	32:36
11	Schalke 04	34	10	11	13	48:54	31:37
12	VfB Stuttgart	34	10	10	14	52:66	30:38
13	Hamburger SV	34	10	9	15	43:50	29:39
14	TSV 1860 München	34	8	11	15	41:57	27:41
15	Bayer Uerdingen	34	7	11	16	37:52	25:43
16	VfL Bochum	34	9	4	21	43:67	22:46
17	MSV Duisburg	34	6	8	20	31:64	20:48
18	1. FC Dynamo Dresden	34	4	8	22	33:68	16:52

Aufopferungsvoll gekämpft, dennoch in der Champions League im Halbfinale untergegangen, hier Marcel Witeczek

1995/96
Lauter Kapitäne, keine Mannschaft

Mit Fußball hatte die Saison 95/96 wenig zu tun. Es war eine Theater-Saison, zwischen Hollywood und Komödienstadl. Nach dem erfolgreichsten Trainer der Welt (Trapattoni) hatte man den erfolgreichsten Trainer Deutschlands geholt, Otto Rehhagel (»König Otto«) von Werder Bremen, verstärkte zudem das Team mit dem besten deutschen Stürmer, Nationalmannschaftskapitän Jürgen Klinsmann (Tottenham Hotspur), und den beiden besten Mittelfeldspielern der Bundesliga, dem Österreicher Andreas Herzog und dem Schweizer Ciriaco Sforza. Obwohl Matthäus wegen einer zweiten Achillessehnenoperation fehlte, legte das sogenannte Dreamteam einen neuen Startrekord hin, sieben Siege, 21:0 Punkte. Bei Titelverteidiger Dortmund setzte es mit 1:3 die erste Niederlage, und bis November war ein Sieben-Punkte-Vorsprung verspielt. Eifersüchteleien schlichen sich ein. Matthäus, genervt von privaten Problemen und immer neuen Muskelverletzungen, wollte seine Streitereien mit Klinsmann in einem Fernsehduell geklärt wissen, Ciriaco Sforza klagte über seine von Rehhagel kreierte Defensivrolle als »Quarterback«, während Kämpfer wie Hamann und Nerlinger oft auf der Bank schmoren mußten. Scholl legte sich öffentlich mit Rehhagel an, weil der Andreas Herzog bevorzugte, und setzte sich letztlich durch – dank überragender Leistungen, aber auch dank Hilfe vom Präsidium. Die Autorität des für Kritik unzugänglichen Rehhagel war schnell dahin, Klinsmann warf ihm mangelnde taktische Schulung vor und forderte vergeblich aggressiveres Spiel (Pressing).
Und das Verhältnis zur Münchner Presse war schon nach wenigen Wochen ruiniert. Für große Anlässe rafften sich die Stars auf, vor 115 000 Zuschauern gewannen sie das UEFA-Cup-Halbfinale in Barcelona 2:1. Doch bei Heimspielen gegen Mönchengladbach (1:2), Karlsruhe (1:4), und St. Pauli (1:1) versagten sie. Nach einem weiteren Heimdebakel, 0:1 gegen Rostock, wurde Rehhagel entlassen. Wieder sprang Franz Beckenbauer ein, doch in der Meisterschaft war nichts mehr zu retten. Die Dortmunder Fans tauften ihn »Vizekaiser«, passend dazu handelte er sich im Training ein Veilchen ein. Der Gewinn des UEFA-Cups gegen Girondins Bordeaux (2:0 und 3:1) rettete die Bilanz, und Jürgen Klinsmann durfte sich als europäischer Rekordtorschütze (15 UEFA-Cup-Treffer) in den Urlaub verabschieden.

Licht und Schatten lagen in dieser Saison dicht beieinander. Zuletzt aber durften die Bayern über den UEFA-Cup jubeln

Spielzeit 1995/96

		Spiele	Siege	Remis	Niederl.	Tore	Punkte
1	Borussia Dortmund	34	19	11	4	76:38	68
2	Bayern München	34	19	5	10	66:46	62
3	Schalke 04	34	14	14	6	45:36	56
4	Borussia Mönchengladbach	34	15	8	11	52:52	53
5	Hamburger SV	34	12	14	8	52:47	50
6	Hansa Rostock	34	13	10	11	47:43	49
7	Karlsruhe SC 34	12	12	12	10	53:47	48
8	TSV 1860 München	34	11	12	11	52:46	45
9	Werder Bremen	34	10	14	10	39:42	44
10	VfB Stuttgart	34	10	13	11	59:62	43
11	SC Freiburg	34	11	9	14	30:41	42
12	1. FC Köln	34	9	13	12	33:35	40
13	Fortuna Düsseldorf	34	8	16	10	40:47	40
14	Bayer Leverkusen	34	8	14	12	37:38	38
15	FC St. Pauli	34	9	11	14	43:51	38
16	1. FC Kaiserslautern	34	6	18	10	31:37	36
17	Eintracht Frankfurt	34	7	11	16	43:68	32
18	KFC Uerdingen 05	34	5	11	18	33:56	26

Facts & Acts

Zum zweiten Mal in Folge führte Trainer Ottmar Hitzfeld Borussia Dortmund zum Gewinn der deutschen Meisterschaft. Hitzfeld trat sein Amt 1991 an, deshalb bieten sich diese fünf Jahre als Vergleichszeitraum für den FC Bayern an. Trainer 91/92: Heynckes, Lerby, Ribbeck. 92/93: Ribbeck. 93/94: Ribbeck/Beckenbauer. 94/95: Trapattoni, 95/96: Rehhagel/Beckenbauer. Sechs Trainerwechsel in den fünf Jahren, seit Beckenbauer und Rummenigge den Verein führen. »Mangelnde Konstanz in der Trainerfrage« wollten sie deshalb nun abstellen. Sie begannen das Unterfangen kurioserweise mit einem, der gerade ein Jahr weg war: dem 57jährigen Giovanni Trapattoni.

Rekorde

Platz 1 in der »ewigen« Tabelle:

Vor dem 1.FC Köln und vor dem Hamburger SV, den beiden ständig in der Eliteliga verbliebenen Gründungsmitgliedern, führt der FC Bayern München die »ewige« Tabelle souverän an. Mit 1970 Zählern (umgerechnet nach der Drei-Punkte-Regel) liegt der Rekordmeister fast 200 Punkte vor Köln.

Am häufigsten Tabellenführer:

An 360 Spieltagen – das sind nahezu elf Spieljahre – lagen die Münchner an der Tabellenspitze. Mit weitem Abstand folgen Borussia Mönchengladbach (126) und Werder Bremen (95).

Die meisten Tore:

Erst drei Mannschaften haben mehr als 2000 Tore geschossen. Auf Rang 1 liegt Bayem München mit 2293 Toren vor Mönchengladbach (2031) und Köln (2028).

Der höchste Sieg:

Der höchste Bayern-Sieg gelang mit 11:1 gegen Borussia Dortmund am 27. November 1971.

Die höchste Niederlage:

Mit 0:7 unterlagen die Münchner am 9. Oktober 1976 Schalke 04.

Die beste Heimbilanz:

Nur einen Punkt gaben die Bayern in der Saison 1972/73 zu Hause ab. Die 33:1 Zähler sind neben Schalke (ein Jahr zuvor ebenfalls 33:1 zu Hause) Bundesliga-Spitze.

Die beste Auswärtsbilanz:

Gleich doppelt liegen die Münchner in der Auswärtsbilanz vorn. 1971/72 fuhren sie auf Reisen die Rekordpunktzahl von 24:10 ein, 1986/87 blieben sie bei 23:11 Punkten auswärts unbesiegt.

Am längsten unbesiegt:

In 73 Spielen in Folge (11. April 1970 bis 28. September 1974) blieb Bayern zu Hause ohne Niederlage und gab nur bei elf Unentschieden Punkte ab. Auch auswärts halten die Münchner in der Unbesiegbarkeit den Rekord. In 26 Spielen hintereinander (14. Dezember 1985 bis 22. August 1987) blieben sie ohne Niederlage.

Am längsten sieglos:

Auswärts gab's aber auch eine lange Durststrecke. In 28 Spielen in Folge (27. November 1976 bis 8. September 1978) gelang kein Sieg, lediglich neun Unentschieden.

Meiste Startsiege:

Mit Einführung der Drei-Punkte-Regel für einen Sieg glückt den Bayern mit sieben Siegen in Folge die beste Bundesliga-Startserie überhaupt. Damit übertrafen die Münchner ihren eigenen Rekord aus der Saison 1984/85, als sie von Beginn an sechsmal hintereinander gewannen. Gleich 13 Siege in Folge allerdings nicht vom Start weg – feierten die Bayern vom 4. April 1981 bis zum 8. September 1981. Auch das ist Bundesliga-Rekord.

Beste Startserie:

Auch die beste Startserie – vom Beginn bis zur ersten Niederlage – kommt auf das Bayern-Konto. In der Saison 1988/89 überstanden sie 23 Spiele (13 Siege, 10 Unentschieden) vom Start weg ohne Niederlage. Die meisten Siege überhaupt glückten 1972/73 mit 25, die wenigsten Niederlagen gab es 1986/87 mit einer einzigen.

Die meisten Spiele:

Josef Maier trug am häufigsten das Bundesliga-Trikot der Bayern. In 473 Spielen (Platz 14 in der Bundesliga) stand er zwischen den Pfosten, davon zwischen dem 20. August 1966 und dem 9. Juni 1979 in 442 Spielen ohne Unterbrechung. Auf den Ehrenplätzen der Bayern-Einsatzliste: Gerd Müller (427) vor Hans-Georg Schwarzenbeck (416).

Der beste Torjäger:

Gerd Müller ist in dieser Hinsicht das Maß aller Dinge. Der »Bomber« führt mit 365 Bundesligatoren einsam die Gesamtliste vor Klaus Fischer (268) und Jupp Heynckes (220) an. In der internen Bayern-Rangliste folgen Karl-Heinz Rummenigge (162) und Roland Wohlfarth (119).

Torschützenkönig:

Siebenmal – so oft wie kein anderer Spieler – erhielt Gerd Müller die Kanone für den besten Torjäger. Sein Saisonrekord liegt bei 40 Treffern aus dem Spieljahr 1971/72. Weitere Torschützenkönige wurden Karl-Heinz Rummenigge (dreimal) und Roland Wohlfarth (zweimal).

ABSCHLUSSTABELLEN BUNDESLIGA

Spielzeit 1965/66

1	TSV 1860 München	34	20	10	4	80:40	50:18
2	Borussia Dortmund	34	19	9	6	70:36	47:21
3	Bayern München	34	20	7	7	71:38	47:21
4	Werder Bremen	34	21	3	10	76:40	45:23
5	1. FC Köln	34	19	6	9	74:41	44:24
6	1. FC Nürnberg	34	14	11	9	54:43	39:29
7	Eintracht Frankfurt	34	16	6	12	64:46	38:30
8	MSV Duisburg	34	14	8	13	70:48	36:32
9	Hamburger SV	34	13	8	13	64:52	34:34
10	Eintracht Braunschweig	34	11	12	11	49:49	34:34
11	VfB Stuttgart	34	13	6	15	42:48	32:36
12	Hannover 96	34	11	8	15	59:57	30:38
13	Borussia Mönchengladbach	34	9	11	14	57:68	29:39
14	Schalke 04	34	10	7	17	33:55	27:41
15	1. FC Kaiserslautern	34	8	10	16	42:65	26:42
16	Karlsruher SC	34	9	6	19	35:71	24:44
17	Borussia Neunkirchen	34	9	4	21	32:82	22:46
18	Tasmania 1900 Berlin	34	2	4	28	15:108	8:60

Name, Vorname	Einsätze	Tore
Beckenbauer, Franz	33	4
Borutta, Karl	26	–
Brenninger, Dieter	31	12
Danzberg, Dieter	2	–
Drescher, Jakob	28	1
Grosser, Rudolf	3	1
Koulmann, Dieter	28	5
Kroiß, Kurt	2	–
Kunstwadl, Adolf	2	–
Kupferschmidt, Peter	32	–
Maier, Josef	31	–
Müller, Gerd	33	14
Nafziger, Rudolf	32	10
Nowak, Hans	6	2
Ohlhauser. Rainer	29	13
Olk, Werner	28	–
Rigotti, Hans	15	–
Vuckov, Anton	1	1
Werner, Peter	1	1
Windsperger, Hubert	1	–

Torjäger

31	Emmerich (Borussia Dortmund)
26	Konietzka (TSV 1860 München)
20	Schütz (Werder Bremen)
18	Pohlschmidt (Hamburger SV)
18	Grosser (TSV 1860 München)
18	Löhr (1. FC Köln)
17	Huberts (Eintracht Frankfurt)
17	Ulsaß (Eintracht Braunschweig)
16	Rupp (Borussia Mönchengladbach)
15	Siemensmeyer (Hannover 96)
15	Brunnenmeier (TSV 1860 München)
14	Müller, Gerd (Bayern München)

Spielzeit 1966/67

1	Eintracht Braunschweig	34	17	9	8	49:27	43:25
2	TSV 1860 München	34	17	7	10	60:47	41:27
3	Borussia Dortmund	34	15	9	10	70:41	39:29
4	Eintracht Frankfurt	34	15	9	10	66:49	39:29
5	1. FC Kaiserslautern	34	13	12	9	43:42	38:30
6	Bayern München	34	16	5	13	62:47	37:31
7	1. FC Köln	34	14	9	11	48:48	37;31
8	Borussia Mönchengladbach	34	12	10	12	70:49	34:34
9	Hannover 96	34	13	8	13	40:46	34:34
10	1. FC Nürnberg	34	12	10	12	43:50	34:34
11	MSV Duisburg	34	10	13	11	40:42	33:35
12	VfB Stuttgart	34	10	13	11	48:54	33:35
13	Karlsruhe SC	34	11	9	14	54:62	31:37
14	Hamburger SV	34	10	10	14	37:53	30:38
15	Schalke 04	34	12	6	16	37:63	30:38
16	Werder Bremen	34	10	9	15	49:56	29:39
17	Fortuna Düsseldorf	34	9	7	18	44:66	25:43
18	Rot-Weiß Essen	34	6	13	15	35:53	25:43

Name, Vorname	Einsätze	Tore
Beckenbauer, Franz	33	–
Borutta, Karl	2	–
Brenninger, Dieter	30	7
Drescher, Jakob	1	1
Grosser, Rudolf	1	–
Koulmann, Dieter	22	2
Kupferschmidt, Peter	32	1
Maier, Josef	34	–
Müller, Gerd	32	28
Nafziger, Rudolf	32	–
Nasdalle, Günter	1	–
Nowak, Hans	17	1
Ohlhauser. Rainer	31	12
Olk, Werner	32	1
Rigotti, Hans	18	2
Roth, Franz	20	7
Schwarzenbeck, Hans-Georg	21	–
Walleitner, Klaus	2	–
Werner, Peter	13	1

Torjäger

28	Müller, Gerd (Bayern München)
28	Emmerich (Borussia Dortmund)
18	Laumen (Borussia Mönchengladbach)
17	Müller, Chr. (Karlsruher SC)
15	Ulsaß (Eintracht Braunschweig)
15	Wosab (Borussia Dortmund)
15	Heynckes (Borussia Mönchengladbach)
15	Rupp (Borussia Mönchengladbach)
14	Küppers (1860 München)
13	Löhr (1. FC Köln)

Spielzeit 1967/68

1	1. FC Nürnberg	34	19	9	6	71:37	47:21
2	Werder Bremen	34	18	8	8	68:51	44:24
3	Borussia Mönchengladbach	34	15	12	7	77:45	42:26
4	1. FC Köln	34	17	4	13	68:52	38:30
5	Bayern München	34	16	6	12	68:58	38:30
6	Eintracht Frankfurt	34	15	8	11	58:51	38:30
7	MSV Duisburg	34	13	10	11	69:58	36:32
8	VfB Stuttgart	34	14	7	13	65:54	35:33
9	Eintracht Braunschweig	34	15	5	13	37:39	35:33
10	Hannover 96	34	12	10	12	48:52	34:34
11	Alemannia Aachen	34	13	8	13	52:66	34:34
12	TSV 1860 München	34	11	11	12	55:39	33:35
13	Hamburger SV	34	11	11	12	51:54	33:35
14	Borussia Dortmund	34	12	7	15	60:59	31:37
15	Schalke 04	34	11	8	15	42:48	30:38
16	1. FC Kaiserslautern	34	8	12	14	39:67	28:40
17	Borussia Neunkirchen	34	7	5	22	33:93	19:49
18	Karlsruher SC	34	6	5	23	32:70	17:51

Name, Vorname	Einsätze	Tore
Beckenbauer, Franz	28	4
Brenninger, Dieter	30	8
Deuerling, Karl	1	–
Jung, Gustav	21	4
Koulmann, Dieter	28	5
Kupferschmidt, Peter	33	–
Maier, Josef	34	–
Müller, Gerd	34	19
Nafziger, Rudolf	25	–
Nowak, Hans	14	1
Ohlhauser, Rainer	32	19
Olk, Werner	32	–
Roth, Franz	32	5
Schauß, Horst	6	–
Schmidt, Helmut	3	–
Schwarzenbeck, H.-G.	33	–
Stöckl, Herbert	3	–
Werner, Peter	7	–

Torjäger

27	Löhr (1. FC Köln)
25	Brungs (1. FC Nürnberg
20	Müller, Gerd (Bayern München)
19	Ohlhauser (Bayern München)
19	Meyer (Borussia Mönchengladbach)
19	Laumen (Borussia Mönchengladbach)
18	Strehl (1. FC Nürnberg)
19	Emmerich (Borussia Dortmund)
17	Köppel (VfB Stuttgart)
16	Budde (MSV Duisburg)
16	Görts (Werder Bremen)

ABSCHLUSSTABELLEN BUNDESLIGA

Spielzeit 1968/69

1	Bayern München	34	18	10	6	61:31	46:22
2	Alemannia Aachen	34	16	6	12	57:51	38:30
3	Borussia Mönchengladbach	34	13	11	10	61:46	37:31
4	Eintracht Braunschweig	34	13	11	10	46:43	37:31
5	VfB Stuttgart	34	14	8	12	60:54	36:32
6	Hamburger SV	34	13	10	11	55:55	36:32
7	Schalke 04	34	14	7	13	45:40	35:33
8	Eintracht Frankfurt	34	13	8	13	46:43	34:34
9	Werder Bremen	34	14	6	14	59:59	34:34
10	TSV 1860 München	34	15	4	15	44:59	34:34
11	Hannover 96	34	9	14	11	47:45	32:36
12	MSV Duisburg	34	8	16	10	33:37	32:36
13	1. FC Köln	34	13	6	15	47:56	32:36
14	Hertha BSC Berlin	34	12	8	14	31:39	32:36
15	1. FC Kaiserslautern	34	12	6	16	45:47	30:38
16	Borussia Dortmund	34	11	8	15	49:54	30:38
17	1. FC Nürnberg	34	9	11	14	45:55	29:39
18	Kickers Offenbach	34	10	8	16	42:59	28:40

Name, Vorname	Einsätze	Tore
Beckenbauer, Franz	33	2
Brenninger, Dieter	34	9
Jung, Gustav	4	–
Kupferschmidt, Peter	22	–
Maier, Josef	34	–
Müller, Gerd	30	31
Ohlhauser, Rainer	34	10
Olk, Werner	34	1
Pumm, Peter	34	–
Roth, Franz	34	2
Schmidt, Helmut	21	2
Schwarzenbeck, H.-G.	34	–
Starek, August	34	4

Torjäger

30	Müller, Gerd (Bayern München)
23	Seeler (Hamburger SV)
17	Skoblar (Hannover 96)
15	Laumen (Borussia Mönchengladbach)
15	Weiß (Eintracht Braunschweig)
15	Görts (Werder Bremen)
14	Rühl (1. FC Köln)
13	Rupp (Werder Bremen)

Spielzeit 1969/70

1	Borussia Mönchengladbach	34	23	5	6	71:29	51:17
2	Bayern München	34	21	5	8	88:37	47:21
3	Hertha BSC Berlin	34	20	5	9	67:41	45:23
4	1. FC Köln	34	20	3	11	83:38	43:25
5	Borussia Dortmund	34	14	8	12	60:67	36:32
6	Hamburger SV	34	12	11	11	57:54	35:33
7	VfB Stuttgart	34	14	7	13	59:62	35:33
8	Eintracht Frankfurt	34	12	10	12	54:54	34:34
9	Schalke 04	34	11	12	11	43:54	34:34
10	1. FC Kaiserslautern	34	10	12	12	44:55	32:36
11	Werder Bremen	34	10	11	13	38:47	31:37
12	Rot-Weiß Essen	34	8	15	11	41:54	31:37
13	Hannover 96	34	11	8	15	49:61	30:38
14	Rot-Weiß Oberhausen	34	11	7	16	50:62	29:39
15	MSV Duisburg	34	9	11	14	35:48	29:39
16	Eintracht Braunschweig	34	9	10	15	40:49	28:40
17	TSV 1860 München	34	9	7	18	41:56	25:43
18	Alemannia Aachen	34	5	7	22	31:83	17:51

Name, Vorname	Einsätze	Tore
Beckenbauer, Franz	34	6
Brenninger, Dieter	34	11
Gierlinger, Wolfgang	1	–
Hansen, Johnny	30	1
Klein, Klaus	3	–
Koppenhöfer, Herwarth	29	–
Kupferschmidt, Peter	16	3
Maier, Josef	34	–
Michl, Günter	17	2
Mrosko, Karl-Heinz	19	5
Müller, Gerd	33	38
Nerlinger, Günter	6	–
Ohlhauser, Rainer	34	10
Olk, Werner	18	–
Pumm, Peter	27	1
Roth, Franz	31	10
Schmidt, Helmut	25	–
Schwarzenbeck, H. G.	32	1
Seifert, Manfred	1	–
Starek, August	4	1

Torjäger

38	Müller, Gerd (Bayern München)
20	Weist (Borussia Dortmund)
19	Laumen (Borussia Mönchengladbach)
19	Löhr (1. FC Köln)
19	Fischer (TSV 1860 München)
17	Seeler (Hamburger SV)
16	Rupp (1. FC Köln)
15	Brungs (Hertha BSC)

Spielzeit 1970/71

1	Borussia Mönchengladbach	34	20	10	4	77:35	50:18
2	Bayern München	34	19	10	5	74:36	48:20
3	Hertha BSC Berlin	34	16	9	9	61:43	41:27
4	Eintracht Braunschweig	34	16	7	11	52:40	39:29
5	Hamburger SV	34	13	11	10	54:63	37:31
6	Schalke 04	34	15	6	13	44:40	36:32
7	MSV Duisburg	34	12	11	11	43:47	35:33
8	1. FC Kaiserslautern	34	15	4	15	54:57	34:34
9	Hannover 96	34	12	9	13	53:49	33:35
10	Werder Bremen	34	11	11	12	41:40	33:35
11	1. FC Köln	34	11	11	12	46:56	33:35
12	VfB Stuttgart	34	11	8	15	49:49	30:38
13	Borussia Dortmund	34	10	9	15	54:60	29:39
14	Arminia Bielefeld	34	12	5	17	34:53	29:39
15	Eintracht Frankfurt	34	11	6	17	39:56	28:40
16	Rot-Weiß Oberhausen	34	9	9	16	54:69	27:41
17	Kickers Offenbach	34	9	9	16	49:65	27:41
18	Rot-Weiß Essen	34	7	9	18	48:68	23:45

Beckenbauer, Franz 33 3

Name, Vorname	Einsätze	Tore
Breitner, Paul	21	2
Brenninger, Dieter	31	12
Ey, Jürgen	1	–
Hansen, Johnny	32	4
Hoeneß, Ulrich	31	6
Koppenhöfer, Herwarth	28	–
Maas, Erich	6	–
Maier, Josef	34	–
Mrosko, Karl-Heinz	31	8
Müller, Gerd	32	22
Pumm, Peter	23	1
Roth, Franz	27	11
Schneider, Edgar	20	1
Schwarzenbeck, H. - G.	29	2
Seifert, Manfred	2	–
Zobel, Rainer	34	3

Torjäger

24	Kobluhn (Rot-Weiß Oberhausen)
22	Müller, Gerd (Bayern München)
22	Vogt (1. FC Kaiserslautern)
2–	Laumen (Borussia Mönchengladbach)
20	Horr (Hertha BSC Berlin)
19	Heynckes (Borussia Mönchengladbach)
19	Keller (Hannover 96)
19	Lippens (Rot-Weiß Essen)

ABSCHLUSSTABELLEN BUNDESLIGA

Spielzeit 1971/72

1	Bayern München	34	24	7	3	101:38	55:13
2	Schalke 04	34	24	4	6	76:35	52:16
3	Borussia Mönchengladbach	34	18	7	9	82:40	43:25
4	1. FC Köln	34	15	13	6	64:44	43:25
5	Eintracht Frankfurt	34	16	7	11	71:61	39:29
6	Hertha BSC Berlin	34	14	9	11	46:55	37:31
7	1. FC Kaiserslautern	34	14	7	13	59:53	35:33
8	VfB Stuttgart	34	13	9	12	52:56	35:33
9	VfL Bochum	34	14	6	14	59:69	34:34
10	Hamburger SV	34	13	7	14	52:52	33:35
11	Werder Bremen	34	11	9	14	63:58	31:37
12	Eintracht Braunschweig	34	8	15	11	43:48	31:37
13	Fortuna Düsseldorf	34	10	10	14	40:53	30:38
14	MSV Duisburg	34	10	7	17	36:51	27:41
15	Rot-Weiß Oberhausen	34	7	11	16	33:66	25:43
16	Hannover 96	34	10	3	21	54:69	23:45
17	Borussia Dortmund	34	6	8	20	34:83	20:48
18	Arminia Bielefeld	34	6	7	21	- 0:0	0:0

Name, Vorname	Einsätze	Tore
Beckenbauer, Franz	34	6
Breitner, Paul	30	4
Gerber, Franz	1	–
Hansen, Johnny	34	1
Hoeneß, Ulrich	34	13
Hoffmann, Willi	16	3
Koppenhöfer, Herwarth	14	–
Krauthausen, Franz	28	5
Maier, Josef	34	–
Müller, Gerd	34	40
Roth, Franz	32	12
Rybarczyk, Günter	4	–
Schneider, Edgar	23	2
Schwarzenbeck, H.-G.	32	1
Seifert, Manfred	1	–
Sühnholz, Wolfgang	25	4
Zobel, Rainer	32	4

Torjäger

40	Müller, Gerd (Bayern München)
22	Fischer (Schalke 04)
22	Walitza (VfL Bochum)
20	Keller (Hannover 96)
19	Heynckes (Borussia Mönchengladbach)
18	Scheer (Schalke 04)
17	Netzer (Borussia Mönchengladbach)
16	Rupp (1. FC Köln)
13	Hoeneß, Uli (Bayern München)

Spielzeit 1972/73

1	Bayern München	34	25	4	5	93:29	54:14
2	1. FC Köln	34	16	11	7	66:51	43:25
3	Fortuna Düsseldorf	34	15	12	7	62:45	42:26
4	Wuppertaler SV	34	15	10	9	62:49	40:28
5	Borussia Mönchengladbach	34	17	5	12	82:61	39:29
6	VfB Stuttgart	34	17	3	14	71:65	37:31
7	Kickers Offenbach	34	14	7	13	61:60	35:33
8	Eintracht Frankfurt	34	15	4	15	58:54	34:34
9	1. FC Kaiserslautern	34	12	10	13	58:68	34:34
10	MSV Duisburg	34	12	9	13	53:54	33:35
11	Werder Bremen	34	12	7	15	50:52	31:37
12	VfL Bochum	34	11	9	14	50:68	31:37
13	Hertha BSC Berlin	34	11	8	15	53:64	30:38
14	Hamburger SV	34	10	8	16	53:59	28:40
15	Schalke 04	34	10	8	16	46:61	28:40
16	Hannover 96	34	9	8	17	49:65	26:42
17	Eintracht Braunschweig	34	9	7	18	33:56	25:43
18	Rot-Weiß Oberhausen	34	9	4	21	45:84	22:46

Name, Vorname	Einsätze	Tore
Beckenbauer, Franz	34	6
Breitner, Paul	32	4
Dürnberger, Bernd	31	3
Hansen, Johnny	32	1
Hoeneß, Ulrich	34	17
Hoffmann, Willi	24	9
Jörg, Hans	3	–
Krauthausen, Franz	29	4
Maier, Josef	34	–
Müller, Gerd	33	36
Rohr, Gernot	3	–
Roth, Franz	32	5
Rybarczyk, Günter	2	–
Schneider, Edgar	16	3
Schwarzenbeck, H.-G.	34	1
Zimmermann, Herbert	1	–
Zobel, Rainer	28	2

Torjäger

36	Müller, Gerd (Bayern München)
28	Heynckes (Borussia Mönchengladbach)
21	Pröpper (Wuppertaler SV)
19	Kostedde (Kickers Offenbach)
18	Walitza (VfL Bochum)
17	Wunder (MSV Duisburg)
17	Hoeneß, Uli (Bayern München)
16	Geye (Fortuna Düsseldorf)
14	Reimann (Hannover 96)

Spielzeit 1973/74

1	Bayern München	34	20	9	5	95:53	49:19
2	Borussia Mönchengladbach	34	21	6	7	93:52	48:20
3	Fortuna Düsseldorf	34	16	9	9	61:47	41:27
4	Eintracht Frankfurt	34	15	11	8	63:50	41:27
5	1. FC Köln	34	16	7	11	69:56	39:29
6	1. FC Kaiserslautern	34	15	8	11	80:69	38:30
7	Schalke 04	34	16	5	13	72:68	37:31
8	Hertha BSC Berlin	34	11	11	12	56:60	33: 35
9	VfB Stuttgart	34	12	7	15	58:57	31:37
10	Kickers Offenbach	34	11	9	14	56:62	31:37
11	Werder Bremen	34	9	13	12	48:56	31:37
12	Hamburger SV	34	13	5	16	53:62	31:37
13	Rot-Weiß Essen	34	10	11	13	56:70	31:37
14	VfL Bochum	34	9	12	13	45:57	30:38
15	MSV Duisburg	34	11	7	16	42:56	29:39
16	Wuppertaler SV	34	8	9	17	42:65	25:43
17	Fortuna Köln	34	8	9	17	46:79	25:43
18	Hannover 96	34	6	10	18	50:66	22:46

Name, Vorname	Einsätze	Tore
Beckenbauer, Franz	34	5
Breitner, Paul	26	7
Dürnberger, Bernd	30	8
Gersdorff, Bernd	12	2
Hadewicz, Erwin	12	–
Hansen, Johnny	23	–
Hoeneß, Ulrich	34	18
Hoffmann, Willi	15	2
Jensen, Viggo	5	–
Kapellmann, H.-J.	20	2
Maier, Josef	34	–
Müller, Gerd	34	30
Rohr, Gernot	3	–
Roth, Franz	33	8
Schneider, Edgar	7	–
Schwarzenbeck, H.-G.	33	7
Torstensson, Conny	16	1
Zimmermann, Herbert	1	–
Zobel, Rainer	28	5

Torjäger

30	Müller, Gerd (Bayern München)
30	Heynckes (Borussia Mönchengladbach)
21	Toppmöller (1. FC Kaiserslautern)
21	Fischer (Schalke 04)
19	Sandberg (1. FC Kaiserslautern)
18	Hoeneß, Uli (Bayern München)
17	Müller, Dieter (1. FC Köln)
17	Ohlicher (VfB Stuttgart)
16	Geye (Fortuna Düsseldorf)

ABSCHLUSSTABELLEN BUNDESLIGA

Spielzeit 1974/75

1	Borussia Mönchengladbach	34	21	8	5	86:40	50:18
2	Hertha BSC Berlin	34	19	6	9	61:43	44:24
3	Eintracht Frankfurt	34	18	7	9	89:49	43:25
4	Hamburger SV	34	18	7	9	55:38	43:25
5	1. FC Köln	34	17	7	10	77:51	41:27
6	Fortuna Düsseldorf	34	16	9	9	65:55	41:27
7	Schalke 04	34	16	7	11	52:37	39:29
8	Kickers Offenbach	34	17	4	13	72:62	38:30
9	Eintracht Braunschweig	34	14	8	12	52:42	36:32
10	Bayern München	34	14	6	14	57:63	34:34
11	VfL Bochum	34	14	5	15	53:53	33:35
12	Rot-Weiß Essen	34	10	12	12	56:68	32:36
13	1. FC Kaiserslautern	34	13	5	16	56:55	31:37
14	MSV Duisburg	34	12	6	16	59:77	30:38
15	Werder Bremen	34	9	7	18	45:69	25:43
16	VfB Stuttgart	34	8	8	18	50:79	24:44
17	Tennis Borussia Berlin	34	5	6	23	38:89	16:52
18	Wuppertaler SV	34	2	8	24	32:86	12:56

Name, Vorname	Einsätze	Tore
Andersson, Björn	18	1
Beckenbauer, Franz	33	1
Dürnberger, Bernd	31	–
Förster, Bernd	6	–
Hadewicz, Erwin	7	–
Hansen, Johnny	13	–
Hoeneß, Ulrich	28	8
Kapellmann, H.-J.	33	4
Maier, Josef	34	–
Michelberger, Franz	3	–
Müller, Gerd	33	23
Roth, Franz	24	4
Rummenigge, K.-H.	21	5
Schwarzenbeck, H.-G.	34	3
Torstensson, Conny	17	3
Weiß, Günter	2	–
Weiß, Josef	11	–
Wunder, Klaus	27	4
Zobel, Rainer	31	1

Torjäger

27	Heynckes (Borussia Mönchengladbach)
24	Müller, Dieter (1. FC Köln)
23	Müller, Gerd (Bayern München)
20	Sandberg (1. FC Kaiserslautern)
18	Simonsen (Borussia Mönchengladbach)
18	Burgsmüller (Rot-Weiß Essen)
18	Kostedde (Kickers Offenbach)
17	Ohlicher (VfB Stuttgart)

Spielzeit 1975/76

1	Borussia Mönchengladbach	34	16	13	5	66:37	45:23
2	Hamburger SV	34	17	7	10	59:32	41:27
3	Bayern München	34	15	10	9	72:50	40:28
4	1. FC Köln	34	14	11	9	62:45	39:29
5	Eintracht Braunschweig	34	14	11	9	52:48	39:29
6	Schalke 04	34	13	11	10	76:55	37:31
7	1. FC Kaiserslautern	34	15	7	12	66:60	37:31
8	Rot-Weiß Essen	34	13	11	10	61:67	37:31
9	Eintracht Frankfurt	34	13	10	11	79:58	36:32
10	MSV Duisburg	34	13	7	14	55:62	33:35
11	Hertha BSC Berlin	34	11	10	13	59:61	32:36
12	Fortuna Düsseldorf	34	10	10	14	47:57	30:38
13	Werder Bremen	34	11	8	15	44:55	30:38
14	VfL Bochum	34	12	6	16	49:62	30:38
15	Karlsruher SC	34	12	6	16	46:59	30:38
16	Hannover 96	34	9	9	16	48:60	27:41
17	Kickers Offenbach	34	9	9	16	40:72	27:41
18	Bayer Uerdingen	34	6	10	18	28:69	22:46

Name, Vorname	Einsätze	Tore
Andersson, Björn	6	–
Beckenbauer, Franz	34	5
Dürnberger, Bernd	32	5
Förster, Bernd	2	–
Hoeneß, Ulrich	17	4
Horsmann, Udo	30	1
Kapellmann, H.-J.	29	6
Künkel, Rainer	4	2
Maier, Josef	34	–
Marek, Jürgen	7	–
Michelberger, Franz	1	–
Müller, Gerd	22	23
Roth, Franz	27	6
Rummenigge, K.-H.	32	8
Schuster, Ludwig	7	–
Schwarzenbeck, H.-G.	33	1
Seneca, Kjell	1	–
Torstensson, Conny	15	3
Weiß, Josef	14	–
Wunder, Klaus	16	3
Zobel, Rainer	27	4

Torjäger

29	Fischer (Schalke 04)
23	Beer (Hertha BSC Berlin)
23	Müller, Gerd (Bayern München)
22	Toppmöller (1. FC Kaiserslautern)
18	Hrubesch (Rot-Weiß Essen)
17	Sandberg (1. FC Kaiserslautern)
16	Simonsen (Borussia Mönchengladbach)
16	Hölzenbein (Eintracht Frankfurt)

Spielzeit 1976/77

1	Borussia Mönchengladbach	34	17	10	7	58:34	44:24
2	Schalke 04	34	17	9	8	77:52	43:25
3	Eintracht Braunschweig	34	15	13	6	56:38	43:25
4	Eintracht Frankfurt	34	17	8	9	86:57	42:26
5	1. FC Köln	34	17	6	11	83:61	40:28
6	Hamburger SV	34	14	10	10	67:56	38:30
7	Bayern München	34	14	9	11	74:65	37:31
8	Borussia Dortmund	34	12	10	12	73:64	34:34
9	MSV Duisburg	34	11	12	11	60:51	34:34
10	Hertha BSC Berlin	34	13	8	13	55:54	34:34
11	Werder Bremen	34	13	7	14	51:59	33:35
12	Fortuna Düsseldorf	34	11	9	14	52:54	31:37
13	1. FC Kaiserslautern	34	12	5	17	53:59	29:39
14	1. FC Saarbrücken	34	9	1	14	43:55	29:39
15	VfL Bochum	34	11	7	16	47:62	29:39
16	Karlsruher SC	34	9	10	15	53:75	28:40
17	Tennis Borussia Berlin	34	6	10	18	47:85	22:46
18	Rot-Weiß Essen	34	7	8	19	49:103	22:46

Name, Vorname	Einsätze	Tore
Andersson, Björn	23	–
Arbinger, Alfred	6	–
Beckenbauer, Franz	33	3
Dürnberger, Bernd	17	5
Gruber, Peter	16	1
Hoeneß, Ulrich	27	9
Horsmann, Udo	22	2
Kapellmann, H.-J.	31	4
Kirschner, Eduard	13	1
Künkel, Rainer	14	2
Maier, Josef	34	–
Müller, Gerd	25	28
Önal, Erhan	10	1
Reisinger, Wilhelm	1	–
Roth, Franz	20	1
Rummenigge, K.-H.	31	11
Schenk, Wesley-Giles	6	–
Schwarzenbeck, H.-G.	31	1
Seneca, Kjell	5	–
Torstensson, Conny	33	4
Weiß, Josef	11	–

Torjäger

34	Müller, Dieter (1. FC Köln)
28	Müller, Gerd (Bayern München)
26	Hölzenbein (Eintracht Frankfurt)
24	Fischer (Schalke 04)
24	Frank (Eintracht Braunschweig)
21	Kaczor (VfL Bochum)
20	Wenzel (Eintracht Frankfurt)
20	Hrubesch (Rot-Weiß Essen)

ABSCHLUSSTABELLEN BUNDESLIGA

Spielzeit 1977/78

Pl.	Verein	Sp.	G	U	V	Tore	Punkte
1	1. FC Köln	34	22	4	8	86:41	48:20
2	Borussia Mönchengladbach	34	20	8	6	86:44	48:20
3	Hertha BSC Berlin	34	15	10	9	59:48	40:28
4	VfB Stuttgart	34	17	5	12	58:40	39:29
5	Fortuna Düsseldorf	34	15	9	10	49:36	39:29
6	MSV Duisburg	34	15	7	12	62:59	37:31
7	Eintracht Frankfurt	34	16	4	14	59:52	36:32
8	1. FC Kaiserslautern	34	16	4	14	64:63	36:32
9	Schalke 04	34	14	6	14	47:52	34:34
10	Hamburger SV	34	14	6	14	61:67	34:34
11	Borussia Dortmund	34	14	5	15	57:71	33:35
12	Bayern München	34	11	10	13	62:64	32:36
13	Eintracht Braunschweig	34	14	4	16	43:53	32:36
14	VfL Bochum	34	11	9	14	49:51	31:37
15	Werder Bremen	34	13	5	16	48:57	31:37
16	TSV 1860 München	34	7	8	19	41:60	22:46
17	1. FC Saarbrücken	34	6	10	18	39:70	22:46
18	FC St. Pauli	34	6	6	22	44:86	18:50

Name, Vorname	Einsätze	Tore
Augenthaler, Klaus	23	1
Dürnberger, Bernd	27	2
Gruber, Peter	14	–
Hoeneß, Ulrich	30	11
Horsmann, Udo	25	–
Janzon, Norbert	14	3
Kapellmann, H.-J.	24	–
Künkel, Rainer	15	2
Maier, Josef	34	–
Müller, Gerd	33	24
Niedermayer, Kurt	31	4
Oblak, Branco	23	1
Önal, Erhan	8	–
Rausch, Wolfgang	34	2
Roth, Franz	10	1
Rummenigge, K.-H,	29	8
Schwarzenbeck, H.-G.,	34	1
Weiß, Josef	1	–

Torjäger

Tore	Spieler
24	Müller, Gerd (Bayern München)
24	Müller, Dieter (1. FC Köln)
21	Toppmöller (1. FC Kaiserslautern)
20	Fischer (Schalke 04)
20	Burgmüller (Borussia Dortmund)
18	Heynckes (Borussia Mönchengladbach)
17	Simonsen (Borussia Mönchengladbach)
17	Granitza (Hertha BSC Berlin)
16	Gerber (FC St. Pauli)
16	Seeliger (MSV Duisburg)

Spielzeit 1978/79

Pl.	Verein	Sp.	G	U	V	Tore	Punkte
1	Hamburger SV	34	21	7	6	78:32	49:19
2	VfB Stuttgart	34	20	8	6	73:34	48:20
3	1. FC Kaiserslautern	34	16	11	7	62:47	43:25
4	Bayern München	34	16	8	10	69:46	40:28
5	Eintracht Frankfurt	34	16	7	11	50:49	39:29
6	1. FC Köln	34	13	12	9	55:47	38:30
7	Fortuna Düsseldorf	34	13	11	10	70:59	37:31
8	VfL Bochum	34	10	13	11	47:46	33:35
9	Eintracht Braunschweig	34	10	13	11	50:55	33:35
10	Borussia Mönchengladbach	34	12	8	14	50:53	32:36
11	Werder Bremen	34	10	11	13	48:60	31:37
12	Borussia Dortmund	34	10	11	13	54:70	31:37
13	MSV Duisburg	34	12	6	16	43:56	30:38
14	Hertha BSC Berlin	34	9	11	14	40:50	29:39
15	Schalke 04	34	9	10	15	55:61	28:40
16	Arminia Bielefeld	34	9	8	17	43:56	26:42
17	1. FC Nürnberg	34	8	8	18	36:67	24:44
18	Darmstadt 98	34	7	7	20	40:75	21:47

Name, Vorname	Einsätze	Tore
Augenthaler, Klaus	28	3
Breitner, Paul	33	12
Dürnberger, Bernd	32	5
Gruber, Peter	8	1
Hoeneß, Ulrich	4	–
Horsmann, Udo	34	2
Janzon, Norbert	18	9
Jol, Martin	9	–
Kapellmann, H.-J.	28	1
Maier, Josef	34	–
Müller, Gerd	19	9
Niedermayer, Kurt	34	14
Oblak, Branco	28	3
Rausch, Wolfgang	17	1
Reisinger, Wilhelm	4	–
Rummenigge, K.-H.	34	14
Schwarzenbeck, H.-G.	34	3

Torjäger

Tore	Spieler
22	Allofs, Klaus (Fortuna Düsseldorf)
21	Fischer (Schalke 04)
18	Abramczik (Schalke 04)
17	Keegan (Hamburger SV)
17	Toppmöller (1. FC Kaiserslautern)
16	Nickel, Harald (Eintracht Braunschweig)
16	Hoeneß, Dieter (VfB Stuttgart)
15	Burgsmüller (Borussia Dortmund)
14	Rummenigge, K.-H. (Bayern München)
14	Volkert (VfB Stuttgart)

Spielzeit 1979/80

Pl.	Verein	Sp.	G	U	V	Tore	Punkte
1	Bayern München	34	22	6	6	84:33	50:18
2	Hamburger SV	34	20	8	6	86:35	48:20
3	VfB Stuttgart	34	17	7	10	75:53	41:27
4	1.FC Kaiserslautern	34	18	5	11	75:53	41:27
5	1. FC Köln	34	14	9	11	72:55	37:31
6	Borussia Dortmund	34	14	8	12	64:56	36:32
7	Borussia Mönchengladbach	34	12	12	10	61:60	36:32
8	Schalke 04	34	12	9	13	40:51	33:35
9	Eintracht Frankfurt	34	15	2	17	65:61	32:36
10	VfL Bochum	34	13	6	15	41:44	32:36
11	Fortuna Düsseldorf	34	13	6	15	62:72	32:36
12	Bayer Leverkusen	34	12	8	14	45:61	32:36
13	TSV 1860 München	34	10	10	14	42:53	30:38
14	MSV Duisburg	34	11	7	16	43:57	29:39
15	Bayer Uerdingen	34	12	5	17	43:61	29:39
16	Hertha BSC Berlin	34	11	7	16	41:61	29:39
17	Werder Bremen	34	11	3	20	52:93	25:43
18	Eintracht Braunschweig	34	6	8	20	32:64	20:48

Name, Vorname	Einsätze	Tore
Aas, Jan-Einar	6	1
Augenthaler, Klaus	34	2
Breitner, Paul	32	10
Dremmler, Wolfgang	26	–
Dürnberger, Bernd	31	3
Gruber, Peter	3	–
Hoeneß, Dieter	32	16
Horsmann, Udo	34	5
Janzon, Norbert	28	7
Junghans, Walter	29	–
Kraus, Wolfgang	22	1
Müller, Manfred	5	1
Niedermayer, Kurt	29	10
Oblak, Branco	20	1
Reisinger, Wilhelm	4	1
Rummenigge, K.-H.	34	26
Schwarzenbeck, H.-G.	2	–
Weiner, Hans	34	1

Torjäger

Tore	Spieler
26	Rummenigge, K.-H. (Bayern München)
21	Hrubesch (Hamburger SV)
21	Müller, Dieter (1. FC Köln)
20	Burgsmüller (Borussia Dortmund)
20	Nickel, Harald (Borussia Mönchengladbach)
17	Geye (1. FC Kaiserslautern)
16	Hoeneß, Dieter (Bayern München)
16	Allofs, Klaus (Fortuna Düsseldorf)
14	Müller, Hans (VfB Stuttgart)
14	Funkel (Bayer Uerdingen)

ABSCHLUSSTABELLEN BUNDESLIGA

Spielzeit 1980/81

Pl.	Verein	Sp.	S	U	N	Tore	Punkte
1	Bayern München	34	22	9	3	89:41	53:15
2	Hamburger SV	34	21	7	6	73:43	49:19
3	VfB Stuttgart	34	19	8	7	70:44	46:22
4	1. FC Kaiserslautern	34	17	10	7	60:37	44:24
5	Eintracht Frankfurt	34	13	12	9	61:57	38:30
6	Borussia Mönchengladbach	34	15	7	12	68:64	37:31
7	Borussia Dortmund	34	13	9	12	69:59	35:33
8	1. FC Köln	34	12	10	12	54:55	34:34
9	VfL Bochum	34	9	15	10	53:45	33:35
10	Karlsruher SC	34	9	14	11	56:63	32:36
11	Bayer Leverkusen	34	10	10	14	52:53	30:38
12	MSV Duisburg	34	10	9	15	45:58	29:39
13	Fortuna Düsseldorf	34	10	8	16	57:64	28:40
14	1. FC Nürnberg	34	11	6	17	47:57	28:40
15	Arminia Bielefeld	34	1	6	18	46:65	26:42
16	TSV 1860 München	34	9	7	18	49:67	25:43
17	Schalke 04	34	8	7	19	43:88	23:45
18	Bayer Uerdingen	34	8	6	20	47:79	22:46

Name, Vorname	Einsätze	Tore
Aas, Jan-Einar	7	–
Augenthaler, Klaus	33	5
Breitner, Paul	30	17
del Haye, Kalle	13	1
Dremmler, Wolfgang	33	1
Dürnberger, Bernd	33	3
Güttler, Günter	1	–
Hoeneß, Dieter	27	10
Horsmann, Udo	34	4
Janzon, Norbert	24	1
Junghans, Walter	19	–
Kraus, Wolfgang	30	6
Mathy, Reinhold	3	–
Müller, Manfred	17	–
Niedermayer, Kurt	32	9
Rautianen, Pasi	1	–
Röber, Jürgen	14	–
Rummenigge, K.-H.	34	29
Weiner, Hans	31	1

Torjäger

29 Rummenigge, K.-H. (Bayern München)
27 Burgsmüller (Borussia Dortmund)
19 Allofs, Klaus (Fortuna Düsseldorf)
17 Hrubesch (Hamburger SV)
17 Breitner (Bayern München)
17 Pinkall (VfL Bochum)
17 Müller, Dieter (1. FC Köln)

Spielzeit 1981/82

Pl.	Verein	Sp.	S	U	N	Tore	Punkte
1	Hamburger SV	34	18	12	4	95:45	48:20
2	1. FC Köln	34	18	9	7	72:38	45:23
3	Bayern München	34	20	3	11	77:56	43:25
4	1. FC Kaiserslautern	34	16	10	8	70:61	42:26
5	Werder Bremen	34	17	8	9	61:52	42:26
6	Borussia Dortmund	34	18	5	11	59:40	41:27
7	Borussia Mönchengladbach	34	15	10	9	61:51	40:28
8	Eintracht Frankfurt	34	17	3	14	83:72	37:31
9	VfB Stuttgart	34	13	9	12	62:55	35:33
10	VfL Bochum	34	12	8	14	52:51	32:36
11	Eintracht Braunschweig	34	14	4	16	61:66	32:36
12	Arminia Bielefeld	34	12	6	16	46:50	30:38
13	1. FC Nürnberg	34	11	6	17	53:72	28:40
14	Karlsruher SC	34	9	9	16	50:68	27:41
15	Fortuna Düsseldorf	34	6	1	15	48:73	25:43
16	Bayer Leverkusen	34	9	7	18	45:72	25:43
17	Darmstadt 98	34	5	11	18	46:82	21:47
18	MSV Duisburg	34	8	3	23	40:77	19:49

Name, Vorname	Einsätze	Tore
Augenthaler, Klaus	33	6
Beierlorzer, Bertram	17	–
Breitner, Paul	29	18
del Haye, Kalle	8	–
Dremmler, Wolfgang	31	2
Dürnberger, Bernd	31	–
Grünberger, Peter	2	–
Güttler, Günter	8	2
Herbst, Thomas	2	–
Hoeneß, Dieter	33	21
Horsmann, Udo	32	3
Junghans, Walter	19	–
Kraus, Wolfgang	34	4
Mathy, Reinhold	12	–
Müller, Manfred	16	–
Niedermayer, Kurt	19	5
Pflügler, Hans	6	–
Rummenigge, K.-H,	32	14
Sigurvinsson, Asgeir	17	1
Weiner, Hans	26	–
Winklhofer, Helmut	2	1

Torjäger

27 Hrubesch (Hamburger SV)
22 Burgsmüller (Borussia Dortmund)
21 Hoeneß, Dieter (Bayern München)
18 Breitner (Bayern München)
18 Reinders (Werder Bremen)
17 Worm (Eintracht Braunschweig)
16 Cestonaro (Darmstadt 98)

Spielzeit 1982/83

Pl.	Verein	Sp.	S	U	N	Tore	Punkte
1	Hamburger SV	34	20	12	2	79:33	52:16
2	Werder Bremen	34	23	6	5	76:38	52:16
3	VfB Stuttgart	34	20	8	6	80:47	48:20
4	Bayern München	34	17	10	7	74:33	44:24
5	1. FC Köln	34	17	9	8	69:42	43:25
6	1. FC Kaiserslautern	34	14	13	7	57:44	41:27
7	Borussia Dortmund	34	16	7	11	78:62	39:29
8	Arminia Bielefeld	34	12	7	15	46:71	31:37
9	Fortuna Düsseldorf	34	11	8	15	63:75	30:38
10	Eintracht Frankfurt	34	12	5	17	48:57	29:39
11	Bayer Leverkusen	34	10	9	15	43:66	29:39
12	Borussia Mönchengladbach	34	12	4	18	64:63	28:40
13	VfL Bochum	34	8	12	14	43:49	28:40
14	1. FC Nürnberg	34	11	6	17	44:70	28:40
15	Eintracht Braunschweig	34	8	11	15	42:65	27:41
16	Schalke 04	34	8	6	20	48:68	22:46
17	Karlsruher SC	34	7	7	20	39:86	21:47
18	Hertha BSC Berlin	34	5	10	19	43:67	20:48

Name, Vorname	Einsätze	Tore
Augenthaler, Klaus	28	5
Beierlorzer, Bertram	9	–
Breitner, Paul	22	9
del Haye, Kalle	31	3
Dremmler, Wolfgang	27	1
Dürnberger, Bernd	27	2
Grobe, Wolfgang	34	2
Güttler, Günter	2	–
Hoeneß, Dieter	34	17
Horsmann, Udo	31	5
Kraus, Wolfgang	25	4
Martin, Bernd	3	–
Mathy, Reinhold	9	–
Müller, Manfred	8	–
Nachtweih, Norbert	28	1
Pfaff, Jean- Marie	27	–
Pflügler, Hans	7	1
Rummenigge, K.-H,	34	20
Rummenigge, Michael	1	–

Torjäger

23 Völler (Werder Bremen)
21 Allgöwer (VfB Stuttgart)
21 Edvaldsson (Fortuna Düsseldorf)
20 Rummenigge, K.-H. (Bayern München)
18 Hrubesch (Hamburger SV)
17 Hoeneß, Dieter (Bayern München)
17 Burgsmüller (Borussia Dorrtmund)

ABSCHLUSSTABELLEN BUNDESLIGA

Spielzeit 1883/84

1	VfB Stuttgart	34	19	10	5	79:33	48:20
2	Hamburger SV	34	21	6	7	75:36	48:20
3	Borussia Mönchengladbach	34	21	6	7	81:48	48:20
4	Bayern München	34	20	7	7	84:41	47:21
5	Werder Bremen	34	19	7	8	79:46	45:23
6	1. FC Köln	34	16	6	12	70:57	38:30
7	Bayer Leverkusen	34	13	8	13	50:50	34:34
8	Arminia Bielefeld	34	12	9	13	40:49	33:35
9	Eintracht Braunschweig	34	13	6	15	54:69	32:36
10	Bayer Uerdingen	34	12	7	15	66:79	31:37
11	Waldhof Mannheim	34	10	11	13	45:58	31:37
12	1. FC Kaiserslautern	34	12	6	16	68:69	30:38
13	Borussia Dortmund	34	11	8	15	54:65	30:38
14	Fortuna Düsseldorf	34	11	7	16	63:75	29:39
15	VfL Bochum	34	10	8	16	58:70	28:40
16	Eintracht Frankfurt	34	7	13	14	45:61	27:41
17	Kickers Offenbach	34	7	5	22	48:106	19:49
18	1. FC Nürnberg	34	6	2	26	38:85	14:54

Name, Vorname	Einsätze	Tore
Augenthaler, Klaus	31	2
Beierlorzer, Berrtam	23	7
del Haye, Kalle	22	3
Dremmler, Wolfgang	22	1
Dürnberger, Bernd	33	1
Grobe, Wolfgang	21	7
Hoeneß, Dieter	21	9
Kraus, Wolfgang	27	2
Lerby, Sören	30	3
Martin, Bernd	5	–
Mathy, Reinhold	22	6
Maurer, Reiner	7	–
Meisel, Hans	3	–
Müller, Manfred	2	–
Nachtweih, Norbert	30	4
Pfaff, Jean-Marie	32	–
Pflügler, Hans	30	6
Rummenigge, K.-H.,	29	26
Rummenigge, Michael	33	12

Torjäger

26	Rummenigge, K.-H. (Bayern München)
20	Allofs, Klaus (1. FC Köln)
19	Mill (Borussia Mönchengladbach)
18	Völler (Werder Bremen)
18	Schreier (VfL Bochum)
17	Littbarski (1. FC Köln)
16	Walter (Waldhof Mannheim)
15	Waas (Bayer Leverkusen)

Spielzeit 1984/85

1	Bayern München	34	21	8	5	79:38	50:18
2	Werder Bremen	34	18	10	6	87:51	46:22
3	1. FC Köln	34	18	4	12	69:66	40:28
4	Borussia Mönchengladbach	34	15	9	10	77:53	39:29
5	Hamburger SV	34	14	9	11	58:49	37:31
6	Waldhof Mannheim	34	13	11	10	47:50	37:31
7	Bayer Uerdingen	34	14	8	12	57:52	36:32
8	Schalke 04	34	13	8	13	63:62	34:34
9	VfL Bochum	34	12	10	12	52:54	34:34
10	VfB Stuttgart	34	14	5	15	79:59	33:35
11	1. FC Kaiserslautern	34	11	11	12	56:60	33:35
12	Eintracht Frankfurt	34	10	12	12	62:67	32:36
13	Bayer Leverkusen	34	9	13	12	52:54	31:37
14	Borussia Dortmund	34	13	4	17	51:65	30:38
15	Fortuna Düsseldorf	34	10	9	15	53:66	29:39
16	Arminia Bielefeld	34	8	13	13	46:61	29:39
17	Karlsruher SC	34	5	12	17	47:88	22:46
18	Eintracht Braunschweig	34	9	2	23	39:70	20:48

Name, Vorname	Einsätze	Tore
Augenthaler, Klaus	32	5
Aumann, Raimond	20	–
Beierlorzer, Bertram	12	2
Dremmler, Wolfgang	29	1
Dürnberger, Bernd	20	2
Eder, Norbert	34	2
Grobe, Wolfgang	3	–
Hoeneß, Dieter	20	7
Kögl, Ludwig	27	1
Lerby, Sören	28	11
Martin, Bernd	8	–
Mathy, Reinhold	24	7
Matthäus, Lothar	33	16
Nachtweih, Norbert	25	3
Pfaff, Jean-Marie	14	–
Pflügler, Hans	17	2
Rummenigge, Michael	24	5
Willmer, Holger	29	3
Wolfarth, Roland	32	12

Torjäger

26	Allofs, Klaus (1. FC Köln)
25	Völler (Werder Bremen)
19	Allofs, Thomas (1. FC Kaiserslautern)
19	Allgöwer (VfB Stuttgart)
18	Täuber (Schalke 04)
18	Reich (Arminia Bielefeld)
17	Thiele (Fortuna Düsseldorf)
16	Matthäus (Bayern München)

Spielzeit 1985/86

1	Bayern München	34	21	7	6	82:31	49:19
2	Werder Bremen	34	20	9	5	83:41	49:19
3	Bayer Uerdingen	34	19	7	8	63:60	45:23
4	Borussia Mönchengladbach	34	15	12	7	65:51	42:26
5	VfB Stuttgart	34	17	7	10	69:45	41:27
6	Bayer Leverkusen	34	15	10	9	63:51	40:28
7	Hamburger SV	34	17	5	12	52:35	39:29
8	Waldhof Mannheim	34	11	11	12	41:44	33:35
9	VfL Bochum	34	14	4	16	55:57	32:36
10	Schalke 04	34	11	8	15	53:58	30:38
11	1. FC Kaiserslautern	34	10	10	14	49:54	30:38
12	1. FC Nürnberg	34	12	5	17	51:54	29:39
13	1. FC Köln	34	9	11	14	46:59	29:39
14	Fortuna Düsseldorf	34	11	7	16	54:78	29:39
15	Eintracht Frankfurt	34	7	14	13	35:49	28:40
16	Borussia Dortmund	34	10	8	16	49:65	28:40
17	1. FC Saarbrücken	34	6	9	19	39:68	21:47
18	Hannover 96	34	5	8	21	43:92	18:50

Name, Vorname	Einsätze	Tore
Augenthaler, Klaus	31	4
Aumann, Raimond	11	–
Beierlorzer, Bertram	12	2
Dremmler, Wolfgang	4	–
Eder, Norbert	34	2
Flick, Hans-Dieter	6	1
Hartmann, Frank	19	4
Hoeneß, Dieter	31	15
Kögl, Ludwig	22	–
Lerby, Sören	31	8
Mathy, Reinhold	19	2
Matthäus, Lothar	23	10
Nachtweih, Norbert	27	4
Pfaff, Jean-Marie	24	–
Pflügler, Hans	34	6
Rummenigge, Michael	31	10
Schwabl, Manfred	7	–
Willmer, Holger	20	2
Winklhofer, Helmut	13	2
Wohlfarth, Roland	25	13

Torjäger

22	Kuntz (VfL Bochum)
21	Allgöwer (VfB Stuttgart)
20	Neubarth (Werder Bremen)
17	Bum-kun Cha (Bayer Leverkusen)
16	Täuber (Schalke 04)
16	Klinsmann (VfB Stuttgart)
16	Allofs, Thomas (1. FC Kaiserslautern)
15	Hoeneß, Dieter (Bayern München)

ABSCHLUSSTABELLEN BUNDESLIGA

Spielzeit 1986/87

1	Bayern München	34	20	13	1	67:31	53:15
2	Hamburger SV	34	19	9	6	69:37	47:21
3	Borussia Mönchengladbach	34	18	7	9	74:44	43:25
4	Borussia Dortmund	34	15	10	9	70:50	40:28
5	Werder Bremen	34	17	6	11	65:54	40:28
6	Bayer Leverkusen	34	16	7	11	56:38	39:29
7	1. FC Kaiserslautern	34	15	7	12	64:51	37:31
8	Bayer Uerdingen	34	12	11	11	51:49	35:33
9	1. FC Nürnberg	34	12	11	11	62:62	35:33
10	1. FC Köln	34	13	9	12	50:53	35:33
11	VfL Bochum	34	9	14	11	52:44	32:36
12	VfB Stuttgart	34	13	6	15	55:49	32:36
13	Schalke 04	34	12	8	14	50:58	32:36
14	Waldhof Mannheim	34	10	8	16	52:71	28:40
15	Eintracht Frankfurt	34	8	9	17	42:53	25:43
16	FC Homburg	34	6	9	19	33:79	21:47
17	Fortuna Düsseldorf	34	7	6	21	42:91	20:48
18	Blau-Weiß 90 Berlin	34	3	12	19	36:76	18:50

Name, Vorname	Einsätze	Tore
Augenthaler, Klaus	25	4
Bayerschmidt, Ulrich	1	–
Brehme, Andreas	31	4
Dorfner, Hans	17	1
Eder, Norbert	32	1
Flick, Hans-Dieter	19	1
Hartmann, Frank	1	–
Hoeneß, Dieter	26	7
Kögl, Ludwig	21	2
Lunde, Lars	21	2
Mathy, Reinhold	11	2
Matthäus, Lothar	31	14
Nachtweih, Norbert	33	3
Pfaff, Jean-Marie	34	–
Pflügler, Hans	32	7
Rummenigge, Michael	31	8
Willmer, Holger	9	–
Winklhofer, Helmut	17	–
Wohlfarth, Roland	27	11

Torjäger

24	Rahn (Borussia Mönchengladbach)
23	Walter (Waldhof Mannheim)
22	Völler (Werder Bremen)
20	Dickel (Borussia Dortmund)
17	Mill (Borussia Dortmund)
17	Hartmann (1. FC Kaiserlautern)
16	Kohr (1. FC Kaiserlautern)
16	Klinsmann (VfB Stuttgart)
15	Waas (Bayer Leverkusen)

Spielzeit 1987/88

1	Werder Bremen	34	22	8	4	61:22	52:16
2	Bayern München	34	22	4	8	83:45	48:20
3	1. FC Köln	34	18	12	4	57:28	48:20
4	VfB Stuttgart	34	16	8	10	69:49	40:28
5	1. FC Nürnberg	34	13	11	10	44:40	37:31
6	Hamburger SV	34	13	11	10	63:68	37:31
7	Borussia Mönchengladbach	34	14	5	15	55:53	33:35
8	Bayer Leverkusen	34	10	12	12	53:60	32:36
9	Eintracht Frankfurt	34	10	11	13	51:50	31:37
10	Hannover 96	34	12	7	15	59:60	31:37
11	Bayer Uerdingen	34	11	9	14	59:61	31:37
12	VfL Bochum	34	10	10	14	47:51	30:38
13	Borussia Dortmund	34	9	11	14	51:54	29:39
14	1. FC Kaiserslautern	34	11	7	16	53:62	29:39
15	Karlsruher SC	34	9	11	14	37:55	29:39
16	Waldhof Mannheim	34	7	14	13	35:50	28:40
17	FC Homburg	34	7	10	17	37:70	24:44
18	Schalke 04	34	8	7	19	48:84	23:45

Name, Vorname	Einsätze	Tore
Augenthaler, Klaus	24	5
Aumann, Raimond	9	–
Bayerschmidt, Ulrich	3	1
Brehme, Andreas	28	3
Dorfner, Hans	29	4
Eck, Armin	18	1
Eder, Norbert	32	1
Flick, Hans-Dieter	27	1
Hughes, Mark	18	6
Kögl, Ludwig	22	1
Lunde, Lars	9	1
Matthäus, Lothar	26	17
Nachtweih, Norbert	30	2
Pfaff, Jean-Marie	25	–
Pflügler, Hans	29	6
Rummenigge, Michael	32	10
Tschiskale, Uwe	1	–
Wegmann, Jürgen	27	13
Winklhofer, Helmut	17	–
Wohlfarth, Roland	29	11

Torjäger

19	Klinsmann (VfB Stuttgart)
18	Riedle (Werder Bremen)
17	Matthäus (Bayern München)
17	Reich (Hannover 96)
16	Kohr (1. FC Kaiserslautern)
16	Walter (VfB Stuttgart)
15	Ordenewitz (Werder Bremen)
15	Eckstein (1. FC Nürnberg)
14	Thon (Schalke 04)

Spielzeit 1988/89

1	Bayern München	34	19	12	3	67:26	50:18
2	1. FC Köln	34	18	9	7	58:30	45:23
3	Werder Bremen	34	18	8	8	55:32	44:24
4	Hamburger SV	34	17	9	8	60:36	43:25
5	VfB Stuttgart	34	16	7	1	58:49	39:29
6	Borussia Mönchengladbach	34	12	14	8	44:43	38:30
7	Borussia Dortmund	34	12	13	9	56:40	37:31
8	Bayer Leverkusen	34	10	14	10	45:44	34:34
9	1. FC Kaiserslautern	34	10	13	11	47:44	33:35
10	FC St. Pauli	34	9	14	11	41:42	32:36
11	Karlsruher SC	34	12	8	14	48:51	32:36
12	Waldhof Mannheim	34	10	11	13	43:52	31:37
13	Bayer Uerdingen	34	10	11	13	50:60	31:37
14	1. FC Nürnberg	34	8	10	16	36:54	26:42
15	VfL Bochum	34	9	8	17	37:57	26:42
16	Eintracht Frankfurt	34	8	10	16	30:53	26:42
17	Stuttgarter Kickers	34	10	6	18	41:68	26:42
18	Hannover 96	34	4	11	19	36:71	19:49

Name, Vorname	Einsätze	Tore
Augenthaler, Klaus	31	6
Aumann, Raimond	34	–
Dorfner, Hans	22	6
Eck, Armin	21	1
Ekström, Johnny	23	7
Flick, Hans-Dieter	30	2
Grahammer, Roland	28	–
Johnsen, Erland	13	–
Kögl, Ludwig	32	–
Nachtweih, Norbert	29	3
Pflügler, Hans	34	4
Reuter, Stefan	32	–
Thon, Olaf	32	8
Wegmann, Jürgen	31	13
Winklhofer, Helmut	1	–
Wohlfarth, Roland	33	17

Torjäger

17	Wohlfarth (Bayern München)
17	Allofs, Klaus (1. FC Köln)
15	Bein (Hamburger SV)
13	Wegmann (Bayern München)
13	Criens (Borussia Mönchengladbach)
13	Leifeld (VfL Bochum)
13	Kohr (1. FC Kaiserslautern)
13	Walter (VfB Stuttgart)
13	Klinsmann (VfB Stuttgart)

ABSCHLUSSTABELLEN BUNDESLIGA

Spielzeit 1989/90

1	Bayern München	34	19	11	4	64:28	49:19
2	1. FC Köln	34	17	9	8	54:44	43:25
3	Eintracht Frankfurt	34	15	11	8	61:40	41:27
4	Borussia Dortmund	34	15	11	8	51:35	41:27
5	Bayer Leverkusen	34	12	15	7	40:32	39:29
6	VfB Stuttgart	34	15	6	13	53:47	36:32
7	Werder Bremen	34	10	14	10	49:41	34:34
8	1. FC Nürnberg	34	11	11	12	42:46	33:35
9	Fortuna Düsseldorf	34	10	12	12	41:41	32:36
10	Karlsruher SC	34	10	12	12	32:39	32:36
11	Hamburger SV	34	13	5	16	39:46	31:37
12	1. FC Kaiserslautern	34	10	11	13	42:55	31:37
13	FC St. Pauli	34	9	13	12	31:46	31:37
14	Bayer Uerdingen	34	10	10	14	41:48	30:38
15	Borussia Mönchengladbach	34	11	8	15	37:45	30:38
16	VfL Bochum	34	11	7	16	44:53	29:39
17	Waldhof Mannheim	34	10	6	18	36:53	26:42
18	FC Homburg	34	8	8	18	33:51	24:44

Name, Vorname	Einsätze	Tore
Augenthaler, Klaus	24	2
Aumann, Raimond	33	–
Bender, Manfred	20	2
Dorfner, Hans	29	5
Flick, Hans-Dieter	22	1
Grahammer, Roland	28	1
Johnsen, Erland	8	–
Kastenmaier, Thomas	9	1
Kögl, Ludwig	25	4
Kohler, Jürgen	26	2
McInally, Allan	31	3
Mihajlovic, Radmilo	25	4
Pflügler, Hans	33	3
Reuter, Stefan	33	–
Scheuer, Sven	1	–
Schwabl, Manfred	34	4
Strunz, Thomas	20	5
Thon, Olaf	20	8
Wohlfarth, Roland	24	13

Torjäger

18	Andersen (Eintracht Frankfurt)
15	Kuntz (1. FC Kaiserslautern)
13	Wohlfarth (Bayern München)
13	Walter (VfB Stuttgart)
11	Götz (1. FC Köln)

Spielzeit 1990/91

1	1. FC Kaiserslautern	34	19	10	5	72:45	48:20
2	Bayern München	34	18	9	7	74:41	45:23
3	Werder Bremen	34	14	14	6	46:29	42:26
4	Eintracht Frankfurt	34	15	10	9	63:40	40:28
5	Hamburger SV	34	16	8	10	60:38	40:28
6	VfB Stuttgart	34	14	10	10	57:44	38:30
7	1. FC Köln	34	13	11	10	50:43	37:31
8	Bayer Leverkusen	34	11	13	10	47:46	35:33
9	Borussia Mönchengladbach	34	9	17	8	49:54	35:33
10	Borussia Dortmund	34	10	14	10	46:57	34:34
11	Wattenscheid 09	34	9	15	10	42:51	33:35
12	Fortuna Düsseldorf	34	11	10	13	40:49	32:36
13	Karlsruher SC	34	8	15	11	46:52	31:37
14	VfL Bochum	34	9	11	14	50:52	29:39
15	1. FC Nürnberg	34	10	9	15	40:54	29:39
16	FC St. Pauli	34	6	15	13	33:53	27:41
17	Bayer Uerdingen	34	5	13	16	34:54	23:45
18	Hertha BSC Berlin	34	3	8	23	37:84	14:54

Name, Vorname	Einsätze	Tore
Aigner, Rainer	1	–
Augenthaler, Klaus	27	2
Aumann, Raimond	32	–
Bender, Manfred	33	5
Dorfner, Hans	14	1
Effenberg, Stefan	32	9
Grahammer, Roland	24	1
Kohler, Jürgen	29	4
Laudrup, Brian	33	9
Mc Inally, Alan	9	–
Mihajlovic, Radmilo	9	–
Münch, Markus	2	–
Nielsen, Allen	1	–
Pflügler, Hans	30	1
Reuter, Stefan	30	4
Scheuer, Sven	2	–
Schwabl, Manfred	33	3
Sternkopf, Michael	9	1
Strunz, Thomas	26	7
Thon, Olaf	25	6
Wohlfarth, Roland	34	21
Ziege, Christian	13	1

Torjäger

21	Wohlfarth (Bayern München)
20	Furtok (Hamburger SV)
16	Möller (Eintracht Frankfurt)
15	Rufer (Werder Bremen)
15	Allofs, Thomas (Fortuna Düsseldorf)

Spielzeit 1991/92

1	VfB Stuttgart	38	21	10	7	62:32	52:24
2	Borussia Dortmund	38	20	12	6	66:47	52:24
3	Eintracht Frankfurt	38	18	14	6	76:41	50:26
4	1. FC Köln	38	13	18	7	58:41	44:32
5	1. FC Kaiserslautern	38	17	10	11	58:42	44:32
6	Bayer Leverkusen	38	15	13	10	53:39	43:33
7	1. FC Nürnberg	38	18	7	13	54:51	43:33
8	Karlsruher SC	38	16	9	13	48:50	41:35
9	Werder Bremen	38	11	16	11	44:45	38:38
10	Bayern München	38	13	10	15	59:61	36:40
11	Schalke 04	38	11	12	15	45:45	34:42
12	Hamburger SV	38	9	16	13	32:43	34:42
13	Borussia Mönchengladbach	38	10	14	14	37:49	34:42
14	1. FC Dynamo Dresden	38	12	10	16	34:50	34:42
15	VfL Bochum	38	10	13	15	38:55	33:43
16	Wattenscheid 09	38	9	14	15	50:60	32:44
17	Stuttgarter Kickers	38	10	11	17	53:64	31:45
18	Hansa Rostock	38	10	11	17	43:55	31:45
19	MSV Duisburg	38	7	16	15	43:55	30:46
20	Fortuna Düsseldorf	38	6	12	20	41:69	24:52

Name, Vorname	Einsätze	Tore
Aumann, Raimond	13	–
Babbel, Marcus	10	–
Bender, Manfred	24	2
Berthold, Thomas	30	1
Effenberg, Stefan	33	10
Grahammer, Roland	20	–
Hillringhaus, Gerald	17	–
Kreuzer, Oliver	36	1
Labbadia, Bruno	30	10
Laudrup, Brian	20	2
Mazinho	28	8
Münch, Markus	15	–
Pflügler, Hans	14	–
Reinhardt, Alois	5	1
Schumacher, Harald	8	–
Schwabl, Manfred	29	–
Sternkopf, Michael	26	1
Strunz, Thomas	13	–
Thon Olaf	24	2
Wohlfarth, Roland	29	17
Wouters, Jan	17	1
Ziege, Christian	26	2

Torjäger

22	Walter (VfB Stuttgart)
20	Chapuisat (Borussia Dortmund)
17	Wohlfarth (Bayern München)
15	Yeboah (Eintracht Frankfurt)
14	Sippel (Eintracht Frankfurt)

ABSCHLUSSTABELLEN BUNDESLIGA

Spielzeit 1992/93

Platz	Verein	Sp.	S	U	N	Tore	Punkte
1	Werder Bremen	34	19	10	5	63:30	48:20
2	Bayern München	34	18	11	5	74:45	47:21
3	Eintracht Frankfurt	34	15	12	7	56:39	42:26
4	Borussia Dortmund	34	18	5	11	61:43	41:27
5	Bayer Leverkusen	34	14	12	8	64:45	40:28
6	Karlsruher SC	34	14	11	9	60:54	39:29
7	VfB Stuttgart	34	12	12	10	56:50	36:32
8	1. FC Kaiserslautern	34	13	9	12	50:40	35:33
9	Borussia Mönchengladbach	34	13	9	12	59:59	35:33
10	Schalke 04	34	11	12	11	42:43	34:34
11	Hamburger SV	34	8	15	11	42:44	31:37
12	1. FC Köln	34	12	4	18	41:51	28:40
13	1. FC Nürnberg	34	10	8	16	30:47	28:40
14	Wattenscheid 09	34	10	8	16	46:67	28:40
15	1.FC Dynamo Dresden	34	7	13	14	32:49	27:41
16	VfL Bochum	34	8	10	16	45:52	26:42
17	Bayer Uerdingen	34	7	10	17	35:64	24:44
18	1. FC Saarbrücken	34	5	13	16	37:71	23:45

Name, Vorname	Einsätze	Tore
Aumann, Raimond	32	–
Cerny, Harald	13	1
Gospodarek, Uwe	2	–
Grahammer, Roland	2	–
Helmer, Thomas	34	7
Jorginho	33	3
Kreuzer, Oliver	30	5
Labbadia, Bruno	32	11
Matthäus, Lothar	28	8
Mazinho	17	3
Münch, Markus	11	–
Reinhardt, Alois	5	–
Scholl, Mehmet	31	7
Schupp, Markus	32	5
Schwabl, Manfred	7	–
Sternkopf, Michael	12	–
Thon, Olaf	32	5
Wohlfarth, Roland	21	4
Wouters, Jan	33	4
Ziege, Christian	28	9

Torjäger

Tore	Spieler
20	Kirsten (Bayer Leverkusen)
20	Yeboah (Eintracht Frankfurt)
17	Rufer (Werder Bremen)
15	Chapuisat (Borussia Dortmund)
13	Wegmann (VfL Bochum)
13	Thorn (Bayer Leverkusen)

Spielzeit 1993/94

Platz	Verein	Sp.	S	U	N	Tore	Punkte
1	Bayern München	34	17	10	7	68:37	44:24
2	1. FC Kaiserslautern	34	18	7	9	64:36	43:25
3	Bayer Leverkusen	34	14	11	9	60:47	39:29
4	Borussia Dortmund	34	15	9	10	49:45	39:29
5	Eintracht Frankfurt	34	15	8	11	57:41	38:30
6	Karlsruher SC	34	14	10	10	46:43	38:30
7	VfB Stuugart	34	13	11	10	51:43	37:31
8	Werder Bremen	34	13	10	11	51:44	36:32
9	MSV Duisburg	34	14	8	12	41:52	36:32
10	Borussia Mönchengladbach	34	14	7	13	65:59	35:33
11	1. FC Köln	34	14	6	14	49:51	34:34
12	Hamburger SV	34	13	8	13	48:52	34:34
13	1. FC Dynamo Dresden	34	10	14	10	33:44	30:34
14	Schalke 04	34	10	9	15	38:50	29:39
15	SC Freiburg	34	10	8	16	54:57	28:40
16	1. FC Nürnberg	34	10	8	16	41:55	28:40
17	Wattenscheid 09	34	6	11	17	48:70	23:45
18	VfB Leipzig	34	3	11	20	32:69	17:51

Name, Vorname	Einsätze	Tore
Aumann, Raimond	32	–
Cerny, Harald	3	–
Frey, Dieter	12	1
Gospodarek, Uwe	2	–
Hamann, Dietmar	5	1
Helmer, Thomas	28	2
Jorginho	24	1
Kreuzer, Oliver	31	–
Labbadia, Bruno	20	7
Matthäus, Lothar	33	8
Mazinho	1	–
Münch, Markus	10	–
Nerlinger, Christian	32	9
Scholl, Mehmet	27	11
Schupp	32	4
Sternkopf, Michael	21	2
Thon, Olaf	15	1
Valencia, Adolfo	25	11
Witeczek, Marcel	27	3
Wouters, Jan	16	1
Zickler, Alexander	8	1
Ziege, Christian	29	3

Torjäger

Tore	Spieler
18	Yeboah (Eintracht Frankfurt)
18	Kuntz (1. FC Kaiserslautern)
17	Chapuisat (Borussia Dortmund)
17	Polster (1. FC Köln)
17	Sergio (Bayer Leverkusen)
14	von Heesen (Hamburger SV)

Spielzeit 1994/95

Platz	Verein	Sp.	S	U	N	Tore	Punkte
1	Borussia Dortmund	34	20	9	5	67:33	49:19
2	Werder Bremen	34	20	8	6	70:39	48:20
3	SC Freiburg	34	20	6	8	66:44	46:22
4	1. FC Kaiserslautern	34	17	12	5	58:41	46:22
5	Borussia Mönchengladbach	34	17	9	8	66:41	43:25
6	Bayern München	34	15	13	6	55:41	43:25
7	Bayer Leverkusen	34	13	10	11	62:51	36:32
8	Karlsruher SC	34	11	14	9	51:47	36:32
9	Eintracht Frankfurt	34	12	9	13	41:49	33:35
10	1. FC Köln	34	11	10	13	54:54	32:36
11	Schalke 04	34	10	11	13	48:54	31:37
12	VfB Stuttgart	34	10	10	14	52:66	30:38
13	Hamburger SV	34	10	9	15	43:50	29:39
14	TSV 1860 München	34	8	11	15	41:57	27:41
15	Bayer Uerdingen	34	7	11	16	37:52	25:43
16	VfL Bochum	34	9	4	21	43:67	22:46
17	MSV Duisburg	34	6	8	20	31:64	20:48
18	1. FC Dynamo Dresden	34	4	8	22	33:68	16:52

Name, Vorname	Einsätze	Tore
Babbel, Markus	26	2
Frey, Dieter	27	2
Gospodarek, Uwe	2	–
Hamann, Dietmar	30	–
Helmer, Thomas	24	4
Jorginho	10	1
Kahn, Oliver	23	–
Kostadinov, Emil	9	2
Kreuzer, Oliver	25	1
Kuffour, Samuel Osei	9	–
Matthäus, Lothar	16	5
Mazinho	3	–
Nerlinger, Christian	32	5
Papin, Jean-Pierre	7	1
Pflügler, Hans	1	–
Scheuer, Sven	10	–
Scholl, Mehmet	31	9
Schupp, Markus	27	3
Sternkopf, Michael	26	–
Sutter, Alain	22	1
Witeczek, Marcel	22	3
Zickler, Alexander	29	9
Ziege, Christian	29	12

Torjäger

Tore	Spieler
20	Basler (Werder Bremen)
20	Herrlich (Borussia Mönchengladbach)
17	Polster (1. FC Köln)
16	Cardoso (SC Freiburg)
16	Kuka (1. FC Kaiserslautern)
16	Völker (Bayer Leverkusen)

TABELLEN BUNDESLIGA

Spielzeit 1995/96

Pl.	Verein	Sp.	G	U	V	Tore	Pkt.
1	Borussia Dortmund	34	19	11	4	76:38	68
2	Bayern München	34	19	5	10	66:46	62
3	Schalke 04	34	14	14	6	45:36	56
4	Borussia Mönchengladbach	34	15	8	11	52:51	53
5	Hamburger SV	34	12	14	8	52:47	50
6	Hansa Rostock	34	13	10	11	47:43	49
7	Karlsruher SC	34	12	12	10	53:47	48
8	TSV 1860 München	34	11	12	11	52:46	45
9	Werder Bremen	34	10	14	10	39:42	44
10	VfB Stuttgart	34	10	13	11	59:62	43
11	SC Freiburg	34	11	9	14	30:41	42
12	1. FC Köln	34	9	13	12	33:35	40
13	Fortuna Düsseldorf	34	8	16	10	40:47	40
14	Bayer Leverkusen	34	8	14	12	37:38	38
15	FC ST. Pauli	34	9	11	14	43:51	38
16	1. FC Kaiserslautern	34	6	18	10	31:37	36
17	Eintracht Frankfurt	34	7	11	16	43:68	32
18	KFC Uerdingen 05	34	5	11	18	33:56	26

Name, Vorname	Einsätze	Tore
Babbel, Markus	30	2
Frey, Dieter	8	–
Hamann, Dietmar	20	2
Helmer, Thomas	32	4
Herzog, Andreas	28	2
Kahn, Oliver	32	–
Klinsmann, Jürgen	32	16
Kostadinov, Emil	18	5
Kreuzer, Oliver	19	–
Matthäus, Lothar	19	1
Nerlinger, Christian	28	4
Papin, Jean-Pierre	20	2
Scheuer, Sven	2	–
Scholl, Mehmet	30	10
Sforza, Ciriaco	30	2
Strunz, Thomas	24	4
Witeczek, Marcel	20	–
Zickler, Alexander	25	8
Ziege, Christian	33	3

Torjäger

Tore	Spieler
17	Bobic (VfB Stuttgart)
16	Klinsmann (Bayern München)
16	Dundee (Karlsruher SC)
16	Elber (VfB Stuttgart)
15	Zorc (Borussia Dortmund)
15	Dahlin (Borussia Mönchengladbach)
14	Spörl (Hamburger SV)
14	Bodden (TSV 1860 München)
11	Basler (Werder Bremen)

Spielzeit 1996/97

Pl.	Verein	Sp.	G	U	V	Tore	Pkt.
1	Bayern München	34	20	11	3	68:34	71
2	Bayer Leverkusen	34	21	6	7	69:41	69
3	Borussia Dortmund	34	19	6	9	63:41	63
4	VfB Stuttgart	34	18	7	9	78:40	61
5	VfL Bochum	34	14	11	9	54:51	53
6	Karlsruher SC	34	13	10	11	55:44	49
7	TSV 1860 München	34	13	10	11	56:56	49
8	Werder Bremen	34	14	6	14	53:52	48
9	MSV Duisburg	34	12	9	13	44:49	45
10	1.FC Köln	34	13	5	16	62:62	44
11	Borussia Mönchengladbach	34	12	7	15	46:48	43
12	Schalke 04	34	11	10	13	35:40	43
13	Hamburger SV	34	10	11	13	46:60	41
14	Arminia Bielefeld	34	11	7	16	46:54	40
15	Hansa Rostock	34	11	7	16	35:46	40
16	Fortuna Düsseldorf	34	9	6	19	26:57	33
17	SC Freiburg	34	8	5	21	43:67	29
18	FC ST. Pauli	34	7	6	21	32:39	27

Name, Vorname	Einsätze	Tore*
Babbel, Markus	31	2
Basler, Mario	26	8
Dreher, Bernd	–	–
Gerster, Frank	3	–
Hamann, Dietmar	22	1
Helmer, Thomas	24	4
Jancker, Carsten	22	1
Kahn, Oliver	32	–
Klinsmann, Jürgen	33	15
Kreuzer, Oliver	9	–
Kuffour, Samuel Osei	22	–
Lakies, Carsten	1	–
Leitl, Stefan	–	–
Matthäus, Lothar	28	1
Münch, Markus	11	–
Nerlinger, Christian	32	5
Rizzitelli, Ruggero	25	7
Scheuer, Sven	2	–
Scholl, Mehmet	23	5
Strunz, Thomas	19	1
Wiblishauser, Frank	–	–
Witeczek, Marcel	28	3
Zickler, Alexander	33	7
Ziege, Christian	27	7

* Zum Kader gehörten auch Jean Pierre Papin und Ciriaco Sforza, die vor Saisonbeginn nach Frankreich und Italien wechselten, sowie Markus Oberleitner, der in der zweiten Halbserie an Fortuna Düsseldorf ausgeliehen wurde.
Ein Tor für den FC Bayern München kommt auf das Konto von Markus Reiter, der beim 5:2-Heimsieg des FC Bayern gegen den MSV Duisburg ins eigene Netz traf.

Torjäger

Tore	Spieler
22	Kirsten (Bayer Leverkusen)
21	Polster (1. FC Köln)
19	Bobic (VfB Stuttgart)
17	Sergio (Bayer Leverkusen)
17	Dundee (Karlsruher SC)
17	Winkler, Bernhard (TSV 1860 München)
17	Elber (VfB Stuttgart)
15	Herzog, Andreas (Werder Bremen)
15	Klinsmann (FC Bayern)
14	Kuntz (Arminia Bielefeld)

DAS SPIELER-ABC

A

Name, Vorname	Geb.datum	Einsätze	Tore	von-bis
Aas, Jan-Einar	12. 10. 1955	13	1	79/80-80/81
Aigner, Rainer	04. 09. 1967	1	–	90/91
Andersson ,Björn	20. 07. 1951	47	1	74/75 76/77
Arbinger, Alfred	06. 06. 1957	6	–	76/77
Augenthaler, Klaus	26. 09. 1957	404	52	77/78 90/91
Aumann, Raimond	12. 10. 1963	216	–	84/85 93/94

B

Name, Vorname	Geb.datum	Einsätze	Tore	von-bis
Babbel, Markus	**08. 09. 1972**	**99**	**6**	**91/92 96/97**
Basler, Mario	**18. 12. 1968**	**26**	**8**	**96/97**
Bayerschmidt, Uli	03. 03. 1967	4	1	86/87 87/88
Beckenbauer, Franz	11. 09. 1945	396	44	65/66 76/77
Beierlorzer, Bertram	31. 05. 1957	73	–	81/82 85/86
Bender, Manfred	24. 05. 1964	77	9	89/90 91/92
Bernardo	20. 04. 1965	4	–	91/92
Berthold, Thomas	12. 11. 1964	30	1	91/92
Borutta, Karl	08. 12. 1935	29	–	65/66 66/67
Brehme, Andreas	09. 11. 1960	59	7	86/87 87/88
Breitner, Paul	05. 09. 1951	255	83	70/71 82/83
Brenninger; Dieter	16. 04. 1944	190	59	65/66 70/71

C

Name, Vorname	Geb.datum	Einsätze	Tore	von-bis
Cerny, Harald	13. 09. 1973	16	1	92/93 93/94

D

Name, Vorname	Geb.datum	Einsätze	Tore	von-bis
Danzberg, Dieter	12. 11. 1940	2	–	65/66
del Haye, Kalle	18. 08. 1955	74	7	80/81 83/84
Dorfner, Hans	03. 07. 1965	111	17	86/87 90/91
Dremmler, Wolfgang	12. 07. 1954	172	6	79/80 85/86
Drescher, Jakob	23. 06. 1939	29	4	65/66 66/67
Deuerling, Karl	01. 05. 1946	1	0	67/68
Dürnberger, Bernd	17. 09. 1953	375	38	72/73 84/85

E

Name, Vorname	Geb.datum	Einsätze	Tore	von-bis
Eberl, Max	21. 09. 1973	1	–	91/92
Eck, Armin	08. 12. 1964	39	2	87/88 88/89
Eder, Norbert	07. 11. 1955	132	6	84/85 87/88
Effenberg, Stefan	02. 08. 1968	65	19	90/91 91/92
Ekström, Johnny	05. 03. 1965	23	7	88/89
Ey, Jürgen	04. 09. 1946	1	–	70/71

F

Name, Vorname	Geb.datum	Einsätze	Tore	von-bis
Flick, Hans-Dieter	24. 02. 1965	104	5	85/86 89/90
Förster, Bernd	03. 05. 1956	8	–	74/75 75/76
Frey, Dieter	31. 12. 1972	47	3	93/94 95/96

G

Name, Vorname	Geb.datum	Einsätze	Tore	von-bis
Gerber, Franz	27. 11. 1953	1	–	71/72
Gersdorff, Bernd	18. 11. 1946	12	2	73/74
Gerster, Frank	**15. 04. 1976**	**3**	**–**	**96/97**
Gierlinger, Wolfgang	01. 02. 1947	1	–	69/70
Gospodarek, Uwe	06. 08. 1973	7	–	91/92-94/95
Grahammer, Roland	03. 11. 1963	102	2	88/89-92/93
Grimm, Marco	16. 06. 1972	1	–	94/95
Grobe, Wolfgang	25. 06. 1956	58	10	82/83-84/85
Grosser, Rudolf	13. 03. 1944	4	1	65/66-66/77
Gruber, Peter	07. 09. 1952	41	2	76/77-79/80
Grünberger, Peter	20. 11. 1962	2	–	81/82
Güttler, Günther	31. 05. 1961	11	2	80/81-82/83

H

Name, Vorname	Geb.datum	Einsätze	Tore	von-bis
Hadewicz, Erwin	02. 04. 1951	19	–	73/74-74/75
Hamann, Dietmar	**27. 08. 1973**	**88**	**4**	**93/94-96/97**
Hansen, Johnny	14. 11. 1943	164	7	69/70-74/75
Hartmann, Frank	17. 08. 1960	20	4	85/86-86/87
Helmer, Thomas	**21. 04. 1965**	**124**	**21**	**92/93-96/97**
Herbst, Thomas	05 .10. 1962	2	–	81/82
Herzog, Andreas	10. 09. 1968	28	2	95/96
Hillringhaus, Gerald	22. 06. 1962	17	–	91/92
Hoeneß, Ulrich	05. 01. 1952	239	86	70/71-78/79
Hoeneß, Dieter	07. 01. 1953	224	102	79/80-86/87
Hoffmann, Willi	23. 03. 1948	55	14	71/72-73/74
Horsmann, Udo	30. 03. 1952	242	20	75/76-82/83
Hughes, Mark	22. 08. 1963	18	6	87/88

J

Name, Vorname	Geb.datum	Einsätze	Tore	von-bis
Jancker, Carsten	**28. 08. 1974**	**22**	**1**	**96/97**
Janzon, Norbert	21. 12. 1950	84	20	77/78-80/81
Jensen, Viggo	15. 09. 1947	5	–	73/74
Johnsen, Erland	05. 04. 1967	21	–	88/89-89/90
Jol, Martin	16. 01. 1958	9	–	78/79
Jörg, Hans	04. 11. 1950	3	–	72/73
Jorginho	17. 08. 1964	67	6	92/93-94/95
Jung, Gustav	04. 06. 1945	25	4	67/68-68/69
Junghans, Walter	26. 10. 1958	67	–	78/79-81/82

K

Name, Vorname	Geb.datum	Einsätze	Tore	von-bis
Kahn, Oliver	**15. 06. 1969**	**87**	**–**	**94/95-96/97**
Kapellmann, Hans-Josef	19. 12. 1949	165	17	73/74-78/79
Kastenmaier, Thomas	31. 05. 1966	9	1	89/90
Kirschner, Eduard	09. 11. 1953	13	1	76/77
Klein, Klaus	27. 08. 1950	3	–	69/70
Klinsmann, Jürgen	**30. 07. 1964**	**65**	**31**	**95/96-96/97**
Kögl, Ludwig	07. 03.1966	149	8	84/85-89/90
Kohler, Jürgen	06. 10. 1965	55	6	89/90-90/91
Koppenhöfer,	25. 05. 1946	71	–	69/70-71/72
Kosar, Fritz	07. 05. 1939	1	–	65/66
Kostadinov, Emil	12. 08. 1967	27	7	94/95-95/96
Koulmann, Dieter	04. 12. 1939	77	12	65/66-67/68

DAS SPIELER-ABC

Name, Vorname	Geb.datum	Einsätze	Tore	von-bis
Kraus, Wolfgang	20. 08. 1953	138	17	79/80-83/84
Krauthausen, Franz	27. 02. 1946	57	9	71/72-72/73
Kremm, Kurt	06. 11. 1963	2	–	91/92
Kreuzer, Oliver	**13. 11. 1965**	**150**	**7**	**91/92-96/97**
Kroiß, Kurt	16. 04. 1939	2	–	65/66
Kuffour, Samuel Osei	**03. 09. 1976**	**31**	**–**	**94/95-96/97**
Künkel, Rainer	09. 04. 1950	33	6	75/76-77/78
Kunstwadl, Adolf	08. 02. 1940	2	–	65/66
Kupferschmidt, Peter	02. 03. 1942	135	4	65/66-70/71

L

Name, Vorname	Geb.datum	Einsätze	Tore	von-bis
Labbadia, Bruno	08. 02. 1966	82	28	91/92-93/94
Lakies, Carsten	**08.01.1973**	**1**	**–**	**96/97**
Laudrup, Brian	22. 02. 1969	53	11	90/91-92/93
Lerby, Sören	01. 02. 1958	89	22	83/84-85/86
Lunde, Lars	21. 03. 1964	30	3	86/87-87/88

M

Name, Vorname	Geb.datum	Einsätze	Tore	von-bis
Maas, Erich	24. 12. 1940	6	–	70/71
Maier, Josef	28. 02. 1944	473	–	65/66-78/79
Marek, Jürgen	24. 08. 1951	7	1	75/76
Martin, Bernd	10. 02. 1955	16	–	82/83-84/85
Mathy, Reinhold	12. 04. 1962	100	21	80/81-86/87
Matthäus, Lothar	**21. 03. 1961**	**237**	**80**	**84/85-96/97**
Maurer, Reiner	16. 02. 1960	7	–	83/84
Mazinho	26. 12. 1965	48	11	91/92-94/95
McInally, Alan	10. 02. 1963	40	10	89/90-91/92
Meisel, Hans	04. 12. 1961	3	–	83/84
Michelberger, Franz	28. 08. 1955	4	–	74/75-75/76
Michl, Günther	10. 05. 1950	17	2	69/70
Mihajlovic, Radmilo	19. 11. 1964	34	4	89/90-90/91
Mrosko, Karl-Heinz	11. 10. 1946	50	13	69/70-70/71
Müller, Gerd	03. 11. 1945	427	365	65/66-78/79
Müller, Manfred	28. 07. 1947	48	–	79/80-83/84
Münch, Markus	**07. 09. 1972**	**49**	**–**	**90/91-96/97**

N

Name, Vorname	Geb.datum	Einsätze	Tore	von-bis
Nachtweih, Norbert	04. 06. 1957	202	20	82/83-88/89
Nafziger, Rudolf	11. 08. 1945	89	10	65/66-67/68
Nasdalle, Günter	01. 10. 1945	1	–	66/67
Nerlinger, Christian	**21. 03. 1973**	**123**	**23**	**93/94-96/97**
Nerlinger, Helmut	27. 02. 1948	5	–	69/70
Niedermayer, Kurt	25. 11. 1955	145	32	77/78-81/82
Nielsen, Allen	13. 03. 1971	1	–	90/91
Nowak, Hans	09. 08. 1937	37	4	65/66-67/68

O

Name, Vorname	Geb.datum	Einsätze	Tore	von-bis
Oblak, Branco	27. 05. 1947	71	5	77/78-79/80
Ohlhauser, Rainer	06. 01. 1941	160	64	65/66-69/70
Olk, Werner	18. 01. 1938	144	2	65/66-69/70
Önal, Erhan	03. 09. 1957	18	1	76/77-77/78
Ott, Thorsten	13. 06. 1973	1	–	91/92

P

Name, Vorname	Geb.datum	Einsätze	Tore	von-bis
Papin, Jean-Pierre	05. 11. 1963	27	3	94/95-95/96
Pfaff, Jean-Marie	04. 12. 1953	156	–	82/83-87/88
Pflügler, Hans	27. 03. 1960	276	36	81/82-94/95
Pumm, Peter	03. 04. 1943	84	2	68/60-70/71

R

Name, Vorname	Geb.datum	Einsätze	Tore	von-bis
Rausch, Wolfgang	30. 04. 1947	51	3	77/78-78/79
Rautianen, Pasi	18. 07. 1961	1	–	80/81
Reinhardt, Alois	18. 11. 1961	10	1	91/92-92/93
Reisinger, Wilhelm	30. 06. 1958	9	1	76/77-79/80
Reuter, Stefan	16. 10. 1966	95	4	88/89-90/91
Rigotti, Hans	15. 05. 1947	33	2	65/66-66/67
Rizzitelli, Ruggero	**02. 09. 1967**	**25**	**7**	**96/97**
Röber, Jürgen	25. 12. 1953	14	–	80/81
Rohr, Gernot	28. 06. 1953	6	–	72/73-73/74
Roth, Franz	27. 04. 1946	322	72	66/67-77/78
Rummenigge, Karl-Heinz	25. 09. 1955	310	162	74/75-83/84
Rummenigge, Michael	03. 02. 1964	152	44	82/83-87/88
Rybarczyk, Günter	04. 11. 1951	6	–	71/72-72/73

S

Name, Vorname	Geb.datum	Einsätze	Tore	von-bis
Schauß, Horst	06. 11. 1945	6	1	67/68
Schenk, Wesley-Giles	24. 08. 1955	6	–	76/77
Scheuer, Sven	**19. 01. 1971**	**17**	**–**	**89/90-96/97**
Schmidt, Helmut	09. 06. 1949	49	2	67/68-69/70
Schneider, Edgar	17. 08. 1949	66	7	70/71-72/73
Scholl, Mehmet	**16. 10. 1970**	**140**	**42**	**92/93-96/97**
Schumacher, Harald	06. 03. 1954	8	–	91/92
Schupp, Markus	07. 01. 1966	91	12	92/93-94/95
Schuster, Ludwig	30. 03. 1951	7	–	75/76
Schwabl, Manfred	18. 04. 1966	87	4	85/86-92/93
Schwarzenbeck, Hans-Georg	03. 04. 1948	416	21	66/67-79/80
Seifert, Manfred	22. 04. 1949	4	–	69/70-71/72
Seneca, Kjell	06. 12. 1950	6	–	75/76-76/77
Sforza, Ciriaco	02. 03. 1970	30	2	95/96
Sigurvinsson, Asgeir	08. 05. 1955	17	1	81/82
Starek, August	16. 02. 1945	38	5	68/69-69/70
Sternkopf, Michael	21. 04. 1970	94	4	90/91-94/95
Stöckl, Herbert	25. 01. 1946	3	–	67/68
Strunz, Thomas	**25. 04. 1968**	**102**	**17**	**89/90-96/97**
Sühnholz, Wolfgang	14. 09. 1946	25	4	71/72
Sutter, Alain	22. 01. 1968	22	1	94/95

DAS SPIELER-ABC

Name, Vorname	Geb.datum	Einsätze	Tore	von-bis
T				
Thon, Olaf	01. 05. 1966	148	30	88/89-93/94
Torstensson, Conny	28. 08. 1949	81	11	73/74-76/77
Tschiskale, Uwe	09. 07. 1962	1	–	87/88
V				
Valencia, Adolfo	06. 02. 1968	26	11	93/94-94/95
Vuckov, Anton	01. 06. 1938	1	1	65/66
W				
Walleitner, Klaus	12. 09. 1947	2	–	66/67
Wegmann, Jürgen	31. 03. 1964	58	26	87/88-88/89
Weiner, Hans	29. 11. 1951	91	2	79/80-81/82
Weiß, Josef	13. 03. 1952	36	–	74/75-77/78
Weiß, Günther	01. 02. 1955	3	–	74/75
Werner, Peter	25. 04. 1946	28	5	65/66-67/68
Willmer, Holger	25. 09. 1958	58	5	84/85-86/87
Windsperger, Hubert	14. 04. 1945	1	–	65/66
Winklhofer, Helmut	27. 08. 1961	50	3	81/82-88/89
Witeczek, Marcel	**18. 10. 1968**	**70**	**6**	**93/94-96/97**
Wohlfarth, Roland	11. 01. 1963	254	119	84/85-92/93
Wouters, Jan	17. 07. 1960	66	6	91/92-93/94
Wunder, Klaus	13. 09. 1950	43	7	74/75-75/76
Z				
Zickler, Alexander	**28. 02. 1974**	**95**	**25**	**93/94-96/97**
Ziege, Christian	**01. 02. 1972**	**185**	**37**	**90/91-96/97**
Zimmermann, Herbert	01. 07. 1954	2	–	72/73 73/74
Zobel, Rainer	03. 11. 1948	180	19	70/71 75/76

DIE NATIONALSPIELER*

Name, Vorname	Einsätze	Tore
Augenthaler, Klaus	27	–
Aumann, Raimond	4	–
Babbel, Markus	**24**	**1**
Basler, Mario	**3**	**1**
Beckenbauer, Franz	103	14
Brehme, Andreas	12	1
Breitner, Paul	46	10
Brenninger, Dieter	1	–
Dorfner, Hans	7	1
Dremmler, Wolfgang	27	3
Eder, Norbert	9	–
Effenberg, Stefan	12	1
Helmer, Thomas	**47**	**2**
Hoeneß, Ulrich	35	5
Hoeneß, Dieter	4	1
Kahn, Oliver	**6**	**–**
Kapellmann, Hans-Josef	3	–
Klinsmann, Jürgen	**22**	**9**
Kögl, Ludwig	2	–
Kohler, Jürgen	12	–
Labbadia, Bruno	1	–
Maier, Josef	95	–
Matthäus, Lothar	**68**	**10**
Müller, Gerd	62	68
Nafziger, Rudolf	1	–
Niedermayer, Kurt	1	–
Ohlhauser, Rainer	1	–
Olk, Werner	1	–
Pflügler, Hans	11	–
Reuter, Stefan	18	1
Roth, Franz	4	–
Rummenigge, Karl-Heinz	78	40
Rummenigge, Michael	2	–
Scholl, Mehmet	**14**	**1**
Schwarzenbeck, Hans-Georg	44	–
Strunz, Thomas	**14**	**–**
Thon, Olaf	12	–
Wohlfarth, Roland	2	–
Ziege, Christian	**30**	**3**

* Stand 1. Mai 1997

DIE TRAINER

Name, Vorname	von	bis
Cajkovski, Zlatko	1965	1968
Zebec, Branko	1968	13. 03. 1970
Lattek, Udo	14. 03. 1970	02. 01. 1975
Cramer, Dettmar	16. 01. 1975	01. 12. 1977
Lorant, Gyula	02. 12. 1977	15. 12. 1978
Csernai, Pal	16. 12. 1978	16. 05. 1983
Saftig, Reinhard	17. 05. 1983	1983
Lattek, Udo	1983	1987
Heynckes, Josef	1987	08. 10. 1991
Lerby, Sören	09. 10. 1991	11. 03. 1992
Ribbeck, Erich	12. 03. 1992	27. 12. 1993
Beckenbauer, Franz	07. 01. 1994	1994
Trapattoni, Giovanni	1994	1995
Rehhagel, Otto	1995	27. 04. 1996
Beckenbauer, Franz	28. 04. 1996	1996
Trapattoni, Giovanni	seit 1996	

Die Deutsche Bibliothek – CIP-Einheitsaufnahme
FC Bayern München – »We are the Champions« :
die Meisterchronik 1996/7 /
[Red.: Andreas Baingo ... Fotos: Bongarts Sportfotografie]. -
Berlin : SVB, Sportverl., 1997
ISBN 3-328-00722-9

Autoren und Verlag danken der
Süddeutschen Zeitung für die
freundliche Unterstützung

Idee und Konzeption: Raymund Stolze, Berlin
Produktion, Layout, Satz und Umschlaggestaltung:
VerlagsService Dr. Helmut Neuberger
& Karl Schaumann GmbH, Heimstetten
Umschlagfotos: Hans Rauchensteiner, München

Druck und Bindung: Mohndruck, Gütersloh
Printed in Germany 1997
ISBN 3-328-00722-9

Gedruckt auf alterungsbeständigem Papier
mit chlorfrei gebleichtem Zellstoff

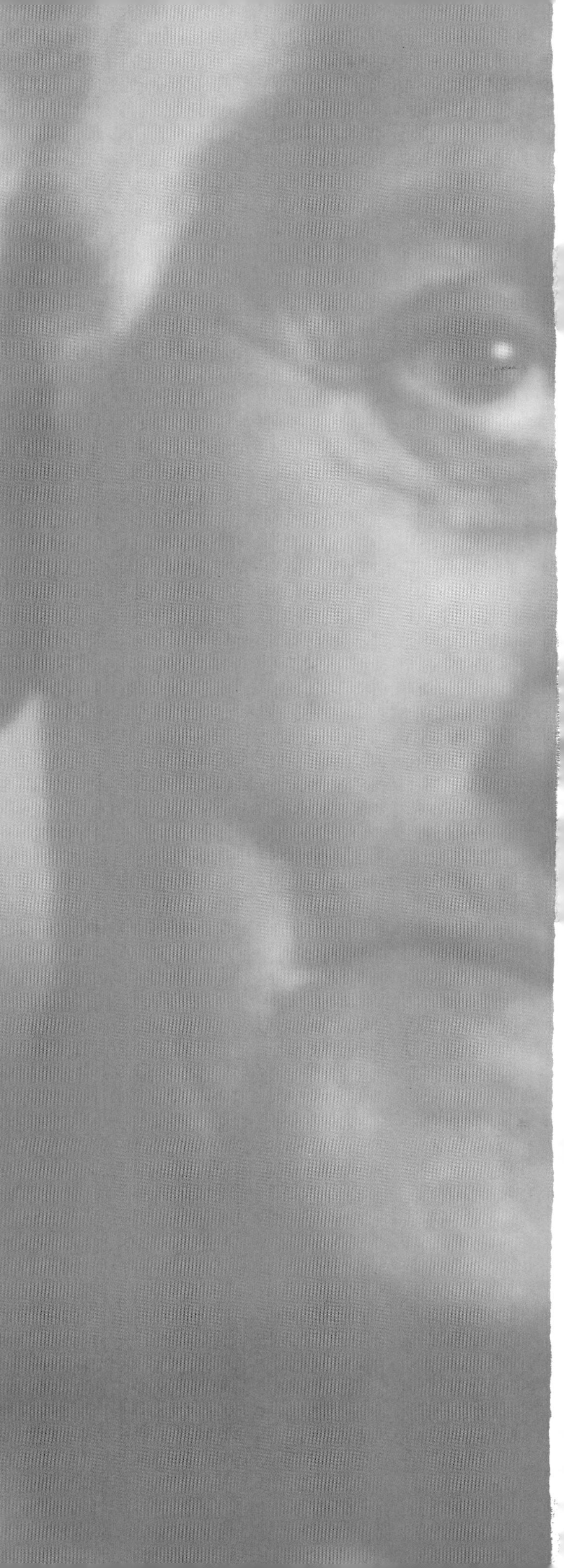

Bildnachweis
Alle Fotos Bongarts Sportfotografie mit Ausnahme von
S. 192 (adidas);
S. 4 (Claus Bergmann),
S. 18 (firo sportphoto);
S. 22, 60, 61 (Bernd Müller);
S. 146, 147, 150, 152, (Horst Müller);
Vorsatz hinten, S. 1, 3/4, 6/7, 8/9, 14 oben und unten links,
15, 16/17, 136, 138, 140–143 (Rauchensteiner);
Vorsatz vorn, 10 (Nr. 18), 26, 29 oben, 35 unten, 36 unten,
38, 39, 48, 49, 53 unten, 57, 58, 63, 65 unten, 71, 85, 92,
93 oben, 101 unten, 103, 104, 106, 109 unten, 111 oben,
112 oben, 113, 131 unten, 149, 154, 155, 156, 157, 158,
159, 160, 161, 162, 163, 164, 165, 166, 167, 168, 169, 170,
172, 173, 174, 175, 176 (Sven Simon);
S. 56 (team 2);
144/145, 148, 151, 153, (Ullstein Pressedienst);
171 (Verlag Diesbach GmbH)

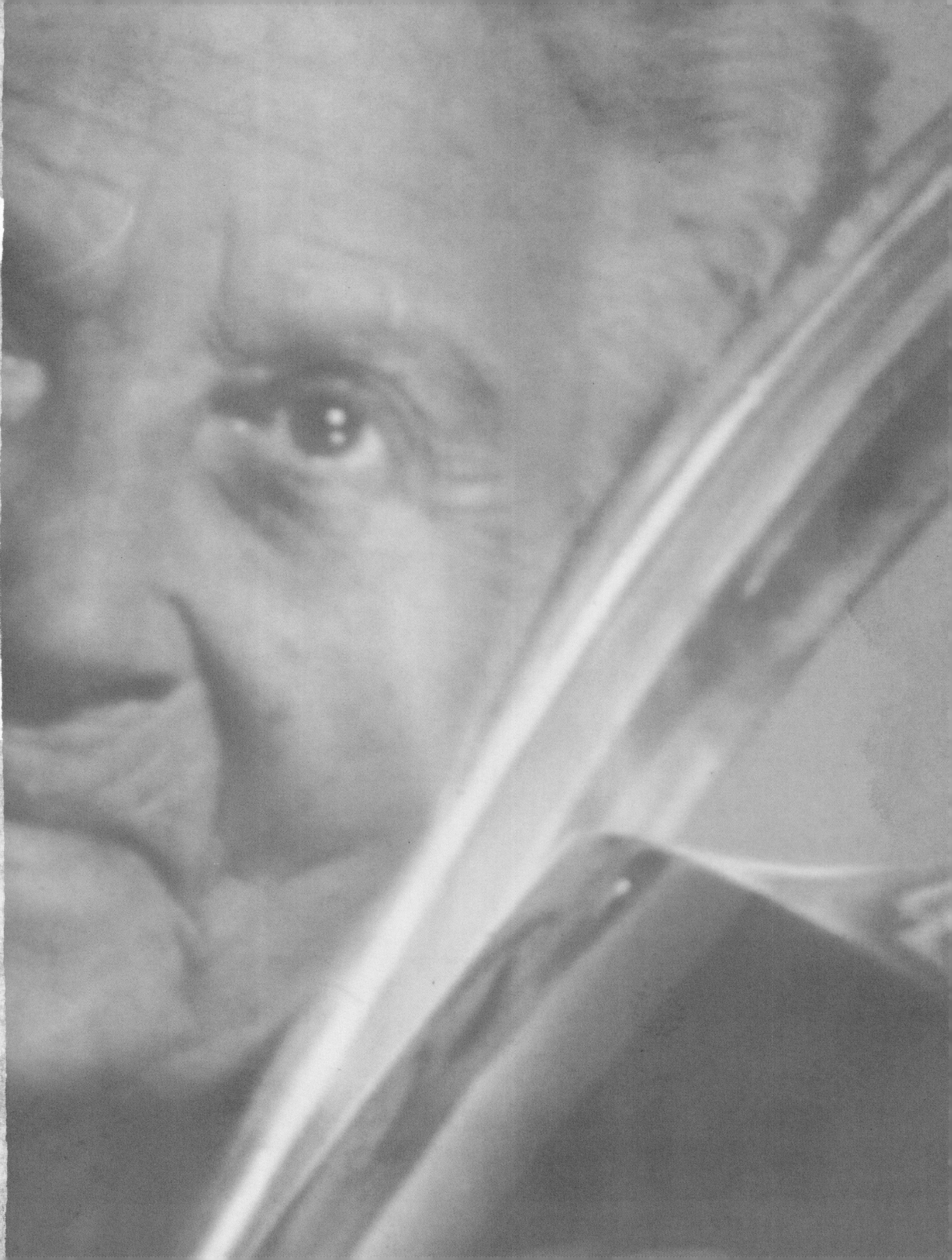

FC Bayern: Meistermannschaft 1997